U0934093

JINAN DAXUE RENWEN XUEYUAN RENWEN SHEKE WENKU

暨南大学人文学院人文社科文库

仲裁法理论与实务教程

杨　兢　刘英俊　编著

厦门大学出版社
XIAMEN UNIVERSITY PRESS
国家一级出版社
全国百佳图书出版单位

图书在版编目(CIP)数据

仲裁法理论与实务教程/杨兢,刘英俊编著.—厦门:厦门大学出版社,2020.7

(暨南大学人文学院人文社科文库)

ISBN 978-7-5615-6886-6

Ⅰ.①仲… Ⅱ.①杨…②刘… Ⅲ.①仲裁法－中国－高等学校－教材 Ⅳ.①D925.7

中国版本图书馆CIP数据核字(2020)第122478号

出版人 郑文礼
责任编辑 甘世恒
封面设计 李嘉彬
技术编辑 许克华

出版发行 厦门大学出版社
社　　址 厦门市软件园二期望海路39号
邮政编码 361008
总　　机 0592-2181111　0592-2181406(传真)
营销中心 0592-2184458　0592-2181365
网　　址 http://www.xmupress.com
邮　　箱 xmup@xmupress.com
印　　刷 南平市武夷美彩印中心

开本 787 mm×1 092 mm　1/16
印张 12.75
插页 2
字数 280千字
版次 2020年7月第1版
印次 2020年7月第1次印刷
定价 55.00元

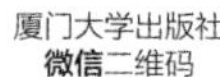
厦门大学出版社
微信二维码

厦门大学出版社
微博二维码

目 录

第一编 仲裁法理论

第二编　仲裁法实务

第一编

仲裁法理论

第一章

仲裁概述

第一节　仲裁的概念和特点

一、仲裁的概念

仲裁作为一种解决争议的方式由来已久，它发端于古希腊和古罗马、发展于欧洲的中世纪。

古希腊和古罗马时期私人和城邦之间发生争议，多采用仲裁方式解决纠纷，并以道德来约束当事人，并没有形成制度也没有形成仲裁法律制度。

在古希腊和古罗马兴盛时期，地中海沿岸一带海上交通发达，商品经济取得长足发展，城邦和港口之间商事往来增多，商事纠纷亦由此而增多。商人之间为解决商事纠纷，在双方自愿的基础上，共同委托大家信赖、德高望重、办事公道、熟悉情况的第三人对纠纷进行居中裁判。最终在商人之间形成了双方当事人共同约请第三者居中裁决纠纷的习惯。

公元 11 世纪，地中海北部沿岸和意大利各城邦国家之间商事交易活动的日益频繁，由是产生并形成了专门用来调整商事关系的商人习惯法。商事仲裁就是其中极为重要的一项内容；之后，随着航海贸易的发展，商事仲裁方式又逐步扩展到大西洋沿岸各主要国家。

14 世纪时，地中海沿岸各港口所采用的《商事法典》中，有了以仲裁方式解决商事争议的相关规定。1697 年英国国会通过了一个仲裁法案，正式承认了仲裁制度。法国国民议会于 1790 年，将仲裁定性为“解决国民之间的争议的最为合理的方法”。

19 世纪中期以后，现代意义上的仲裁制度普遍确立。西方各国纷纷开始为仲裁立法，一方面通过立法赋予仲裁以法律效力并将其纳入国家程序法律制度的范畴，另一方面通过国家法律来严格规制和规范仲裁活动。

进入 20 世纪，仲裁制度在国际社会得到了进一步推广和确认，特别是在 20 世纪中期以后得到了迅速发展。很多国家先后在国内建立了本国的仲裁制度，并多次修改或者重新制定国内仲裁法律，使仲裁法律制度日趋完善和成熟。

随着国际经济贸易的发展，各国在加快修订本国仲裁法的同时，开始组建专门从事国际经济贸易仲裁的常设仲裁机构。例如，英国于 1892 年成立了伦敦仲裁会（1903

年改为伦敦国际仲裁院),瑞士于1911年成立了苏黎世商会仲裁院,(巴黎)国际商会于1923年成立了国际商会仲裁院,美国于1926年成立了美国仲裁协会。

1958年,联合国主持在美国纽约订立了《承认和执行外国仲裁裁决的公约》(1958年《纽约公约》),目前已有156个国家和地区加入该公约(我国1986年加入,1987年生效),缔约国有义务承认和执行在其他缔约国内作出的仲裁裁决。此外,一些区域性的国际商事仲裁公约也开始出现,如1961年一些欧洲国家签署的《国际商事仲裁欧洲公约》,1975年美洲国家组织成员国签订的《美洲国家国际商事仲裁公约》。为了推动各国仲裁立法的统一,1985年联合国国际贸易法委员会主持制定了《国际商事仲裁示范法》,该示范法已被澳大利亚、加拿大和美国的一些州等60多个国家和地区采纳为本国或本地区的法律。

仲裁制度的产生和发展经历了这样的变革:(1)仲裁范围多元化。由一国国内的民商事仲裁扩展到国际经济贸易仲裁、海事仲裁和解决国家间争端的仲裁。(2)仲裁人专业化。仲裁人由有威望的个人发展成更专业化的仲裁组织机构。(3)仲裁机构国际化。仲裁机构从纯粹的国内仲裁机构发展到具有世界影响的国际仲裁中心。(4)仲裁规则成文化。仲裁规则从依惯例、依公平、依正义、依道德发展为依照实体法和程序规则。(5)仲裁裁决执行强制化。从早期单纯依靠当事人自动履行,到后来各国通过仲裁立法对仲裁法律地位予以确认,裁决执行有了保障。

现代仲裁被广泛应用于民商事争议、劳动争议、人事争议,甚至是国际争端中。本书所谓仲裁专指民商事仲裁,是当事人在争议发生前或发生后自愿达成协议,将纠纷提交共同选定的第三者居中裁决,其裁决对争议各方均具有约束力的纠纷解决机制。

作为一种非诉的争议解决方式,仲裁与诉讼存在着区别和联系。

1.管辖权基础不同。仲裁管辖权来源于当事人意思自治达成的协议,只有书面仲裁协议才能成为仲裁机构受理案件的依据。诉讼则是由法院行使国家司法机关的审判权,诉讼管辖权不以当事人的意思自治为前提条件。

2.管辖原则不同。仲裁管辖由当事人任意选定仲裁机构,不受当事人所在地域或者国籍限制,当事人可视案件情况决定选择国内仲裁或者国际仲裁机构。诉讼管辖则需严格遵守民事诉讼法规定的地域管辖和级别管辖,当事人不得任意选择诉讼法院。

3.审理原则不同。仲裁除双方当事人同意之外,应遵守保密原则,且以不公开审理为原则,仲裁裁决不向社会公开。诉讼则以公开审理为原则,除法律有特别规定外,判决结果向当事人和社会公开。

4.庭审人员组成方式不同。仲裁庭由争议双方当事人各自选定一名仲裁员,首席仲裁员也可以由双方共同选定或由仲裁委员会主任指定。法庭合议庭则是根据不同案件和法院内部分工,由内部工作机制来确定合议庭人选,诉讼当事人无权选定审理案件的法官。

5.审级制度不同。仲裁实行一裁终局制度,各仲裁机构之间没有级别和隶属关系,裁决只接受法院的事后司法监督。诉讼实行两审终审制度,对一审判决和裁定不服的可以向上一级法院上诉,上级法院对下级法院审理的案件可以改判,也可以发回重审,业务上存在着监督关系。

仲裁与诉讼又存在着联系乃至互动关系。民商事案件的仲裁程序与民事诉讼程序在形式上是相似的，仲裁裁决书和调解书与法院判决书和调解书具有相同的法律效果。同一案件，有效的仲裁可以排除法院对案件的管辖权。法院对仲裁有事后司法监督的职能，对仲裁裁决可以裁定撤销或者不予执行。同时，仲裁裁决的强制执行也需要交由仲裁地中级人民法院执行。

二、仲裁的特点

(一)自主性

当事人可以通过仲裁协议来约定是否将争议提交仲裁，还可以约定提交仲裁的事项、仲裁地点、仲裁程序、仲裁机构、仲裁人员甚至选择所适用的实体法。民商事仲裁最重要的特点是能充分体现当事人的意思自治，这种高度的自治性有别于其他强制仲裁制度，如劳动争议仲裁。

(二)专业性

仲裁一裁终局的特点决定了仲裁的专业性，这种专业性体现在仲裁员所具有的水平和能力上。民商事案件常常涉及复杂的专业性问题，保险、海上货物运输、船舶碰撞、专利、股权、基金、建设工程等合同纠纷，专业性和技术性要求居中决断者同时兼具专业知识和法律知识。法官的选拔一般要求具有良好的法律背景，经过国家统一从业资格考试。相比法官的专业知识和公职人员身份，仲裁员不是一种专门职业。仲裁员的聘任具有开放性和包容性，他们是来自不同行业的专家，其在自身专业领域的知识优于法官，对案件事实的认定更能够反映出良好的专业水准，容易获得当事人的信赖。

(三)灵活性

仲裁程序简便，具有较大的灵活性，当事人享有自定程序的权利，如在合议庭和独任庭之间选定庭审形式，可以双方约定简化环节，可对案件进行部分裁决，可以聘请国外仲裁员，仲裁裁决适用法律方面也具有较大的弹性。

(四)保密性

仲裁一般不公开审理，仲裁程序不对社会公开，仲裁审理不允许民众旁听和新闻媒体采访报道，仲裁员、任何一方当事人及仲裁参与人负有保密义务，不得将仲裁文件、案件实体情况及审理程序对外披露，有利于保守当事人的商业秘密，维护当事人的商业信誉。

(五)快捷性

仲裁以效率与公正为价值目标，程序简单，实行一裁终局，制度设计上具有便利于当事人之间快速解决纠纷的意蕴。诉讼实行两审终审甚至三审终审制，某些案件可能会因发回重审后再次上诉的原因，造成拖延不决，导致一个案件经历几年时间才能尘埃落定。

(六)经济性

仲裁由于时间上的快捷性使得所需费用减少；仲裁无须多审级收费，其费用往往低于诉讼费用；仲裁的自愿性、保密性使当事人之间通常没有激烈的对抗，且商业秘密不必公之于世，对当事人今后的商业机会影响较小。

(七)独立性

仲裁独立于行政机关、社会团体和个人，依法独立进行。仲裁机构之间相互独立，互不隶属。仲裁庭独立于仲裁机构，独立对案件进行审理和裁决，不受仲裁机构的影响。

第二节　仲裁的优势和局限性

作为非诉争议解决方法，探讨仲裁的优势和局限性在理论和实务中均有积极意义。是否选择以仲裁方式解决争议，也取决于当事人对仲裁优势和不足之处的认识。

一、仲裁的优势

(一)案件管辖的确定性

根据《中华人民共和国民事诉讼法》(以下简称《民事诉讼法》)规定，诉讼管辖是强制性管辖，这种强制性管辖意味着案件的管辖法院是依照法律规定来确定的，除非在合同之诉中当事人事先有管辖约定协议。一般情形下双方当事人缺乏对案件管辖法院和起诉地点的共同预见性。尤其在涉及国际经济贸易纠纷时，经常出现管辖权冲突的问题。一个跨国合同纠纷案件，一旦一方去法院诉讼，如出现管辖权冲突时，很难预料哪个国家法院有管辖权。仲裁管辖则不同，仲裁管辖包括仲裁地点等都需要双方自愿约定和选择，通过仲裁协议和仲裁条款的约定，双方对未来可能发生的争议后仲裁管辖和仲裁地点有明确的预见性。并且，在达成仲裁协议或者签订仲裁条款的时候，双方可以对仲裁管辖和仲裁地点进行协商谈判，双方可以争取对自己有利的仲裁机构和管辖地，最终确定的仲裁管辖机构和地点是双方交易地位的高低或双方供求关系较量的结果。

(二)仲裁代理人的广泛性

基于司法主权原则，我国《民事诉讼法》第二百六十三条规定："外国人、无国籍人、外国企业和组织在人民法院起诉、应诉，需要委托律师代理诉讼的，必须委托中华人民共和国的律师。"这项规定意味着，外国当事人在中国法院诉讼如果聘请外国律师作为其代理人，该外国律师在中国法院只能以非律师身份进行代理。与诉讼代理人的限制不同的是，仲裁代理人不管是在本国还是外国仲裁，各国立法和仲裁机构规则对代理人的身份和人数一般没有限制。仲裁案件的当事人可以请律师也可以请非律师身份的人代理；可以请一个代理人，也可以请多个代理人；仲裁制度对代理人的国籍也没有限制，当事人可以请本国人代理，亦可请外国人代理；可以请本国律师出庭，亦可请外国律师出庭。在代理人的问题上，体现了仲裁的灵活性，对当事人更为方便，可以结合案情需要聘请代理人，降低仲裁成本。

(三)仲裁员的专业性

无论诉讼或仲裁，对当事人来说，案件审理人员的专业性至关重要。就办案人员的国籍、对案件专业领域的熟悉程度以及具体人选的产生过程来看，仲裁更加尊重当事人的意愿和选择。诉讼是由法官审理，而每个案件的法庭由几名法官组成、由哪位法官主审以及主审法官对本案的专业领域是否熟悉等，当事人通常无法预知，更无从选择，完全是依照各国法院内部固定的审判组织规则去指定人选组成办案法庭。法官虽然对法律很熟悉，但对每个案件所涉及的行业习惯、专业问题并不一定很熟悉。因此，法官对每个个案所涉行业领域的熟悉程度尚很难达到“专家办案”的水平。仲裁庭组成人员则大不一样，仲裁员多是金融、经济贸易、法律和其他专业领域里的专业人士。仲裁庭的组成人数，仲裁员的国籍、具体人选、专业背景等均可由案件当事人协商和优先选择决定。因此，当事人自己选定仲裁员，体现仲裁赋予和尊重了当事人意思自治，使得仲裁庭的组成更能体现“专家办案”，更能体现对案件事实认定的专业优越性。

(四)仲裁程序的灵活性

国际商事仲裁中多有“简单仲裁”“加速仲裁”“速办程序”“小额争议仲裁”等做法，中国国际经济贸易仲裁委员会也在1994年仲裁规则中规定了“简易程序”一章，国内仲裁委员会也借鉴这一经验，在仲裁规则中设有简易程序，有的仲裁规则甚至规定普通程序和简易程序之间可以相互转换，当事人可以在符合转换提交时申请适用简易程序，《中华人民共和国仲裁法》(以下简称《仲裁法》)关于独任仲裁员和书面审理的规定，包含了非常明显的简化仲裁程序的精神。在证据的提交期限和举证质证方面也比诉讼程序具有更大的灵活性。

(五)送达和通知的便利性

诉讼文书送达是非常严格的司法行为。而且司法文书送达对一个诉讼案件程序来说非常重要，比如开庭通知书、举证通知书、缴费通知书、上诉通知书等，这些诉讼文书对当事人诉讼程序中的权利保障非常重要。司法文书的送达如有瑕疵，或者违法，案件可能因为文书送达不合法而被上诉之后撤销或在执行时不予执行。而仲裁过程中，除了仲裁机构向当事人递交和通知仲裁文件外，还包括当事人向仲裁机构以及当事人相互之间传递和通知仲裁文件，因此，“送达”一词无法涵盖仲裁中文件传递和通知的多种类型和情形。仲裁程序中的文书传递和通知也不使用“送达(service of documents)”一词,而是采用“通知(notifications)”这一专门用语。仲裁文书的“通知”可以采用直接邮寄或传真、电邮等方式,这样就实现了“点对点”直接通知,灵活高效。

(六)仲裁的保密性

诉讼案件的审理以公开为原则,以不公开为例外,包括民商事纠纷的诉讼案件,除个别涉及个人隐私或商业秘密或者国家机密的,其他一律公开审理。诉讼案件是否公开审理不取决于当事人的意愿,而是遵从法律的规定。仲裁则以秘密审理为原则,以公开审理为例外,即除非双方当事人同意公开审理,一律秘密审理,不允许当事人以外的人旁听。仲裁的秘密审理原则有利于双方当事人,有利于维持商业秘密和客户关系,保护双方的公众信誉,防止因为公开导致他人对双方信誉产生怀疑。

(七)适用法律多样性

仲裁适用仲裁法外还适用仲裁规则,在实体争议事项的裁决中,除了适用民商事实体法外,还可以适用行业习惯规则,甚至在友好仲裁或当事人同意的情况下仅依据公平原则而不适用任何具体实体法的规定亦可作出裁决。由于立法往往存在滞后性和过于原则化的不足,如果活跃的商业贸易纠纷的解决过分拘泥于寻求立法依据,则会导致许多专业化、行业化或新型商业纠纷无法可依,或纠纷解决并不能达到行业内部真正的公平效果。因此,法律适用的多样性有利于真正实现仲裁的“专家办案”,亦有利于维护商业交易的行业秩序和纠纷的公平解决。

新修订的《民事诉讼法》第二百三十七条表明,仲裁实体法律适用不再属于我国法院不予执行仲裁裁决的司法审查对象,这是我国从不予执行仲裁裁决的司法审查角度对仲裁员和仲裁庭实体法律适用自主权的认可和尊重,也是对我国旧民事诉讼法错误的纠正。

(八)仲裁的高效性

按照我国的民事诉讼法和人民法院组织法,我国实行“四级两审制”。两审终审后,当事人如果不服,或者相关机构认为案件确有错误,还可以申请或提起再审。如果再加上诉讼里面还有一些其他的不确定因素,比如管辖异议、送达拖延等,诉讼案件可能会拖延很多年。一般很难对诉讼案件的“终局”有一个确定的预期。仲裁从法律规定来看,首先是“一裁终局”,而且就常见的机构仲裁而言,其办案都有明确的期限。因此,仲裁案件的整体期限和效率优于诉讼。

(九)仲裁执行的国际性

诉讼中如判决需在外国执行,限于法院地国和执行地国没有司法协助条约及国家主权观念,执行地国拒绝承认和执行外国法院判决,判决就会成为一纸空文,当事人的权益也会落空。仲裁裁决执行则可依据《纽约公约》要求缔约国执行仲裁协议和仲裁裁决,依据有效的仲裁协议作出的仲裁裁决可在任何缔约国得到司法执行。至今已经有 156 个国家和地区参加了 1958 年的《纽约公约》,缔约国家中的任何一个国家获得的仲裁裁决，均可在其他任一缔约国法院申请强制执行，仲裁真正成了国际通行的纠纷解决机制。

二、仲裁的局限性

(一)一揽子解决争议的局限性

由于仲裁法上没有设置类似民事诉讼法中的第三人制度，且仲裁协议不能约束第三人，在仲裁中常常出现合同转让、担保合同、连环购销合同的仲裁条款效力能否及于第三人的问题，主合同和从合同能否合并审理的问题，因连环合同某一环节发生争议能否一并审理的问题，尽管合并审理和一并审理更有利于一揽子解决争议和纠纷，但仲裁不能追加第三人，使得争议不能合并审理，甚至分别采取仲裁和诉讼来处理争议和纠纷，从而出现不同的裁决和判决结果。因数个合同发生争议，合同双方当事人完全相同时，仲裁法上并没有合并审理的制度，仲裁机构一般是分别立案，交由同一仲裁庭审理。但也不排除不同的仲裁庭来审理，从而导致同类案件出现不同的裁决结果，影响仲裁的效率。

(二)程序被滥用的可能性

当事人特别是被申请人出于种种原因，如拖延履行债务、逃避责任等，往往会恶意利用仲裁程序，而仲裁机构、仲裁庭却很难有应对之策。例如，无论是否有合法理由，直到可以提出管辖异议期限的最后一天才提出异议以中断仲裁程序；无论有无正当理由，申请延期审理甚至利用仲裁规则缺陷多次申请延期审理；无论有无正当理由，申请仲裁庭组成人员回避或者多次申请仲裁员回避，反复中断仲裁庭审理案件的程序；有的被申请人在现有的审价报告之外，又申请对已经占有使用多年的建筑工程造价进行鉴定，致使案件一再拖延，不能在仲裁规则规定的期限内结案；还有的当事人滥用仲裁的事后司法监督程序，无论是否具有法定的撤销事由或者不予执行事由都向法院申请撤销或者不予执行仲裁裁决，达到拖延执行的目的，等等。

(三)当事人缺少法律援助救济

仲裁程序的顺利进行客观上要求仲裁参与人熟悉甚至精通仲裁程序，掌握实体法律规定。我国仲裁法并未规定在民商事仲裁中可以由法律援助机构对当事人予以法律援助。在仲裁中经济实力不对等的双方当事人，一方当事人可以聘请具有专门仲裁经验的律师，可以获得更好的仲裁结果，另一方当事人则缺少专门的法律专业知识和开庭经验，连基本的举证质证和辩论都需要仲裁庭引导，而且最终还无法获得好的法律效果。

(四)仲裁事项的局限性

一方面，很多国际公约把仲裁事项限定于商事活动方面发生的纠纷，不少国内仲裁法也对可以仲裁的事项和不能仲裁的事项予以了限制，另一方面，当事人在仲裁条款或仲裁协议中约定仲裁事项时有可能约定只有关于合同的部分事项交由仲裁机构仲裁，更进一步缩小了可仲裁事项的范围。且因为对“其他财产性权益纠纷”的理解不一致，一些因合同履行而发生的侵权纠纷，往往被排除在仲裁之外，导致当事人在法院和仲裁机构都救济无门。

（五）仲裁强制措施的有限性

虽然仲裁员在案件审理中享有足够的权力，但和法官在审理案件时的权力相比，仲裁员的权力是有限的，如仲裁员不能强制证人出庭作证，某些证据需要法院调取。仲裁庭不能采取像诉讼一样的保全措施查封、扣押、冻结财产，仲裁庭自行收集证据时得不到一些单位的配合，导致收集和取得证据困难等。

第三节　仲裁的范围

一、可仲裁事项的界定

根据仲裁所适用的法律，哪些争议事项可以提交仲裁，哪些争议不能提交仲裁，主要是由国内立法规定，但多边和双边条约也对争议事项的可仲裁性有着不可忽视的影响。一些国际公约将仲裁的争议事项界定为“商事问题”或者“商务活动方面发生的争议”，对可仲裁的争议事项和不可仲裁的争议事项并未给出明确界限。

2011 年，18 名珠海赴台湾旅游遇难者家属起诉广东省拱北口岸中国旅行社案件中，这 18 名遇难者于 2010 年 10 月 13 日通过旅行社参团前往台湾旅游，在苏花公路遭遇强台风和泥石流后全部失踪，最终被认定为遇难。遇难者家属认为旅行社同样有责任，将其告上珠海市香洲区人民法院，要求赔偿死亡赔偿金等共计 1100 多万元，并公开向所有遇难者及家属道歉。但旅行社认为法院对此案没有管辖权，因为游客与其签订的合同特别约定，如发生争议将提交珠海仲裁委员会，案件应交由珠海仲裁委员会仲裁。家属则认为，他们提起的是侵犯生命权的侵权损害赔偿诉讼，不是单纯的合同财产纠纷，而此类人身权的司法管辖权属于人民法院，仲裁委员会无权受理。香洲区人民法院驳回了家属们的起诉，认为原告无权就该案向该院提起诉讼。[①]

18 名赴台旅游遇难者与广东省拱北口岸中国旅行社签订了 4 份《赴台湾旅游组团合同》，合同第六款约定：“本合同发生纠纷，经协商调解不成的，可依法向人民法院起诉。”但是在该合同的第八款“特别约定条款”里再次列出了“争议解决方式”供旅游者选择画勾：“本合同自签订之日起生效，如发生争议，双方协商不成的，可向合同签订地的旅游质量监督管理所或消费者委员会申请调解解决；调解不成的，按照下列第□种方式解决：1.提交珠海仲裁委员会仲裁；2.依法向人民法院起诉。”在 18 名旅游者签

① 中国旅游新闻网，http://www.cntour2.com/viewnews/2011/9/28/0928102200_1.htm，最后访问日期：2017 年 5 月 14 日。

订的 4 份合同中，对这两种解决方式，有 3 份合同共 16 人选择第一种，有 1 份合同共 2 人没有选择。

法院审理此案涉及与仲裁相关的两个基本问题：一是哪些争议事项可以提交仲裁；二是争议解决方式条款发生冲突时应如何处理。

关于哪些争议可以提交仲裁，主要依照我国《仲裁法》第二条对可仲裁事项的规定："平等主体的公民、法人和其他组织之间的合同纠纷和其他财产权益可以仲裁。""其他财产纠纷"是合同以外的包括物权和债权纠纷还是排除侵权之债的其他财产权益纠纷？如因不当得利引发的财产返还财产能否仲裁？在合同责任与不当得利返还责任发生竞合时，被申请人提出的管辖权异议是否成立？

随着经济的快速发展和支持鼓励仲裁政策在各国的普遍确立，可仲裁事项的范围日益扩大，许多传统的不可仲裁的争议逐渐被纳入可仲裁事项范围。特别是国际仲裁中可仲裁事项常常突破传统和国内法关于可仲裁事项的限制，随后国内法跟进，两者的交互影响使得仲裁立法中可仲裁事项的范围不断扩大，这也得益于国际仲裁多年来的实践。我国在加入《纽约公约》时声明凡依我国法律属于商事法律关系所引起的争议，无论是契约性还是非契约性的，均适用该公约。《纽约公约》中可仲裁性等同于商事性，不论是契约性还是非契约性的争议都可提请仲裁。就旅游企业而言，其领取商事营业执照，为旅游者提供包括食宿、旅游线路安排、景点游览等在内的有偿服务，是其商事经营活动的核心部分，尽管旅游者的旅游具有消费性质，但并不能因此否认旅行社的商事经营活动性质。纵观《纽约公约》的"商事性"标准，意图包含商事法律关系引起的争议，无论是合同争议还是非合同争议，只需放在商事法律关系的背景下考量，无须区分是合同纠纷抑或是其他债权纠纷。依照《纽约公约》精神，因商事法律关系引发的非契约性纠纷亦可以仲裁，旅行社经营活动中引发的人身损害赔偿的侵权纠纷也可以提请仲裁。

有些国家对可仲裁事项的范围作了概括性规定，如 1988 年的《瑞士联邦国际私法》第 177 条规定："一切具有财产性质的争议均可提交仲裁。"《韩国仲裁法》第一条和第二条也规定，凡私法中的争议均可提交仲裁。有的国家，如阿根廷、埃及等则规定，法律不准许和解和调解的争议不能提交仲裁。无论是肯定式还是否定式的立法体例，对可仲裁事项范围的规定都是开放性的，私法领域内的当事人可以自由处分的争议均可提交仲裁，可仲裁事项范围极广。法国最高法院则认为，法定权利不可自由处分，但违反法定权利所产生的后果则是可以自由处分的。

我国《仲裁法》第二条和第三条则采取了概括式和否定式列举相结合的方式，反而留下规定不明确的遗憾，实务中对"其他财产权益纠纷"的理解不一，有人认为，仲裁只能限于因合同引发的财产性争议纠纷，不包括其他债权纠纷特别是因合同履行引发的侵权纠纷、不当得利纠纷。故此，在责任竞合的案件中常常有提出管辖权异议的做法，认为仲裁庭对这类案件没有管辖权，其理由是侵权（财产）纠纷和不当得利纠纷为法定之债，非合同约定可以仲裁的事项。

上述案件中法院驳回原告诉讼请求，是从意思自治的角度，适用《合同法》第四十一条关于格式条款与非格式条款发生冲突时非格式条款效力优先的规定。本书作者认为，该理由是值得商榷和探讨的。《合同法》中格式条款与非格式条款冲突处理原则适用的前提，是合同权利义务条款等实质性条款发生冲突，导致合同中经济上居弱势地位的相对人权利义务失衡，有损相对人的合同权利，故应限制格式条款提供者的格式条款，使其不发生格式条款提供者意图发生的效力。质言之，《合同法》第四十一条规定"格式条款与非格式条款不一致的，应当采用非格式条款"是针对实体权利条款冲突，限制格式条款中的不公平条款，保护格式合同中的弱势一方。而本案并非为当事人对实体权利意思表示的条款与格式条款发生冲突，而是争议解决方式条款发生冲突。可以说，签署仲裁条款本身并不会导致旅游者与旅行社之间权利义务显失公平或者对旅游者产生重大不利。结合《最高人民法院关于适用〈中华人民共和国仲裁法〉若干问题的解释》第七条规定来看，最高人民法院对此类争议解决方式条款冲突的态度是明确的，"当事人约定争议可以向仲裁机构申请仲裁也可以向人民法院起诉的，仲裁协议无效"。本案双方签订的《赴台湾旅游组团合同》第六条约定：本合同发生纠纷，经协商调解不成的，可依法向人民法院起诉。第八条又约定：合同发生争议，协商调解不成的，提交珠海仲裁委员会仲裁。《赴台湾旅游组团合同》中同时约定了两种争议解决方式的条款，属于典型的因约定不明而致仲裁条款无效情形，家属向法院提起诉讼符合管辖规定。

二、我国仲裁法中的可仲裁事项

受《纽约公约》《联合国国际商事仲裁示范法》可仲裁事项的范围影响，一些国家国内仲裁立法把仲裁分为国内仲裁和国际仲裁，这种分而治之的态度是对国内仲裁严格、对国际仲裁宽容，在国内仲裁中许多不可仲裁的事项在国际仲裁中也变得具有可仲裁性了。我国《仲裁法》于 1994 年颁布，有关争议事项的可仲裁性不可避免带有特定时代的特征，在构建可仲裁性标准时立足于民商事领域，以私法领域为其立足根据。其与 2007 年的《劳动争议调解仲裁法》、2009 年的《农村土地承包经营纠纷调解仲裁法》有明确的分界线。

（一）可仲裁事项的肯定界定

《仲裁法》以平等主体和争议性质为标准界定了可仲裁事项的范围。

平等主体之间才具有自由约定的基础，《仲裁法》明确了平等主体的公民之间、法人之间、其他组织之间以及这些主体交互之间发生的关系。基于国内仲裁和国际仲裁的区分，也基于民商事仲裁和特别仲裁制度的分野，可仲裁事项排除了国家、国际组织和类国际组织之间发生的争议，即"其他组织"是指与公民、法人类似的组织，是介于自然和法人之间的一些组织，如合伙企业、个人独资企业等。从《仲裁法》单设涉外仲裁一章的篇章布局来看，国家或国际组织作为仲裁一方当事人，则属于涉外仲裁范畴。由于我国加入《纽约公约》曾经提出过保留，如有关一方是公民或者法人，另一方是作为东道国政府的国家的投资性争议是不具有可仲裁性的，因此，即使在涉外仲裁中，我国也不接受国家作为一方当事人进行仲裁。

从争议性质看，提交仲裁的纠纷必须是合同纠纷和其他财产权益纠纷。合同纠纷比较容易界定，只要当事人之间存在《合同法》上界定的合同关系，与该合同有关的争议就具有了可仲裁性。涉及人身关系的夫妻之间对财产的约定，对子女抚养的约定，继承人之间对遗产继承达成的约定，虽然形式上具有合同形式，但属于《婚姻法》《继承法》所调整的特别合同关系，此种合同关系多以一定的人身关系为前提条件，并不属于合同法上合同的范畴，故本书认为不在可仲裁范围之列。“其他财产权益”则是在立法上意图将可仲裁事项扩大的一种技术性方法，无论合同有无，只要属于财产权益纠纷即可提交仲裁，因此，“其他财产权益”纠纷既包括除合同之外的其他债权也包括物权争议，《仲裁法》里的财产权益对应《纽约公约》里的商事性概念，这一点可以在最高人民法院的通知里得到印证。最高人民法院在1987年《关于执行我国加入的〈承认及执行外国仲裁裁决公约〉的通知》第三条规定：“所谓契约性和非契约性的商事法律关系，具体的是指由于合同、侵权或者根据有关法律规定而产生的经济上的权利义务关系，例如货物买卖、财产租赁、工程承包、加工承揽、技术转让、合资经营、合作经营、勘探开发自然资源、保险、信贷、劳务、代理、咨询服务和海上、民用航空、铁路、公路的客货运输以及产品责任、环境污染、海上事故和所有权争议等，但不包括外国投资者与东道国政府之间的争端。”可见，“其他财产权益”外延涵盖范围极广。

(二)可仲裁事项的排除界定

《仲裁法》在立法上采取混合制，既有概括性的关于合同纠纷和其他财产权益纠纷具有可仲裁性的事项，又采取列举方式列举不可仲裁的事项。

1.不可仲裁的人身关系。依照《仲裁法》第三条第一款的规定，婚姻、收养、监护、扶养、继承不具有可仲裁性。这些纠纷与夫妻关系、父母子女关系等人身关系紧密联系，即使彼此之间发生财产关系，也是兼具人身关系和财产关系的双重特征，财产方面的权利和义务多由法律直接规定，即使双方之间存在约定的合同关系，也因这种合同关系以人身关系为前提条件而不具有可仲裁性。

2.不可仲裁的行政争议。行政争议基于行政关系而产生，行政关系的相对人处于被管理和服从地位，其财产权益纠纷也非平等主体之间发生的纠纷，多因行政机关行使行政权力受到侵害。这对特殊的关系中当事人地位的不平等决定了他们之间的纠纷不具有自由协商的基础和约定仲裁的可能性，这种争议本身也超出了民商事法律关系的范畴，因此，其救济途径只能是行政复议或行政诉讼而非仲裁。

3.劳动争议和农村土地承包经营纠纷。这两类争议从仲裁制度的构建上考察，立法者有意使之成为特别仲裁制度之下的仲裁对象，虽然两类争议也属财产权益纠纷，且皆具有合同形式，但因其特殊性需要立法提供特别保护，分别适用《劳动争议调解仲裁法》《农村土地承包经营纠纷调解仲裁法》。

三、可仲裁事项立法之改进

在高度私法化的时代，可自由处分的程度得到极大提升。国际商事仲裁的实践发展经验表明，越来越多的非传统民商事争议进入了仲裁范围，商事仲裁的边界在当今得到不断拓宽。其中最典型的范例是，具有人身性质和行政性质的知识产权争议、具有公共利益的产品责任争议等在国内法上具有了可仲裁性。1958年的《纽约公约》立场和态度非常明确，不是以契约争议和侵权争议为标准，而是以“商业性”为标准，在内国不被认为是商事的争议在公约下可以被视为是商事的，表明了该公约强烈支持扩大可仲裁事项范围的态度。各国对商业性的认识差异较大，又可以根据内国法律规定自行决定商事法律关系，因此，《纽约公约》为各国拓展可仲裁事项提供了正当化理由，各国都尽量对商事作出广义解释。《联合国国际商事仲裁示范法》对商事的界定一方面列举了世界范围内典型的商事交易类型，另一方面采取开放式列举方式，给予了相关国家与时俱进与灵活把握的余地①。随着全球化时代来临，各国可仲裁事项的灵活性特质也得到极大延展，展示出私法自治的魅力，可仲裁事项必将越来越广泛。而我国可仲裁事项还停留在20多年前《仲裁法》规定的范围内，脱离于国际仲裁的发展变化轨迹，许多民商事争议都不具备可仲裁性，导致国内民商事程序发展的不平衡性更加严重，一方面是民事诉讼案件不断膨胀，法院案件呈爆炸性增长态势；一方面是仲裁法对其他财产性纠纷的界定不明，受案范围仍然裹足不前。因此，提供多样化的纠纷解决路径，在立法上必须构建开放式的可仲裁事项范围，允许当事人将享有自由处分权的纠纷提交仲裁。

---

① 参见《联合国国际商事仲裁示范法》第1条第1款注释。

第二章

仲裁协议

第一节　仲裁协议概述

仲裁协议是民商事仲裁制度的基石。仲裁协议是将民商事纠纷提交仲裁解决的前提和基础，当事人如愿意通过仲裁解决可能发生或已经发生的合同纠纷或者其他财产权益纠纷，一定要在签订合同时订立仲裁条款或者单独订立仲裁协议。在仲裁实践中，各地仲裁委员会在立案时首先要审查双方当事人是否存在书面的仲裁协议。

一、仲裁协议的内涵

《仲裁法》第十六条规定："仲裁协议包括合同中订立的仲裁条款和以其他书面方式在纠纷发生前或者纠纷发生后达成的请求仲裁的协议。"

根据立法的这一规定，我们可以将仲裁协议界定为当事人在自愿、平等协商的基础上，一致同意将已经发生或者可能发生的纠纷提交至仲裁委员会，请求通过仲裁解决的书面文件。我们可以从以下三个方面来理解仲裁协议的内涵：

1.从性质上看，仲裁协议具有合同性质。《合同法》第二条规定，合同是平等主体的自然人、法人、其他组织之间设立、变更、终止民事权利义务关系的协议。仲裁协议是双方当事人在自愿、平等和协商一致的基础上，达成的将争议提交仲裁解决的书面协议。因此，仲裁协议是一种合同。

2.从形式上看，仲裁协议必须具备书面形式。就合同而言，可以是书面形式，也可以是口头形式，但是仲裁协议具有特殊性，要求必须是书面形式。我国只承认书面仲裁协议的法律效力，当事人以存在口头仲裁协议为依据申请仲裁的，仲裁委员会不予受理。为此，当事人应该将口头形式订立的仲裁协议及时转化为书面形式。不过在仲裁实践中，个别仲裁委员会的仲裁规则对仲裁协议应具备书面形式有放宽的趋势，如《××仲裁委员会仲裁规则》第十条仲裁协议效力的认定第(三)项规定："在仲裁申请书和答辩书的交换中，一方当事人声称有仲裁协议，另一方未作否认并继续参加仲裁程序的，视为存在仲裁协议。"

3.从内容上看，仲裁协议是当事人约定将争议提交仲裁解决的意思表示。当事人约定提交仲裁的争议可以是已经发生的，也可以是将来可能发生的争议，当事人在仲裁协议中需要明确仲裁事项，以便于仲裁委员会及时行使管辖权。

二、仲裁协议的分类

根据仲裁立法和仲裁实践，仲裁协议主要包括以下类型：

（一）合同中的仲裁条款

在具体的合同纠纷中，仲裁条款是仲裁实践中适用最广泛的仲裁协议形式之一。通过签订仲裁条款，当事人可以预先设定一旦将来发生了因本合同引起的或与本合同有关的争议，只能通过仲裁方式加以解决。

仲裁条款示范式样一

本合同在履行过程中发生争议，由当事人双方协商解决；协商不成，提交××仲裁委员会仲裁。

仲裁条款示范式样二

双方一致同意将××争议或××合同（合约）项下的争议提交××仲裁委员会仲裁。

仲裁条款示范式样三

因本合同引起的或与本合同有关的任何争议，均提请××仲裁委员会按照该会仲裁规则进行仲裁。仲裁裁决是终局的，对双方均有约束力。

（二）独立的仲裁协议书

独立的仲裁协议书指当事人为了专门约定仲裁内容而单独订立的一种书面协议。不论当事人所发生的是合同纠纷，还是其他财产权益纠纷，双方当事人均可以通过签订仲裁协议书，将所发生的争议提交仲裁解决。

仲裁协议书示范式样一

仲裁协议书

甲方：×××（姓名或者名称、住址、法定代表人等详细情况）

乙方：×××（姓名或者名称、住址、法定代表人等详细情况）

甲、乙双方就×××（写明仲裁的事由）达成仲裁协议如下：

如果双方在履行××合同过程中发生纠纷，双方自愿将此纠纷提交××仲裁委员会仲裁，其仲裁裁决对双方均有约束力。

本协议一式三份，甲、乙双方各执一份，××仲裁委员会一份。

本协议自双方签字之日起生效。

甲方：×××（签字、盖章）　　　　乙方：×××（签字、盖章）

年　月　日　　　　　　　　年　月　日

仲裁协议书示范式样二

仲裁协议书

甲方：×××（姓名或者名称、住址、法定代表人等详细情况）

乙方：×××（姓名或者名称、住址、法定代表人等详细情况）

根据《中华人民共和国仲裁法》，甲、乙双方经过协商，达成如下争议解决协议：

凡因执行本合同引起的或与本合同有关的一切争议，提交××仲裁委员会仲裁，并适用《××仲裁委员会仲裁规则》。××仲裁委员会的裁决是终局的，对双方均有约束力。

本协议一式二份，甲、乙双方各执一份。

本协议自双方签字之日起生效。

甲方：×××（签字、盖章）　　　　乙方：×××（签字、盖章）

年　月　日　　　　　　　　　年　月　日

（三）其他书面形式的仲裁协议

《最高人民法院关于适用〈中华人民共和国仲裁法〉若干问题的解释》第一条规定："仲裁法第十六条规定的'其他书面形式'的仲裁协议，包括以合同书、信件和数据电文（包括电报、电传、传真、电子数据交换和电子邮件）等形式达成的请求仲裁的协议。"在民事交易活动过程中，当事人之间除了订立书面的合同外，还通过函件、电子邮件、传真等方式进行沟通和联络。如果这些往来的文件中包含交易主体将他们之间已经发生或者可能发生的争议提交仲裁委员会进行仲裁的内容，这些文件即仲裁协议。这种类型的仲裁协议与合同中的仲裁条款、独立的仲裁协议书不同之处在于，仲裁的意思表示不是集中于一个法律文件中，而是分散于交易主体彼此交往的不同文件中，实质上是通过要约和承诺的方式达成仲裁协议。也就是说，一方当事人提出仲裁解决纠纷的意愿，另一方当事人通过一定的通信手段表示接受，从而达成仲裁协议。随着现代通信设施的快速发展，这种形式的仲裁协议在仲裁实践中也较为常见。[①]

（四）当事人通过援引达成的仲裁协议

《最高人民法院关于适用〈中华人民共和国仲裁法〉若干问题的解释》第十一条规定："合同约定解决争议适用其他合同、文件中的有效仲裁条款的，发生合同争议时，当事人应当按照该仲裁条款提请仲裁。涉外合同应当适用的有关国际条约中有仲裁规定的，发生合同争议时，当事人应当按照国际条约中的仲裁规定提请仲裁。"此条为当事人通过援引达成仲裁协议的规定，当事人之间没有直接订立仲裁协议，而是通过援引另一个合同、文件中的所订立的仲裁条款作为他们之间解决争议的仲裁依据，或者当事人只在合同或者仲裁协议中明确表明仲裁的意愿，仲裁协议所应包括的其他具体

---

① 参见北京市朝阳区人民法院(2014)朝民初字第33512号民事裁定书。王某某于2013年5月1日14时03分在世纪佳缘网站注册成为世纪佳缘会员，会员名为k××n，账号为9××9。上海花千树信息科技有限公司北京分公司认为王某某注册成为会员时同意遵守世纪佳缘网站的注册条款约定，双方在该注册条款中约定了争议的解决方式为向北京仲裁委员会提出仲裁，故北京市朝阳区法院对王某某起诉上海花千树信息科技有限公司北京分公司服务合同案没有管辖权，朝阳区法院认定双方之间存在仲裁条款，裁定驳回王某某的起诉。

内容，则按照某个现有的文件中的仲裁条款来认定。[①]

此外，从仲裁协议订立的时间来看，仲裁协议可分为争议发生前达成的仲裁协议和争议发生后达成的仲裁协议。一般来说，当事人采用哪种仲裁协议形式更为便利？首先，当事人应尽可能在争议发生之前订立仲裁协议。因为争议发生后，由于当事人的利害关系明显，争议双方往往不容易达成仲裁协议。其次，当事人应尽量选择仲裁条款这种形式。因为仲裁条款是在争议发生之前订立的，它是当事人事先设定的，可以避免以后双方就仲裁的问题发生争议。而且这种形式省时、简便，当事人只要在合同中做约定就可以了，避免了事后再专门约定仲裁条款的麻烦。同时，在合同中约定仲裁条款，也可以在一定程度上督促当事人履行合同。

三、仲裁协议的基本特征

仲裁协议是仲裁活动的逻辑起点。《仲裁法》第四条规定："当事人采用仲裁方式解决纠纷，应当双方自愿达成仲裁协议。没有仲裁协议，一方申请仲裁的，仲裁委员会不予受理。"同时，仲裁协议也是当事人申请仲裁、排除法院管辖的依据。《仲裁法》第五条规定："当事人达成仲裁协议，一方向人民法院起诉的，人民法院不予受理，但仲裁协议无效的除外。"作为申请仲裁的必备材料，仲裁协议有如下基本特征：

(一)仲裁协议的合意性

从性质上看，仲裁协议是一种合同或者契约，体现了双方当事人共同的意思表示，将争议提交仲裁的共同意愿。与实体性契约相区别，仲裁协议也被称为程序性契约，是当事人对纠纷解决途径的处分。

(二)仲裁协议的限定性

仲裁协议的限定性表现在两个方面：其一，主体限定性。仲裁协议只对签订协议的当事人产生约束力，不能及于案外人。在实践中，一般情况下不能追加案外人参与仲裁，除非双方当事人同意。其二，仲裁纠纷的限定性。在仲裁协议中，虽然双方当事

---

① 参见浙江省丽水市中级人民法院(2011)浙丽仲确字第5号民事裁定书。2007年6月17日，浙江××建设有限公司作为发包方(甲方)，倪某某作为承包方(乙方)签订《工程某包协议》，该协议约定，浙江××建设有限公司将江西强盛戈阳怡景苑项目(第一期18幢，第二期11幢)土建、水电安装工程某包给倪某某承建。该协议第十二条约定："本协议未尽事宜双方某某解决，协商不成的，由发包方所在地仲裁机构处理。"2007年6月20日，浙江××建设有限公司作为发包方，倪某某、王某某作为承包方就江西强盛弋阳怡景苑项目(包括第一、第二期)的《工程某包协议》签订合作协议，即《工程某包补充协议》，该补充协议第一条约定："王某某作为共同承包方，承诺遵守浙江××建设有限公司与倪某某于2007年6月17日签订的《工程某包协议》，享有和承担该协议中承包方的权利和义务。"第五条约定："本协议未尽内容，以2007年6月17日签订的《工程某包协议》为准。"2011年3月7日，浙江××建设有限公司以倪某某、王某某为被申请人向丽水仲裁委员会提出仲裁申请。王某某向浙江省丽水市中级人民法院提出异议申请。法院认为，申请人王某某在补充协议中作为本案所涉工程共同承包人，认可了浙江××建设工程有限公司与倪某某于2007年6月17日签订的《工程某包协议》的内容，当事人应按该仲裁条款提请仲裁。

人既可以将他们之间已经发生的争议提交仲裁解决，也可以事先约定将他们之间可能发生的争议提交仲裁解决，但是有些争议是不能通过仲裁协议约定的方式仲裁解决的，如婚姻家庭继承纠纷、行政纠纷。

(三)仲裁协议的要式性

区别于一般合同既可以采取书面形式又可以采取口头形式，仲裁协议必须以书面形式订立，以口头方式订立的仲裁协议不受法律保护。如果当事人以口头仲裁协议为依据申请仲裁的，仲裁委员会不予受理。因此，在实践中如果当事人达成通过仲裁解决争议的协议，要及时转化为书面协议予以确认，否则视为仲裁协议不存在。

(四)仲裁协议的独立性

仲裁协议的独立性也称仲裁协议的自治性或者可分性，是指仲裁条款作为合同的一部分，其独立于合同的其他条款而存在，既不因合同其他条款的无效而无效，也不因合同本身的存在与否而受到影响。也就是说，仲裁条款与合同被看作是两个单独的合同，仲裁条款的效力独立于合同本身。就算合同无效、解除、终止或者变更等，仲裁条款作为当事人约定的解决合同纠纷的协议，仍然独立存在。我国立法中已经明确了仲裁协议独立性原则，《仲裁法》第十九条规定："仲裁协议独立存在，合同的变更、解除、终止或者无效，不影响仲裁协议的效力。"

第二节　仲裁协议的效力

一、仲裁协议的生效要件

仲裁协议是一种特殊形式的合同或契约，一个有效的仲裁协议不仅是当事人通过仲裁解决争议的前提和基础，而且直接关系到仲裁裁决能否得到法院的承认与执行。生效仲裁协议至少应具备以下三个构成要件：

(一)主体要件

作为仲裁协议的主体的自然人、法人或者其他组织必须具有缔约能力。在民商事活动中，民商事交易主体应该具有法律上的行为能力，这是保证正常民事交易有效性的基本前提。

对自然人而言，仲裁协议的当事人应为完全民事行为能力人；无民事行为能力人和限制民事行为能力人订立的仲裁协议无效。《中华人民共和国民法总则》规定，十八周岁以上的成年人为完全民事行为能力人，可以独立实施民事法律行为。十六周岁以上的未成年人，以自己的劳动收入为主要生活来源的，视为完全民事行为能力人。八周岁以上的未成年人和不能完全辨认自己行为的成年人为限制民事行为能力人，不满八周岁的未成年人和不能辨认自己行为的成年人为无民事行为能力人，由其法定代理人代理实施民事法律行为。但是,限制民事行为能力人和无民事行为能力人可以通过其有完全民事行为能力的法定代理人订立有效的仲裁协议。

法人的民事行为能力,从法人成立时产生,到法人终止时消灭。对于非法人的其他组织,《民事诉讼法》第四十八条规定了其民事诉讼主体资格。《最高人民法院关于适用〈中华人民共和国民事诉讼法〉的解释》第五十二条规定:"民事诉讼法第四十八条规定的其他组织是指合法成立、有一定的组织机构和财产,但又不具备法人资格的组织,包括:(一)依法登记领取营业执照的个人独资企业;(二)依法登记领取营业执照的合伙企业;(三)依法登记领取我国营业执照的中外合作经营企业、外资企业;(四)依法成立的社会团体的分支机构、代表机构;(五)依法设立并领取营业执照的法人的分支机构;(六)依法设立并领取营业执照的商业银行、政策性银行和非银行金融机构的分支机构;(七)经依法登记领取营业执照的乡镇企业、街道企业;(八)其他符合本条规定条件的组织。"《仲裁法》第二条也明确规定了其他组织可以作为纠纷的主体申请仲裁,因此,法定的其他组织有订立仲裁协议的能力。

(二)内容要件

《仲裁法》第十六条第二款规定:"仲裁协议应当具有下列内容:(一)请求仲裁的意思表示;(二)仲裁事项;(三)选定的仲裁委员会。"这是一份完整、有效的仲裁协议必须具备的法定内容。

魏建川与重庆骏东汽车销售服务有限公司合同纠纷案

2016 年 6 月 12 日,魏建川与重庆骏东汽车销售服务有限公司签订《汽车销售合同》,该合同的"争议解决"条款约定:"因执行本合同所发生或与本合同有关的一切争议,应由双方在第一时间通过友好协商解决。如达不成协议,任何一方可提请中国国际经济贸易仲裁委员会上海分会裁决。仲裁及仲裁员的指定应按照申请仲裁时中国国际经济贸易仲裁委员会有效的仲裁规则进行。仲裁员的数量应为一名。仲裁语言应为英文和中文。仲裁裁决是终局性的,对双方均有约束力且双方在此同意放弃他们对该裁决可能享有的任何上诉权。"在合同履行过程中,双方之间发生争议。2017 年 9 月 14 日,魏建川向北京市第二中级人民法院申请确认仲裁协议的效力。

北京市第二中级人民法院经审查认为,《中华人民共和国仲裁法》第十六条规定:"仲裁协议包括合同中订立的仲裁条款和以其他书面方式在纠纷发生前或者纠纷发生后达成的请求仲裁的协议。仲裁协议应当具有下列内容:(一)请求仲裁的意思表示;(二)仲裁事项;(三)选定的仲裁委员会。"涉案《汽车销售合同》中载明:因执行本合同所发生或与本合同有关的一切争议,任何一方可提请中国国际经济贸易仲裁委员会上海分会裁决。上述条款中,具有请求仲裁的意思表示、仲裁事项、选定的仲裁委员会,符合《中华人民共和国仲裁法》第十六条关于仲裁协议形式及要件的规定及《最高人民法院关于适用〈中华人民共和国仲裁法〉若干问题的解释》第二条关于"当事人概括约定仲裁事项为合同争议的,基于合同成立、效力、变更、转让、履行、违约责任、解释、解除等产生的纠纷都可以认定为仲裁事项”的规定。[①]

从仲裁法的规定和上述实务案件的处理可以看出，仲裁协议应具备以下条件：

1.请求仲裁的意思表示

请求仲裁的意思表示是仲裁协议的首要内容。在仲裁实践中，请求仲裁的意思表示应该注意以下几个问题：

（1）当事人在仲裁协议中请求仲裁的意思表示要明确

请求仲裁的意思表示明确意味着通过仲裁协议可以判断出当事人的请求仲裁的真实意思，同时通过该意思表示，可以得出当事人排斥诉讼解决纠纷而选择仲裁解决纠纷的结论。

2014 年 10 月 31 日，广州仲裁委员会根据邹孝妮与周辉、胡洁仪签订的《借款合同》中的仲裁条款受理了邹孝妮关于借款合同纠纷的仲裁申请。邹孝妮为证明其仲裁主张，向仲裁庭提交了《借款合同》《借款借据》《房地产抵押合同》等证据，拟证明周辉向邹孝妮借款及胡洁仪提供连带保证担保，陈嘉鸣与陈嘉翊为周辉的借款向邹孝妮提供房产作抵押，并已办理抵押登记。上述《房地产抵押合同》显示，抵押人（甲方）为陈嘉鸣与陈嘉翊，抵押权人（乙方）为邹孝妮，其中第十六条约定，“甲、乙双方在履行本合同过程中发生争议时，可以通过协商解决；协商不成的，可以向人民法院起诉，或向仲裁机关申请仲裁”。[②]

上述案例的涉案合同约定发生争议可向人民法院起诉，或向仲裁机构申请仲裁就属于请求仲裁的意思表示不明确的约定。《仲裁法》第十八条规定：“仲裁协议对仲裁事项或者仲裁委员会没有约定或者约定不明确的，当事人可以补充协议；达不成补充协议的，仲裁协议无效。”本案中无证据显示当事人达成了补充协议，因此案涉《房地产抵押合同》第十六条约定的仲裁条款无效，广州仲裁委员会对该合同纠纷无管辖权。

（2）请求仲裁的意思表示必须是双方共同的意思表示

仲裁是国际通行的民商事纠纷的解决方式，完全体现了当事人的意思自治。仲裁改革与发展的前提是必须尊重和体现当事人的意愿，只有最大限度地尊重和体现当事人的意愿，才能提高仲裁效率，树立仲裁权威，避免仲裁不公等弊端。[③] 因此，基于仲裁自治性的理念，在仲裁协议中请求仲裁的意思表示必须是双方共同的意思表示，而不是任何单方当事人的意思表示。

（3）请求仲裁的意思表示不存在欺诈、胁迫等情形

《仲裁法》第十七条第三项规定，一方采取胁迫手段，迫使对方订立仲裁协议的，仲裁协议无效。在具体的仲裁案件中，根据谁主张谁举证的原则，主张受到胁迫一方当事人应该就其主张承担举证责任，并达成排除合理怀疑的证明标准。否则，将承担举证不能的法律后果。

2.仲裁事项

---

① 参见北京市第二中级人民法院（2017）京 02 民特 306 号民事裁定书。

② 参见广东省广州市中级人民法院（2015）穗中法执仲字第 19 号民事裁定书。

③ 张维：《始终坚持仲裁民间性核心理念》，载《法制日报》2015 年 9 月 26 日，第 6 版。

仲裁事项解决仲裁委员会的管辖范围问题，具体指当事人提交仲裁解决的具体争议事项。一方面，当事人在仲裁协议中约定的仲裁事项必须符合法律规定；另一方面，仲裁庭只能在仲裁协议确定的仲裁事项范围内进行仲裁。

(1)仲裁事项具有明确性

仲裁事项具有明确性即仲裁事项的特定性，指双方当事人将什么争议提交仲裁委员会解决的应该是明确和特定的。仲裁事项是否明确直接关系到仲裁委员会行使管辖权的问题，因为仲裁委员会只能解决仲裁事项范围内的争议，否则将构成违法裁决。一般来说，双方当事人对于已经发生的争议事项，其仲裁事项的约定是比较明确和具体的，但是对于未来可能产生的争议事项，应尽量避免在仲裁协议中作出过多限制性规定，宜采用广泛性的仲裁条款，或称概括性的仲裁条款，如可以笼统地约定"因本合同引起的争议"或者"凡本合同项下争议或与本合同有关的一切争议"提交某仲裁委员会仲裁。此类最为宽泛的约定的范围判断对于争议解决方式的选择非常重要，有利于仲裁委员会全面迅速地审理纠纷，充分保护当事人的合法权益。尽管如此，在具体案件中，对于判断双方提起仲裁的法律争议是否属于双方约定的仲裁事项有时也会发生困难。

(2)不可仲裁的事项范围

约定仲裁的事项不属于根据《仲裁法》第三条和第七十七条规定的争议事项。各地仲裁委员会为便于具体案件的操作，在仲裁委员会仲裁规则中往往通过列举式方式，明确本仲裁委员会可以受理案件的范围。例如，珠海仲裁委员会依法受理中华人民共和国境内外平等主体的自然人、法人和其他组织之间发生的合同纠纷和其他财产权益纠纷。具体包括但不限于下列纠纷：买卖合同纠纷、借贷合同纠纷、租赁合同纠纷、担保合同纠纷、委托合同纠纷、运输合同纠纷、技术合同纠纷、投资金融合同纠纷、建设工程合同纠纷、知识产权合同纠纷等。该会规则同时也采取否定式方式列举了不属于该会受理的纠纷：(1)劳动争议；(2)婚姻、收养、监护、扶养、继承纠纷；(3)依法应由行政机关处理的行政争议的纠纷。

3.选定的仲裁委员会

从世界范围内来看，机构仲裁和临时仲裁是仲裁的两种基本形式，两者相辅相成，在纠纷的解决中各自发挥着作用。首先，机构仲裁指由一个常设的仲裁机构进行仲裁，仲裁机构负责部分程序上的工作，当事人在仲裁机构的仲裁员名册中选择仲裁员。仲裁裁决除了由仲裁员签字外，还要加盖仲裁机构的印章。其次，临时仲裁又称特别仲裁或随意仲裁，是相对机构仲裁而言的仲裁制度，指当事人自己依协议选定第三人组建仲裁庭或即使常设仲裁机构介入，仲裁机构也不进行程序上的管理，而是由当事人依协议约定临时程序或参考某一特定的仲裁规则或授权仲裁庭自选程序，这种形式的仲裁即临时仲裁，凡是与仲裁审理有关的事项都可以完全由当事人约定。

《仲裁法》规定我国实行机构仲裁，没有规定临时仲裁这种形式。该法第十条明确仲裁委员会可以在直辖市和省、自治区和人民政府所在地的市设立，也可以根据需要在其他设区的市设立，不按行政区划层层设立。仲裁委员会不实行级别管辖和地域管辖，当事人可以自愿协商选定某一仲裁委员会约定管辖。对于临时仲裁，随着 2016 年

12 月 30 日最高人民法院发布《最高人民法院关于为自由贸易试验区建设提供司法保障的意见》[法发(2016)34 号](以下简称《意见》),中国域内临时仲裁开始有限度进行开放。该《意见》第九点正确认定仲裁协议效力,规范仲裁案件的司法审查规定,在自贸试验区内注册的企业相互之间约定在内地特定地点、按照特定仲裁规则、由特定人员对有关争议进行仲裁的,可以认定该仲裁协议有效。人民法院认为该仲裁协议无效的,应报请上一级法院进行审查。上级法院同意下级法院意见的,应将其审查意见层报最高人民法院,待最高人民法院答复后作出裁定。上述内容充分尊重了自由贸易试验区内注册的企业意思自治,允许自由贸易试验区内企业约定临时仲裁。

目前,临时仲裁被严格限制在自由贸易试验区注册企业之间,且通过法院审级监督的形式予以规范,先行先试进行经验总结。2017 年 3 月 18 日,珠海仲裁委员会通过了《横琴自由贸易试验区临时仲裁规则》,该规则适用于自由贸易试验区内注册的企业之间的临时仲裁案件。当事人没有明确选择临时仲裁意思表示的,不视为临时仲裁,不适用该规则。

《仲裁法》第十六条规定的选定仲裁委员会是仲裁协议必备的内容之一,但是这只适用机构仲裁这一仲裁形式,而临时仲裁因不是由常设仲裁机构管理的仲裁,因此,临时仲裁不能满足该条选定仲裁委员会的要求。仲裁协议中约定的仲裁委员会应该具体、明确,也就是说根据仲裁协议条款内容就可以明确确定某一具体仲裁委员会对约定的仲裁事项具有管辖权。《仲裁法》第十八条规定,仲裁协议对委员会没有约定或者约定不明确的,当事人可以补充协议;达不成补充协议的,仲裁协议无效。但是,在仲裁实践中,当事人在仲裁协议中约定的仲裁委员会的名称或者不明确,或者不准确,且这种现象普遍存在。如何认定该仲裁协议中是否选定了仲裁委员会,就成了实践中的一道难题。

(1)仲裁协议约定:“本协议履行过程中发生争议,由双方当事人协商解决,协商不成的提交珠海市香洲区仲裁委员会仲裁。”

此仲裁条款表述不规范,珠海市民商事案件的仲裁机构准确名称为珠海仲裁委员会。《最高人民法院关于适用〈中华人民共和国仲裁法〉若干问题的解释》第条规定:“仲裁协议约定的仲裁机构名称不准确,但能够确定具体的仲裁机构的,应当认定选定了仲裁机构。”据此,虽然仲裁协议所列的“珠海市香洲区仲裁委员会”名称有误,但是珠海市范围只有珠海仲裁委员会这一家独立仲裁机构,因此应该可以确定双方约定的仲裁机构就是珠海仲裁委员会,故该协议约定的仲裁机构能确定且唯一,仲裁条款约定有效。《珠海仲裁委员会仲裁规则》第十条第(一)项规定:“当事人协议选定珠海仲裁机构、珠海市仲裁机构、珠海市仲裁委员会仲裁的表述,或者其他可以推断为唯一选定本会仲裁的表述,均视为有效的仲裁协议。”在仲裁实务中,为了避免对方提出管辖权异议,当事人在约定仲裁条款的时候应注意写明仲裁委员会的准确名称。

2.仲裁协议约定:“因本合同引起的或与本合同有关的任何争议,均应按《珠海仲裁委员会仲裁规则》进行仲裁。”

此仲裁条款仅约定了仲裁规则,未约定仲裁委员会。《最高人民法院关于适用〈中华人民共和国仲裁法〉若干问题的解释》第四条规定:“仲裁协议仅约定纠纷适用的仲裁规则的，视为未约定仲裁机构，但当事人达成补充协议或者按照约定的仲裁规则能够确定仲裁机构的除外。”据此，在当事人没有达成补充协议的情况下，基于《珠海仲裁委员会仲裁规则》是珠海仲裁委员会制定的事实，可以确定该仲裁条款选定珠海仲裁委员会为约定的解决双方争议的仲裁委员会。

3.仲裁协议约定：“本协议在履行中发生争议，应由双方协商解决，若协商不成，则通过仲裁程序解决。”

此仲裁条款仅约定双方争议通过仲裁程序解决，对于其效力如何应依法进行分析。根据《仲裁法》第十八条之规定，仲裁协议对仲裁事项或者仲裁委员会没有约定或者约定不明确的，当事人可以补充协议；达不成补充协议的，仲裁协议无效。依据《最高人民法院关于适用〈中华人民共和国仲裁法〉若干问题的解释》第四条之规定，仲裁协议仅约定纠纷适用的仲裁规则的，视为未约定仲裁机构，但当事人达成补充协议或者按照约定的仲裁规则能够确定仲裁机构的除外。该仲裁条款仅约定“若协商不成，则通过仲裁程序解决”，并未约定仲裁机构，也未约定适用的仲裁规则，当然也就无法通过仲裁规则确定仲裁机构。在当事人没有就此另行达成补充协议的情况下，该仲裁协议应属无效。

4.仲裁条款约定：“凡因本合同引起的或与本合同有关的任何争议，可提交广州仲裁委员会或者深圳仲裁委员会仲裁。”

此仲裁条款约定了两个仲裁机构。《最高人民法院关于适用〈中华人民共和国仲裁法〉若干问题的解释》第五条规定：“仲裁协议约定两个以上仲裁机构的，当事人可以协议选择其中的一个仲裁机构申请仲裁；当事人不能就仲裁机构选择达成一致的，仲裁协议无效。”据此，约定两个或两个以上仲裁委员会的仲裁协议并不当然无效，如果当事人可以通过补充协议的方式确定其中一个仲裁机构申请仲裁的，该仲裁协议有效。

5.仲裁条款约定：“凡因本合同引起的或与本合同有关的任何争议，均提交华南国际经济贸易仲裁委员会，按照申请仲裁时该会施行有效的仲裁规则进行仲裁。如一方对该裁决不服，可到瑞典斯德哥尔摩商会仲裁院仲裁，裁决是终局的。”

此仲裁条款也约定了两个仲裁机构，对仲裁裁决不服的可以另行申请仲裁进行权利救济。对于该仲裁条款的前半段应认定选定了仲裁委员会和仲裁规则，应认定为有效协议，但是后半段与我国《仲裁法》规定相冲突。首先，仲裁机构之间没有隶属关系，华南国际经济贸易仲裁委员会与瑞典斯德哥尔摩商会仲裁院之间不存在隶属关系；其次，仲裁实行的是一裁终局，不存在不服某一个仲裁机构的仲裁而向另外的仲裁机构再次申请仲裁的途径。根据《仲裁法》第 58 条规定，当事人对仲裁裁决不服的，其权利救济途径是向仲裁委员会所在地的中级人民法院申请撤销裁决。因此，该仲裁条款的后半段是无效。

6.仲裁协议约定：“因履行本合同发生争议时，任何一方均可向××所在地仲裁机关申请仲裁。”

此仲裁条款仅约定了仲裁地点，而没有约定仲裁机构。在石家庄东方城市广场有限公司与香港拓能有限公司管辖异议一案中，最高人民法院认为，本案双方当事人在租赁经营合同中的约定:租赁双方因执行本合同发生争议,……任何一方均可向甲方(石家庄东方城市广场有限公司)所在地仲裁机关申请仲裁。该合同中虽未写明仲裁委员会的名称,仅约定仲裁机构为"甲方所在地仲裁机关",但鉴于在当地只有一个仲裁委员会,即石家庄仲裁委员会,故该约定应认定是明确的,该仲裁条款合法有效。当事人因履行该合同发生纠纷,应提交仲裁解决,人民法院对本案不享有管辖权。[①]

7.仲裁协议约定:"凡因本合同引起的或与本合同有关的任何争议,均提交华南国际经济贸易仲裁委员会仲裁或者向合同签订地人民法院起诉。"

此仲裁条款为或裁或审的约定。《最高人民法院关于适用〈中华人民共和国仲裁法〉若干问题的解释》第七条规定:"当事人约定争议可以向仲裁机构申请仲裁也可以向人民法院起诉的,仲裁协议无效。但一方向仲裁机构申请仲裁,另一方未在仲裁法第二十条第二款规定期间内提出异议的除外。"《中华人民共和国仲裁法》第二十条第二款规定:"当事人对仲裁协议的效力有异议,应当在仲裁庭首次开庭前提出。"据此,对于仲裁条款中或裁或审的约定,原则上是无效的。但是,如果一方当事人申请人仲裁,另一方未在仲裁庭首次开庭前未对仲裁协议效力提出异议的话,该仲裁条款有效。

另外,当事人约定的或裁或审的仲裁条款无效,但对于其中诉讼管辖的约定是否有效,实务中我国法院仍存在不同的处理意见:一种处理意见认为,或裁或审条款实际上同时约定了仲裁和诉讼这两种相互排斥的争议解决方式,从而导致争议的管辖权不明,因此无论是仲裁协议还是诉讼管辖约定均属于无效约定,应当按法定的诉讼管辖规则重新确定案件的管辖法院;另一种意见则认为,或裁或审条款中同时约定了仲裁和诉讼两种争议解决方式,没有排除法院的诉讼管辖权,因此仲裁协议无效,但这并不一定意味着其中诉讼管辖的约定一并归于无效,如果该诉讼管辖约定符合《民事诉讼法》中关于约定管辖的规定,应当认定该约定有效,并根据该约定确定案件的管辖法院。目前,黑龙江省高级人民法院和最高人民法院的判例支持了第二种意见。[②]

8.仲裁协议约定:"凡因本合同引起的或与本合同有关的任何争议,均提交××仲裁委员会仲裁。若对仲裁结果不服可向人民法院起诉。"

此仲裁条款为先裁后审的约定,对于其效力实践中有两种观点。第一种观点认为,依据我国《仲裁法》,仲裁实行"一裁终局"制度,此仲裁条款的约定与仲裁的终局性相悖,属无效协议。第二种观点认为,前一句有效,后一句因与仲裁的终局性相悖应属无效。笔者倾向同意第二种观点。

9.仲裁协议约定:"双方同意将本合同引起的任何争议提交香港国际仲裁中心,由该中心按照该中心届时有效的规则仲裁解决,仲裁地在香港。"

此仲裁条款为无涉外因素的案件中,当事人选择了境外仲裁机构。随之而来的问题是,纯国内案件,到底能否选择境外仲裁机构?从实践中的判例来看,我国法院对待无涉外因素纠纷提交境外仲裁的仲裁条款效力持否定态度。

在朝来新生公司要求承认大韩商事仲裁院仲裁裁决的申请案中,北京市第二中级

① 参见最高人民法院法经〔1998〕287号。

② 参见最高人民法院(2016)最高法民辖终39号。

人民法院认为，根据《中华人民共和国民事诉讼法》和《中华人民共和国仲裁法》的规定，涉外经济贸易、运输、海事中发生的纠纷，当事人可以通过订立合同中的仲裁条款或者事后达成的书面仲裁协议，提交我国仲裁机构或者其他仲裁机构仲裁，但是法律并未允许国内当事人将其不具有涉外因素的争议提请外国仲裁。本案中，朝来新生公司与所望之信公司均为中国法人，双方签订的《合同书》，是双方为在中华人民共和国境内经营高尔夫球场设立的合同，转让的系中国法人的股权。双方之间的民事法律关系的设立、变更、终止的法律事实发生在我国境内、诉讼标的亦在我国境内，不具有涉外因素，故不属于我国法律规定的涉外案件。因此，《合同书》中关于如发生纠纷可以向大韩商事仲裁院提出诉讼进行仲裁的约定违反了《中华人民共和国民事诉讼法》、《中华人民共和国仲裁法》的相关规定，该仲裁条款无效。此外，因大韩商事仲裁院于2013年5月29日作出的仲裁裁决所适用的准据法为中华人民共和国的法律，依据中华人民共和国法律，《合同书》中的仲裁条款为无效条款，故大韩商事仲裁院受理本案所涉仲裁案件所依据的仲裁条款无效。根据《承认及执行外国仲裁裁决公约》第五条第一款(甲)项、第五条第二款(乙)项之规定，该裁决不予承认。[①]

事实上，在一个国家领域内发生的民商事纠纷如何解决，关系到该国的司法主权问题。对于与上述案件相类似的案例，我国最高人民法院的态度也是一致的，认为非涉外民事案件双方当事人约定发生争议由我国大陆境外的仲裁机构裁决，因违反司法主权原则，应当认定该约定无效。与之相反，如果是具有涉外因素的案件，双方当事人约定将争议提交外国仲裁机构进行仲裁解决的条款有效。

10.仲裁协议约定："任何因本合同引起的或与其有关的争议应被提交国际商会仲裁院，并根据国际商会仲裁院规则由按照该等规则所指定的一位或多位仲裁员予以最终仲裁。管辖地应为中国上海，仲裁应以英语进行。"

此仲裁条款为涉外案件当事人约定争议由境外仲裁机构在我国进行仲裁。长期以来，基于对中国仲裁法和仲裁司法政策的不同理解，仲裁界和法院对于境外仲裁机构能否在华仲裁的问题，长期存在激烈争议。通常以《中华人民共和国仲裁法》第十条为依据，认为仲裁是需要经过行政机关特许才能提供的专业服务，而中国政府亦未向国外开放仲裁服务市场，因此境外仲裁机构依法不能在中国境内进行仲裁。但是，"龙利得案"明确了选择境外机构在中国境内仲裁的仲裁协议有效，最高人民法院首度认可境外仲裁机构在我国仲裁。2013年3月25日，最高人民法院作出《关于申请人安徽省龙利得包装印刷有限公司与被申请人BPAgnati S.R.L.申请确认仲裁协议效力案的复函》[(2013)民四他字第13号]，认为由于当事人没有约定确认仲裁协议效力适用的法律，根据《最高人民法院关于适用〈中华人民共和国仲裁法〉若干问题的解释》第十六条，审查该仲裁条款效力的适用法应为仲裁地法律，即中国法；该仲裁条款有请求仲裁的意思表示，约定了仲裁事项，并选定了明确具体的仲裁机构，符合《中华人民共和国仲裁法》第十六条的规定，因此认定该仲裁条款有效。

中国《仲裁法》并未明确规定境外仲裁机构能否在中国境内从事仲裁活动。"龙利

① 参见北京市第二中级人民法院(2013)二中民特字第10670号民事裁定书。

得案”最高人民法院确认仲裁条款有效，意味着最高院认可国际商会仲裁院等境外仲裁机构，可以将中国作为仲裁地进行仲裁。

（三）形式要件

一项有效的仲裁协议必须具有合法的形式。目前，许多国际公约和外国法律都规定仲裁协议必须采用书面形式，我国法律也不例外。因此，在订立仲裁协议时既应符合仲裁地国家对仲裁协议形式的要求，也应注意裁决执行地国家对仲裁协议形式的法律规定，以便仲裁裁决能得到承认和执行。关于仲裁协议必须要以书面形式订立这一点，本章第一节仲裁协议的分类有详细论述，在此不赘述。我国法律也要求仲裁协议必须采取书面形式。

二、仲裁协议的效力范围

仲裁协议的效力范围体现在对当事人效力、对法院效力和对仲裁机构的效力三个方面，下面分别述之：

（一）仲裁协议对当事人的效力

一个有效的仲裁协议，其首要的效力在于对双方当事人选择纠纷的解决方式产生拘束力，任何一方无权选择仲裁以外的救济方式，双方当事人负有对仲裁协议约定将争议提请仲裁委员会进行仲裁的义务。如果一方当事人违反该义务，在隐瞒仲裁协议的情况下就约定争议向法院起诉，则对方当事人可以向法院提交仲裁协议行使管辖异议权，在这种情况下，法院应当裁定驳回起诉。

仲裁协议的对当事人的效力范围仅限于签订仲裁协议的当事人，而不及于案外第三人。我国《民事诉讼法》中设立了第三人制度，但是我国《仲裁法》中没有关于仲裁第三人的规定，从世界范围内看，绝大多数仲裁委员会对仲裁第三人都持否定态度。在仲裁制度研究中，我国有学者主张设立仲裁第三人制度，让与案件的处理结果有法律上的利害关系的人参与到仲裁程序中，有利查明案件事实，减少诉累。

（二）仲裁协议对法院的效力

或裁或审制度是我国仲裁中的一项制度。仲裁协议成立生效后，就产生了排斥法院行使管辖权的效力，即人民法院不得受理当事人之间有仲裁协议的争议案件，除非该仲裁协议无效或者存在例外情形。《中华人民共和国仲裁法》第二十六条规定：“当事人达成仲裁协议，一方向人民法院起诉未声明有仲裁协议，人民法院受理后，另一方在首次开庭前未提交仲裁协议的，人民法院应当驳回起诉，但仲裁协议无效的除外；另一方在首次开庭前未对人民法院受理该案提出异议的，视为放弃仲裁协议，人民法院应当继续审理。”

仲裁协议对法院拘束力还体现在撤销仲裁裁决和强制执行仲裁裁决上。根据《中华人民共和国仲裁法》第五十八条规定，当事人向中级人民法院申请撤销仲裁裁决，法院经审查核实仲裁裁决存在没有仲裁协议，或者裁决的事项不属于仲裁协议的范围或者仲裁委员会无权仲裁的等情形之一的，应该裁定撤销仲裁裁决。《中华人民共和国民事诉讼法》第二百三十七条规定，对依法设立的仲裁机构的裁决，一方当事人不履行的，对方当事人可以向有管辖权的人民法院申请执行。被申请人提出证据证明仲裁裁决有当事人在合同中没有订有仲裁条款或者事后没有达成书面仲裁协议的，或者裁决的事项不属于仲裁协议的范围或者仲裁机构无权仲裁的情形之一的，经人民法院组成合议庭审查核实，裁定不予执行。

（三）仲裁协议对仲裁机构的效力

仲裁协议是仲裁机构受理仲裁案件的基础，是仲裁庭对争议案件进行审理与裁决的依据。我国《仲裁法》第四条规定，没有仲裁协议，一方申请仲裁的，仲裁委员会不予受理。仲裁协议限定仲裁权行使的范围，仲裁庭只能对当事人协议约定并提请仲裁的争议事项进行审理并作出裁决，如果仲裁机构超越仲裁协议的范围作出仲裁裁决，则该仲裁裁决无效。

随着仲裁制度对当事人意思自治的不断强化，当事人在仲裁协议中有权选择争议所适用的仲裁规则，这充分体现了仲裁制度的功能和价值。《珠海仲裁委员会仲裁规则》第四条规定，当事人约定适用其他仲裁规则，或约定对本规则有关内容进行变更，从其约定，但其约定无法实施或与法律强制性规定相抵触者除外。这事实上也限制了仲裁委员会在裁决案件时适用的仲裁规则。

三、仲裁协议效力的审查程序

在仲裁实务中，如果当事人对已经签署的仲裁协议的效力有异议，可以通过法定的程序予以确认。仲裁协议的效力问题关系到仲裁委员会是否能够行使管辖权问题，在争议的仲裁协议的效力没有被确认为有效前，仲裁委员会一般不能开始对案件实体问题的审理。

（一）仲裁协议效力的审查主体

仲裁协议效力的审查主体为仲裁机构与人民法院。《中华人民共和国仲裁法》第二十条第一款规定："当事人对仲裁协议的效力有异议的，可以请求仲裁委员会作出决定或者请求人民法院作出裁定。一方请求仲裁委员会作出决定，另一方请求人民法院作出裁定的，由人民法院裁定。"

对于申请确认仲裁协议效力的案件由中级人民法院管辖，但是根据《最高人民法院关于适用〈中华人民共和国仲裁法〉若干问题的解释》第十二条规定，因案件性质不同地域管辖的法院会有所不同：

1.当事人向人民法院申请确认仲裁协议效力的案件，由仲裁协议约定的仲裁机构所在地的中级人民法院管辖；仲裁协议约定的仲裁机构不明确的，由仲裁协议签订地或者被申请人住所地的中级人民法院管辖。

2.申请确认涉外仲裁协议效力的案件，由仲裁协议约定的仲裁机构所在地、仲裁协议签订地、申请人或者被申请人住所地的中级人民法院管辖。

3.涉及海事海商纠纷仲裁协议效力的案件，由仲裁协议约定的仲裁机构所在地、仲裁协议签订地、申请人或者被申请人住所地的海事法院管辖；上述地点没有海事法院的，由就近的海事法院管辖。

（二）仲裁协议效力异议的提出

当事人对仲裁协议效力异议的及时提出，有利于仲裁委员会及时确定自己的管辖权，节约仲裁成本，提高仲裁效率。《中华人民共和国仲裁法》第二十条第二款规定："当事人对仲裁协议的效力有异议的，应当在仲裁庭首次开庭前提出。"对于书面审理的案件，《珠海仲裁委员会仲裁规则》第十一条规定应当在答辩期届满前以书面形式提出。对于开庭审理的案件，当事人在仲裁庭首次开庭前没有对仲裁协议的效力提出异议，而后向人民法院申请确认仲裁协议无效的，人民法院不予受理。仲裁机构对仲裁协议的效力作出决定后，当事人向人民法院申请确认仲裁协议效力或者申请撤销仲裁机构的决定的，人民法院不予受理。

（三）仲裁协议效力的审查处理

对于当事人申请确认仲裁协议效力，仲裁机构应该依法作出决定，或者人民法院应该依法作出裁定，该决定或者裁定具有终局效力。人民法院审理仲裁协议效力确认案件，应当组成合议庭进行审查，并询问当事人。对于仲裁机构作出的决定书，当事人不能申请复议；对于人民法院作出的裁定书，当事人不能提起上诉。

在仲裁实务中，存在这样一种情况：双方当事人对仲裁协议的效力都有异议，一方当事人申请仲裁机构作出决定，另一方当事人请求人民法院作出裁定，在这种情况下应该如何处理？1998年《最高人民法院〈关于确认仲裁协议效力几个问题的批复〉》中明确，如果仲裁机构先于人民法院接受申请并已作出决定，人民法院不予以受理；如果仲裁机构接受申请后尚未作出决定，人民法院应予以受理，同时通知仲裁机构中止仲裁。如果一方当事人就合同纠纷或者其他财产权益纠纷申请仲裁，另一方当事人对仲裁协议的效力有异议，请求人民法院确认仲裁协议无效并就合同纠纷或者其他财产权益纠纷起诉的，人民法院受理后应当通知仲裁机构中止仲裁。人民法院依法作出仲裁协议有效或者无效的裁定后应当将裁定书副本送达仲裁机构，由仲裁机构根据人民法院的裁定恢复仲裁或者撤销仲裁案件。

《珠海仲裁委员会仲裁规则》第十一条第（三）项规定："当事人向人民法院申请裁定仲裁协议效力的，应当同时向本会提交起诉状副本和人民法院的立案通知复印件。"

四、仲裁协议效力的扩张

一般来说，基于意思自治的有效的仲裁协议效力仅对当事人产生严格的约束力，而对案外第三人没有拘束力。但是，在某些特殊情况下，还需要使仲裁协议对第三人产生拘束力，这就是仲裁协议效力扩张的表现。仲裁协议效力的扩张也称之为仲裁协议主体效力的扩张，根据《最高人民法院关于适用〈中华人民共和国仲裁法〉若干问题的解释》规定，主要有以下几种：

(一)法人的合并和分立

法人订立的仲裁协议后合并或分立的,仲裁协议对其权利义务的继受人有效,但是当事人订立仲裁协议时另有约定的除外。

(二)自然人死亡

当事人订立仲裁协议后死亡的,仲裁协议对承继其仲裁事项中的权利义务的继承人有效,但是当事人订立仲裁协议时另有约定的除外。《最高人民法院关于适用〈中华人民共和国仲裁法〉若干问题的解释》第八条第二款规定:"当事人签订仲裁协议后死亡的,仲裁协议对继承仲裁事项中的权利义务的继承人有效。"[①]

(三)合同转让

债权债务全部或者部分转让的,仲裁协议对受让人有效,但当事人另有约定、在受让债权债务时受让人明确反对或者不知有单独仲裁协议的除外。

上述仲裁协议效力在特定情形下向案外第三人的扩张,并不是对仲裁意思自治理论基础的破坏,而是为了发挥仲裁解决纠纷的内在优势。

① 参见山东省淄博市中级人民法院(2017)鲁03民特70号民事裁定书。

第三章

仲 裁 庭

仲裁机构既是仲裁案件的管理机构，也是仲裁的服务机构。我国现行的民商事仲裁机构被称为仲裁委员会。仲裁委员会本身不具有审理仲裁案件的权力，具体审理案件的工作由仲裁员组成的仲裁庭负责。对于仲裁委员会与仲裁庭的关系主要表现为：首先，仲裁委员会为仲裁庭的仲裁活动提供管理。仲裁委员会负责受理案件、收取仲裁费用、确定和更换仲裁庭组成、支付仲裁员报酬以及档案管理等工作。其次，仲裁委员会指派办案秘书为仲裁庭提供辅助服务。办案秘书的主要工作包括仲裁文书的送达、协调仲裁庭开庭时间、负责庭审记录、仲裁裁决书和调解书的校对、打印等。此外，办案秘书是庭下仲裁庭与当事人之间沟通的桥梁与纽带。最后，仲裁委员会对仲裁庭的活动实施必要的监督。如《珠海仲裁委员会仲裁规则》第六十六条规定："仲裁庭在签署裁决书之前，应当将裁决书草案提交本会核阅。本会可以对裁决书的形式提出修改建议或直接进行修改，也可以在不影响仲裁庭自主决定权的前提下，对实体问题提出建议。仲裁庭对本会提出的实体问题的建议不予采纳的，应当向本会提供书面说明。"

需要说明的是，仲裁庭独立于仲裁委员会。仲裁委员会不能干预仲裁庭依法进行的仲裁活动，仲裁委员会应该保证仲裁庭独立地行使仲裁权力。仲裁庭对事实的认定、适用法律和对案件的意见独立的、不受仲裁委员会干涉的权力。

第一节　仲裁庭的组成

仲裁庭是由当事人选定或者仲裁委员会主任指定的仲裁员组成的，对当事人申请仲裁的争议案件负责审理和裁决的组织形式。各地仲裁委员会受理案件后，应按各自仲裁规则的规定组成仲裁庭，开庭审理仲裁案件，并依法作出裁决或主持调解。仲裁庭具有临时性的特点，当仲裁庭作出裁决或者调解，仲裁庭就自行解散。

一、仲裁庭的类型

《中华人民共和国仲裁法》第三十条规定："仲裁庭可以由三名仲裁员或者一名仲裁员组成。由三名仲裁庭组成的，设首席仲裁员。"据此，根据仲裁庭仲裁员人数数量，仲裁庭可分为独任仲裁庭和合议仲裁庭。

(一)独任仲裁庭

独任仲裁庭是指由一名仲裁员组成仲裁庭,独任审理。大多数仲裁委员会的仲裁规则都规定,适用简易程序的案件,适用独任仲裁庭审理。《珠海仲裁委员会仲裁规定》第七十三条规定,适用简易程序的案件,由独任仲裁庭审理。但是,本会主任认为有必要由三名仲裁员组成仲裁庭的除外。一般来说,相比于合议仲裁庭,独任仲裁庭在程序推进,发挥快速、经济地解决仲裁纠纷,提高仲裁效率上具有较大的优势。

(二)合议仲裁庭

合议仲裁庭是指由三名或三名以上仲裁员共同组成仲裁庭。其中,一名仲裁员为首席仲裁员。合议仲裁庭可以发挥仲裁员集体的智慧,能够更全面、更可靠地对案件作出评价,保证案件的公正裁决,较少出现错误裁决的可能性。此外,合议仲裁庭对于培养年青的仲裁员也具有重要的意义和价值。除了独任仲裁庭外,三人仲裁庭是各国民商事仲裁立法和实践中最为普遍的仲裁庭类型。但是,存在例外情况。《中国国际经济贸易仲裁委员会仲裁规则》第二十五条仲裁庭的人数规定:"(一)仲裁庭由一名或三名仲裁员组成。(二)除非当事人另有约定或本规则另有规定,仲裁庭由三名仲裁员组成。"

在仲裁实践中,各地仲裁委员会的仲裁规则,通常以仲裁双方争议的标的金额区分适用独任制仲裁庭还是合议仲裁庭。《珠海仲裁委员会仲裁规则》第二十条规定,争议金额在人民币 50 万以上的,或者争议金额在人民币 50 万以下但当事人约定由三名仲裁员组成仲裁庭的,或者本会主任认为有必要由三名仲裁员组成的案件,由三名仲裁员组成仲裁庭。

公告送达的案件是否必须采用合议仲裁庭审理

2009 年 7 月 10 日,沈继春与宿迁市龙江房地产开发有限公司(以下简称龙江公司)签订《商品房买卖合同》一份。合同签订后,沈继春足额缴纳了房款,后龙江公司也在合同约定的时间内交付了房屋给沈继春。涉案房屋于 2012 年 5 月 23 日完成工程竣工验收备案手续,涉案房屋权属证书正在办理之中。2012 年 6 月 18 日,沈继春向宿迁仲裁委员会申请裁决龙江公司支付其逾期办证违约金 10000 元。由于龙江公司经仲裁委依法传唤无正当理由没有到庭,仲裁庭无法主持调解,依照《中华人民共和国仲裁法》第五十一条之规定,裁决龙江公司自收到裁决书之日起十日内向沈继春支付逾期办证违约金 10000 元(自 2011 年 2 月 1 日至 2012 年 5 月 23 日期间)。

申请人龙江公司不服仲裁裁决,向江苏省宿迁市中级人民法院申请撤销,其理由之一为仲裁庭的组成违法。龙江公司主张,本案是公告送达且缺席审理和裁决的案件,是独任仲裁员的简易程序,但其成立违反规定。仲裁法没有规定简易程序,宿迁仲裁委员会的暂行规则虽创设了简易程序,但鉴于本案是公告送达案件,不能适用简易程序,故仲裁庭适用独任仲裁的程序违反法律规定。

宿迁市中级人民法院认为,《中华人民共和国仲裁法》第三十条规定:"仲裁庭可以由三名仲裁员或者一名仲裁员组成。由三名仲裁员组成的，设首席仲裁员”。《中华人民共和国仲裁法》第三十二条规定：“当事人没有在仲裁规则规定的期限内约定仲裁庭的组成方式或者选定仲裁员的，由仲裁委员会主任指定”。依据上述规定，宿迁仲裁委员会主任指定一名仲裁员审理本案并未违反仲裁法关于仲裁庭组成的规定。龙江公司虽以公告送达为由主张本案应由三名仲裁员组成仲裁庭审理，但该项主张没有法律依据。[①]

从上述案例可见，公告送达的仲裁案件我国《仲裁法》没有规定必须采用合议仲裁庭审理。在仲裁实践中，对于采用独任仲裁庭审理还是合议仲裁庭审理完全取决于各地仲裁委员会仲裁规则的规定。

二、仲裁庭的组成方式

关于仲裁庭的组成方式，基于当事人的意思自治，各国仲裁立法和实践基本都确立了当事人选定与仲裁委员会主任指定相结合的机制。《中华人民共和国仲裁法》第三十一条规定：“当事人约定由三名仲裁员组成仲裁庭的，应当各自选定或者各自委托仲裁委员会主任指定一名仲裁员，第三名仲裁员由当事人共同选定或者共同委托仲裁委员会主任指定。第三名仲裁员是首席仲裁员。当事人约定由一名仲裁员成立仲裁庭的，应当由当事人共同选定或者共同委托仲裁委员会主任指定仲裁员。”第三十二条规定：“当事人没有在仲裁规则规定的期限内约定仲裁庭的组成方式或者选定仲裁员的，由仲裁委员会主任指定。”

（一）当事人选定

当事人选定仲裁员分为两种情形：其一，当事人分别选定仲裁员，该情形适用于选定三人仲裁庭的边裁。其二，当事人共同选定仲裁员，该情形适用于当事人选定独任仲裁员和三人仲裁庭的首席仲裁员。各地仲裁委员会设立仲裁员名册，当事人应在仲裁员名册中选定仲裁员。《北京仲裁委员会仲裁规则》第十八条规定：“本会制定有仲裁员名册，当事人从本会提供的仲裁员名册中选择仲裁员。”但是，目前也有某些仲裁委员会的仲裁规则规定当事人可以在仲裁员名册之外选定仲裁员。例如，《珠海仲裁委员会仲裁规则》第二十六条规定，当事人可以约定在本会仲裁员名册之外选定仲裁员，但是当事人所选定的仲裁员应当符合法律规定的仲裁员条件[②]，且经本会主任确认。当事人应当在收到受理案件通知书 15 日内提交能够证明所选仲裁员符合法定条件的足够信息材料。

对于当事人选定的仲裁员如果需要支出差旅费、食宿费及其他必要费用的，当事

① 参见江苏省宿迁市中级人民法院（2013）宿中民仲审字第 0041 号民事裁定书。

② 《中华人民共和国仲裁法》第十三条第二款规定：“仲裁员应当符合下列条件之一：（一）通过国家统一法律职业资格考试取得法律职业资格，从事仲裁工作满八年的；（二）从事律师工作满八年的；（三）曾任法官满八年的；（四）从事法律研究、教学工作并具有高级职称的；（五）具有法律知识、从事经济贸易等专业工作并具有高级职称或者同等专业水平的。”

人应该予以承担。当事人应该根据仲裁委员会的通知在规定期限内预交该上述费用，如果当事人未在规定的期限内预交的，当事人选定的仲裁员将视为未被选定。

(二)仲裁委员会主任指定

仲裁委员会主任指定仲裁员分为两种情况：其一，当事人委托仲裁委员会主任指定仲裁员。一方面，当事人分别委托仲裁委员会主任指定仲裁员，该情形适用于指定三人仲裁庭的边裁。另一方面，当事人共同委托仲裁委员会主任指定仲裁员，该情形适用于指定独任仲裁员和三人仲裁庭的首席仲裁员。其二，仲裁委员会主任直接指定仲裁员。当事人没有在仲裁规则规定的期限内选定仲裁员或者委托仲裁委员会主任指定仲裁员的，由仲裁委员会主任直接指定仲裁员。此外，如果仲裁案件有两个或者两个以上的申请人或者被申请人时，申请人方或者被申请人方应当共同协商选定或者共同委托仲裁委员会主任指定一名仲裁员；未能自最后一名当事人在仲裁规则规定的期限内选定或者委托仲裁委员会主任指定仲裁员达成一致意见的，由仲裁委员会主任指定。

对于当事人选定仲裁员或者委托仲裁委员会主任指定仲裁员的时间，我国《仲裁法》没有规定，《仲裁委员会仲裁暂行规则示范文本》第十七条规定选定仲裁员的期限是自当事人收到受理仲裁通知之日起 15 日内。实践中，各地仲裁委员会制定仲裁规则对此期限规定的不尽相同。《珠海仲裁委员会仲裁规则》第二十八条规定，双方当事人应当自收到仲裁受理通知书之日起 15 日内分别选定或者委托主任指定一名仲裁员。双方当事人应当自被申请人收到仲裁通知之日起 15 日内共同选定或者共同委托主任指定首席仲裁员。当事人未在上述期限内选定或者委托仲裁委员会主任指定仲裁员的，由主任指定。对于首席仲裁员的产生，也可以采取推荐和选择相结合的方式，如《北京仲裁委员会仲裁规则》第十九条规定，双方当事人也可以在被申请人收到仲裁通知之日起 15 日内各自推荐一至三名仲裁员作为首席仲裁员人选；经双方当事人申请或者同意，本会也可以提供五至七名首席仲裁员候选名单，由双方当事人在收到仲裁通知之日起 15 日内从中选择一至四名仲裁员作为首席仲裁员人选。推荐名单或者选择名单中有一名相同的，为双方当事人共同选定的首席仲裁员；有一名以上相同的，由主任根据案件具体情况在相同人选中确定，确定的仲裁员仍为双方当事人共同选定的首席仲裁员；推荐名单或者选择名单中没有相同的人选，由主任在推荐名单或者选择名单之外指定首席仲裁员。《中华人民共和国仲裁法》第三十三条规定："仲裁庭组成后，仲裁委员会应当将仲裁庭的组成情况书面通知当事人。"

关于缺员仲裁庭裁决的其效力问题①，各地仲裁委员会的仲裁规则均有明确的规

① 2016 年 4 月 5 日，刘某(台湾人)与叶某(澳门人)签订《房地产买卖合同》，刘某向叶某出卖房屋，建筑面积为 116.97 平方米，总价款为人民币 1006200 元，付款方式为一次性付款。截至 2016 年 4 月 15 日，叶某向刘某支付 80 万元购房款，包括 10 万元定金。但是，根据限购政策，叶某不具有购房资格，双方无法办理过户登记手续。2016 年 6 月 10 日，叶某向某仲裁委员会申请仲裁，请求解除上述《房地产买卖合同》。庭审结束后，三人仲裁庭中有一名仲裁员因为健康原因退出仲裁庭，其他两个仲裁员经合议一致同意支持刘某的仲裁请求，并依法作出裁决。

定。如《珠海仲裁委员会仲裁规则》第三十五条多数仲裁员继续仲裁程序规定：最后一次开庭终结后，三人仲裁庭中一名仲裁员因健康原因退出仲裁庭或者依据本规则在该案中不再担任仲裁员的，在征得双方当事人同意并经本会主任同意后，其他两名仲裁员组成的仲裁庭可以继续进行仲裁程序。若形成一致意见，可以作出决定或裁决，若不能形成一致意见，按本规则的规定予以替换仲裁员。《南京仲裁委员会仲裁规则》第四十六条多数仲裁员继续仲裁程序规定：最后一次开庭终结后，如果三人仲裁庭中的一名仲裁员因故不能参加合议并作出裁决，可以由主任按照本规则的规定更换该仲裁员；也可以在征得各方当事人及本会同意后，由其他两名仲裁员继续进行仲裁程序，作出决定或裁决。

三、仲裁庭的重组

仲裁实践中，在仲裁庭组成后，因一些原因致使有的仲裁员不得不退出案件审理，或者不能继续参与仲裁活动。在这种情况下，仲裁庭不得不更换仲裁员，替换新的仲裁员重新组成仲裁庭，继续审理仲裁案件，直至作出裁决，这种情形我们称之为仲裁庭的重组。结合仲裁实务，仲裁庭重组的情形主要有：

其一，仲裁员因死亡或者健康原因不能从事仲裁工作，或者主动退出案件审理，或者仲裁委员会主任决定其回避，或者各方当事人一致要求其退出案件审理的，应当更换。

其二，仲裁员在法律上或事实上不能履行其职责，或者没有按照仲裁规则的要求履行应尽职责，致使仲裁活动受到严重影响的，仲裁委员会主任决定对该仲裁员予以替换。

需要说明的是，被替换的仲裁员由当事人选定的，当事人应当按照仲裁规则规定重新选定，逾期由仲裁委员会主任指定；被替换的仲裁员由仲裁委员会主任指定的，仲裁委员会主任另行指定。替换仲裁员后，仲裁委员会将重新组成仲裁庭的通知及时发送当事人。重新选定或者指定仲裁员后，由新组成的仲裁庭决定已进行的审理程序是否重新进行以及重新进行的范围。仲裁庭决定审理程序全部重新进行的，裁决作出的期限自重新组成仲裁庭之日起计算。

未告知当事人重新选定或指定仲裁员，是否构成程序违法

2016 年 11 月 1 日，德州仲裁委员会作出(2014)德仲裁字第 86 号裁决：(一)被申请人胡彪于本裁决作出之日起 15 日内向申请人许战胜偿还借款本金 7 万元；(二)被申请人胡彪于本裁决作出之日起 15 日内向申请人支付利息(以 7 万元为基数，自 2013 年 12 月 12 日至 2013 年 12 月 16 日日止，按照中国人民银行同期同类贷款利率计算)及违约金(以 7 万元为基数，自 2013 年 12 月 17 日起至本金付清之日止，按照中国人民银行同期同类借款利率的四倍计算)；(三)驳回申请人许战胜的其他诉讼请求；(四)本案仲裁费 3010 元，公告费 600 元，由被申请人胡彪承担。

胡彪不服仲裁裁决，向山东省德州市(地区)中级人民法院申请撤销仲裁裁决，其理由之一为仲裁委未通知胡彪即指定仲裁员为吕曹锋，在胡彪提出回避申请后，仲裁

委在未通知胡彪回避申请是否成立的情况下，即另行指定谭庆山为本案的仲裁员，剥夺了申请人自行选择仲裁员的权利，违反了德州仲裁委仲裁规则，构成程序违法。

山东省德州市(地区)中级人民法院经审查后认为，是否应该撤销仲裁裁决，应依据《中华人民共和国仲裁法》第五十八条之规定来审查是否存在撤销裁决的法定情形。本案中，德州仲裁委员会决定原指定的仲裁员回避后，未告知当事人重新选定或指定仲裁员，违反了仲裁程序，仲裁庭组成不合法，符合上述第五十八条第一款第三项"仲裁庭的组成或者仲裁的程序违反法定程序的"规定的撤销情形，故涉案仲裁裁决应予撤销[①]。

四、仲裁庭的审理方式

《中华人民共和国仲裁法》第三十九条规定："仲裁应当开庭进行，当事人协议不开庭的，仲裁庭可以根据仲裁申请书、答辩书以及其他材料作出裁决。"该条规定了仲裁庭的审理方式包括开庭审理和书面审理两种。

(一)开庭审理

开庭审理是仲裁审理的主要方式。所谓开庭审理是指在双方当事人和其他仲裁参与人的参加下，仲裁庭按照法定程序，对案件进行审理并作出裁决的方式。《中华人民共和国仲裁法》第四十条规定："仲裁不公开进行。当事人协议公开的，可以公开进行，但涉及国家秘密的除外。"该条进一步明确了开庭审理以不公开审理为原则，公开审理为例外。

与诉讼相比，仲裁的优势之一是原则上仲裁一般不公开进行。这充分体现了仲裁保护当事人商业秘密、维护当事人商业信誉。仲裁不公开审理是指仲裁庭在审理案件时不对社会公开，不允许当事人以外的第三人旁听，也不允许新闻记者采访和报道。但是，基于尊重当事人意愿的原则，对于当事人协议公开审理的，除非涉及国家秘密，可以公开审理，即当事人协议公开审理时将允许仲裁审理对社会公开，允许当事人以外的第三人旁听，允许新闻记者采访和报道。为此，在仲裁实践中，在仲裁庭开庭审理时，考虑到仲裁的保密性特点以及当事人意思自治的要求，如果有旁听人员旁听，如仲裁委员会工作人员或者实习生、当事人的员工、仲裁员或者代理人的助理等，仲裁庭在同意上述人员旁听庭审前会征求双方当事人的意见，询问双方当事人是否有异议，并记入笔录。如果双方当事人同意旁听人员旁听，仲裁程序即转为公开审理。

案外人旁听仲裁案件，是否构成程序违法和撤销理由

2016 年 4 月 14 日，北京仲裁委员会作出(2016)京仲裁字第 0471 号裁决：(一)解除北京网信天下科技有限公司(以下简称网信天下公司)与北京翰林博才教育科技有限公司(以下简称翰林博才公司)于 2015 年 3 月 27 日签订的《生意圈服务合同》；(二)网信天下公司向翰林博才公司返还合同费用 68600 元；(三)驳回翰林博才公司其他仲

① 参见山东省德州市(地区)中级人民法院(2017)鲁 14 民特 10 号《民事裁定书》。

裁请求；（四）本案仲裁费9547.13元（已由翰林博才公司全部预交），由翰林博才公司承担2864.14元，由网信天下公司承担6682.99元，网信天下公司应直接向翰林博才公司支付代其垫付的仲裁费6682.99元。以上裁决各项网信天下公司应向翰林博才公司支付的款项共计75282.99元，网信天下公司应自裁决书送达之日起十日内支付完毕。如逾期支付，应按照《中华人民共和国民事诉讼法》第二百五十三条的规定，加倍支付迟延履行期间的债务利息。

2016年7月28日，北京市第三中级人民法院立案受理网信天下公司申请撤销上述仲裁裁决一案。网信天下公司申请撤销仲裁裁决的理由之一为仲裁的程序存在违反法定程序的情形。2015年12月9日开庭时，仲裁庭允许案外第三人旁听该案庭审，违反了仲裁法第40条的规定，侵犯了仲裁当事人的合法权益和商业隐私。

北京市第三中级人民法院经审查后认为，虽然《仲裁法》第四十条规定："仲裁不公开进行。当事人协议公开的，可以公开进行，但涉及国家秘密的除外。"在2015年12月9日仲裁庭第一次开庭出庭人员登记表中，确有旁听人员签字，仲裁庭此种做法确实存在瑕疵，但是《北京仲裁委员会仲裁规则》第三条"放弃异议权"规定："当事人知道或者理应知道本规则或仲裁协议中规定的任何条款或条件未被遵守，但仍参加或者继续参加仲裁程序且未对上述不遵守情况及时向本会或仲裁庭提出书面异议的，视为其放弃提出异议的权利。"第二十五条"保密义务"规定："（一）仲裁不公开审理。当事人协议公开的，可以公开，但涉及国家秘密、第三人商业秘密或者仲裁庭认为不适宜公开的除外。（二）不公开审理的案件，当事人及其代理人、证人、仲裁员、仲裁庭咨询的专家和指定的鉴定人、本会的有关人员，均不得对外界透露案件实体和程序进行的情况。"经北京市第三中级人民法院询问，网信天下公司和翰林博才公司当时均未对旁听人员提出异议，且双方也未提交证据证明案件仲裁过程中涉及国家秘密或者商业秘密。因此，在网信天下公司未及时向北京仲裁委员会或仲裁庭书面提出异议的情形下，视为其放弃了相关权利，仲裁庭虽然工作存在瑕疵，但是并不属于程序违法。为此，北京市第三中级人民法院对北京网信天下科技有限公司的申请理由不予采纳。[①]

（二）书面审理

在我国，仲裁案件以开庭审理为原则，但是并不排除双方当事人约定书面审理，书面审理是仲裁庭开庭审理的必要补充。所谓书面审理是指仲裁庭在不开庭的情况下，根据当事人提供的仲裁申请书、答辩状和其他书面材料，对案件进行审理并作出裁决的方式。仲裁庭采取书面审理方式，一般是双方当事人在仲裁协议中进行了明确的约定，或者仲裁庭认为不必要开庭审理并征得双方当事人书面同意的案件。《珠海仲裁委员会仲裁规则》第四十九条第（二）项规定："当事人约定不开庭且征得仲裁庭同意，或者仲裁庭认为不必要开庭审理并征得双方当事人书面同意的案件，仲裁庭可以根据当事人提交的文件进行书面审理。但争议金额较大、复杂敏感、可能涉及第三人利益的案件或者其他不适合书面审理的案件，经本会主任决定，应当开庭审理。"《北京仲裁

① 北京市第三中级人民法院（2016）京03民特197号民事裁定书。

委员会仲裁规则》第二十四第(二)项规定:“当事人约定不开庭,或者仲裁庭认为不必要开庭审理并征得各方当事人同意的,可以根据当事人提交的文件进行书面审理。”但是,即使是书面审理,仲裁庭也要给双方当事人陈述和辩论的合理机会。在仲裁实践中,仲裁庭通过办案秘书采用问题清单的方式让当事人书面回答仲裁庭提出的问题,以及补充证据材料。

书面审理案件,如何给当事人陈述和辩论的合理机会

2017年5月1日,张某与李某签订《借款合同》,李某向张某借款人民币10000元,双方约定借款期限为7天,逾期按照月利率2%支付利息,同时约定如发生纠纷提交**仲裁委员会仲裁,采用书面审理方式。从2017年5月2日至2017年5月8日。同日,张某通过手机银行向李某转账10000元,李某向张某出具《借条》。2017年11月5日,张某向**仲裁委员会申请仲裁,主张李某偿还借款本金10000元并支付逾期利息。

鉴于本案双方约定书面审理,为了保证准确查明事实,正确适用法律,仲裁庭仍需核对当事人证据原件,并可以列出如下问题清单指示办案秘书办理:

与申请人有关的工作	与被申请人有关的工作
1.申请人回答以下问题 (1)申请人与被申请人是什么关系?请详述。 (2)申请人详述借款的经过,以及催款经过(具体是什么时间,通过什么方式催款的)? (3)申请人解除《借条》的法律依据(要具体)? (4)本案中逾期利息和违约金能否同时主张,为什么(法律依据)? 对上述问题的回答,申请人或代理人应提交纸质版,签名后捺印。 2.申请人需要补充提交的材料 (1)申请人转账给被申请人借款本金的银行转账流水(需加盖银行印章); (2)申请人支付律师费的凭证或者说明。	1.请被申请人陈述答辩意见。 2.请被申请人对申请人提交的证据发表意见:围绕证据的真实性、关联性和合法性进行质证?如否认证据需要说明理由。 3.被申请人回答以下问题 (1)被申请人与申请人是什么关系?请详述。 (2)被申请人详述借款的经过? (3)申请人是否向被申请人催要过案涉款项,具体是什么时间,通过什么方式催款的? (4)借款本金是多少? (5)对申请人主张支付逾期利息和违约金有何意见? 对上述问题的回答,被申请人或代理人应提交纸质版,签名后捺印。

关于上述开庭审理和书面审理两种审理方式,各有优点和缺点。开庭审理有利于仲裁庭贯彻直接言词原则,准备查明案件事实,但是会增加仲裁的成本。书面审理虽然有利于节省仲裁成本,但是由于仲裁庭没有面对面地与当事人或代理人接触,未能听取当事人或代理人口头陈述意见的机会,对案情的了解不如开庭审理更为具体和详尽。因此,在实践中,有必要根据案件实际情况将开庭审理和书面审理相结合。

第二节　仲裁庭的权力行使

随着仲裁程序的推进，当事人将获得公正裁决的希望寄托于仲裁庭，仲裁庭为仲裁的关键。仲裁庭权力的具体内容以及行使的正当性问题，将直接决定仲裁的价值能否得到实现。

一、仲裁庭的权力内容

根据《中华人民共和国仲裁法》相关规定，结合各地仲裁委员会的仲裁规则和仲裁实践，仲裁庭的权力可以归纳如下：

（一）仲裁协议效力的决定权

当事人对仲裁协议的效力有异议，请求仲裁委员会作出决定的，仲裁委员会可以授权仲裁庭作出决定。仲裁庭依照仲裁委员会的授权作出决定的，可以在仲裁程序进行中单独作出决定，也可以在裁决书中作出决定。但是，对于仲裁协议效力作出决定前，不影响仲裁程序的继续进行。

（二）自裁管辖权

仲裁庭组成后，仲裁庭有权根据仲裁委员会的授权就仲裁案件的管辖权进行审查，并作出是否有管辖权的决定。仲裁庭的决定可以在仲裁程序进行中单独作出，也可以在裁决书中作出。仲裁庭对仲裁案件作出无管辖权决定的，仲裁庭应作出撤销案件的决定。仲裁庭对管辖权异议作出决定前，仲裁程序可以继续进行。

（三）仲裁指挥权

仲裁指挥权是指在仲裁过程中，仲裁庭对仲裁程序的管理权和控制权，以保障仲裁活动有序进行。仲裁庭有权在庭前决定开庭审理的日期和时间，是否受理当事人逾期提出的反请求，是否追加当事人，以及是否召开庭前会议。《珠海仲裁委员会仲裁规则》第五十条庭前会议规定："（一）开庭前，根据案件审理需要，仲裁庭或经其他仲裁员授权的首席仲裁员可以组织当事人召开庭前会议，明确案件审理的初步程序安排。会议情况应当记入笔录，并由仲裁员、当事人和记录人员签名或者盖章。（二）庭前会议可以明确以下与审理程序有关的问题：1.明确当事人的仲裁请求，确定双方争执点和审理范围；2.核实当事人的联系方式、送达地址、仲裁地点、仲裁语言、适用的程序规则；3.明确当事人是否愿意调解及调解期限；4.组织双方当事人进行证据交换和证据认可，明确出庭证人名单；5.其他有关程序问题。（三）仲裁庭可以根据庭前会议的结果制作案件审理范围书和案件审理日程表，并可以转交各方当事人确认。"

在开庭审理过程中，仲裁庭有权组织当事人举证、质证、辩论和调解。根据案件的实际情况，仲裁庭也有权指令当事人补充提交证据，决定对争议案件的某一专门性问题进行鉴定等。《中华人民共和国仲裁法》第四十四条规定:“仲裁庭对专门性问题认为需要鉴定的,可以交由当事人约定的鉴定部门鉴定,也可以由仲裁庭指定的鉴定部门鉴定。根据当事人的请求或者仲裁庭的要求,鉴定部门应当派鉴定人参加开庭。当事人经仲裁庭许可,可以向鉴定人提问。”

此外,在仲裁过程中,当出现中止仲裁事由的,仲裁庭有权决定是否中止仲裁。因仲裁员回避而重新选定或者指定仲裁员后,当事人可以请求已进行的仲裁程序重新进行,是否准许,由仲裁庭决定;仲裁庭也可以自行决定已进行的仲裁程序是否重新进行。

(四)调查取证权

从世界各国的仲裁立法以及仲裁实践来看,在立法层面和仲裁规则中授予仲裁庭在仲裁程序中自行调查事实、收集证据的权力是较为普遍的现象。《中华人民共和国仲裁法》第四十三条规定:“当事人应当对自己的主张提供证据。仲裁庭认为有必要收集的证据,可以自行收集。”这是我国《仲裁法》关于仲裁庭在当事人不能举证或必要时调查取证的规定。基于我国目前仲裁在现实存在的问题,立法规定仲裁庭适当的职权调查取证是必要的,可以在保证程序公正的前提下,最大限度地追求实体公正的实现。

在我国仲裁实务中,仲裁庭进行调查取证,主要有以下情形:一是仲裁庭依当事人申请向有关单位进行调查取证;其二,仲裁庭明知某证据客观存在,可能会由于该证据的缺失而影响对案件的事实认定的准确性或者无法认定案件事实;其三,仲裁庭对涉案物品或场所自行组织的现场勘验,最终形成勘验笔录。《北京仲裁委员会仲裁规则》第三十三条仲裁庭自行调查事实、收集证据规定:“(一)当事人申请且仲裁庭认为必要,或者当事人虽未申请,但仲裁庭根据案件审理情况认为必要时,仲裁庭可以自行调查事实、收集证据。仲裁庭调查事实、收集证据时,认为有必要通知当事人到场的,应当及时通知。经通知,当事人未到场,不影响仲裁庭调查事实和收集证据。(二)仲裁庭自行收集的证据应当转交当事人,由当事人发表质证意见。”

当事人申请仲裁庭调查取证,仲裁庭未启动是否构成程序违法

李清军与高婕于2012年8月份签订一份建筑装饰工程施工合同,高婕将位于市政府南门的重庆火锅店的装饰工程发包给李清军。合同约定:工程期限自2012年8月8日至2012年9月12日,合同价款为95000元。如双方发生纠纷协商不成,提交亳州仲裁委员会仲裁。在合同履行过程中,因实际施工工程价款与支付问题双方发生纠纷,李清军向亳州市仲裁委员会申请仲裁。亳州仲裁委员会作出(2012)亳仲裁字第41号裁决书裁决高婕于裁决生效之日起十日内支付李清军工程款13719.6元。

因不服(2012)亳仲裁字第41号裁决,高婕向安徽省亳州市中级人民法院申请撤销仲裁裁决,其理由之一为在(2012)亳仲裁字第41号案审理过程中,高婕要求仲裁庭现场勘验,但是仲裁庭没有勘验,在证据不足的情况下就直接仲裁,属于仲裁程序违法。徽省亳州市中级人民法院经审查后认为,依据《中华人民共和国仲裁法》第43条之规定“当事人应当对自己的主张提供证据。仲裁庭认为有必要收集的证据,可以自

行收集。"即在仲裁中,仲裁的当事人对自己所主张的事实均有义务提供证据,均负有证明义务。仲裁中,高婕对李清军的仲裁主张进行抗辩,主张"李清军没有按照双方约定时间和项目履行装饰义务""剩余工程是其他人完成的",对此主张高婕负有证明责任。因其在仲裁中并未提供充分证据证明其主张,同时由于高婕已使用了装修的火锅店,故仲裁庭认定李清军已按照装修合同履行义务没有违反仲裁的举证规则。高婕的委托代理人在仲裁庭的询问笔录中"要求仲裁庭通知对方到现场勘验",但依据《中华人民共和国仲裁法》"仲裁庭认为有必要收集的证据,可以自行收集",故是否要勘验现场,调取证据,应由仲裁庭决定,而不是因当事人提出要求。最终,亳州市中级人民法院依法驳回高婕要求撤销亳州仲裁委员会(2012)亳仲裁字第 41 号裁决的申请[①]。

(五)仲裁裁决权和调解权

仲裁裁决权是仲裁庭最基本的,也是最重要的权力。仲裁庭对当事人提交的民商事争议,经过开庭审理或书面审理,依法作出的仲裁裁决对双方当事人具有终局的约束力。裁决应当按照多数仲裁员的意见作出,如果仲裁庭不能形成多数意见时,裁决应当按照首席仲裁员的意见作出。

仲裁裁决权一般包括先行裁决权、最终裁决权、补充裁决权和重新仲裁权。对于先行裁决权也称部分裁决权,《珠海仲裁委员会》第六十五条规定:"仲裁庭认为必要或者当事人提出并经仲裁庭同意时,仲裁庭可以在最终裁决作出前,就当事人提出的部分请求先行裁决。先行裁决是终局的,对当事人均有约束力。当事人不履行先行裁决的,不影响仲裁程序的进行和最终裁决的作出。"对于补充裁决权,《珠海仲裁委员会》第六十九条规定,裁决书对当事人的仲裁请求有遗漏的,若仲裁庭对该遗漏的仲裁请求已经充分审理并形成合议结果,或者已经充分审理并在裁决书中作出事实和法律的判断,则仲裁庭应当就遗漏的仲裁请求作出补充裁决。当事人发现裁决书中有上述情形的,可以自收到裁决书之日起 30 日内,书面请求仲裁庭作出补充裁决。如确有漏裁事项,仲裁庭应当自收到该书面申请之日起 30 日内作出补充裁决。仲裁庭也可以在发出裁决书后的合理时间内自行作出补充裁决,上述补充裁决构成原裁决书的一部分。对于重新仲裁权是指当事人向仲裁委员会所在地的中级人民法院申请裁决,且法院通知仲裁庭重新仲裁的,由仲裁庭重新进行仲裁。

补充裁决构成原裁决书的一部分。对于重新仲裁权是指当事人向仲裁委员会所在地的中级人民法院申请裁决,且法院通知仲裁庭重新仲裁的,由仲裁庭重新进行仲裁。

(六)仲裁费用负担决定权

仲裁庭有权在仲裁裁决书中决定当事人对仲裁费用的负担。狭义的仲裁费用,是指当事人进行仲裁活动,依法应当向仲裁委员会交纳和支付的费用,即案件受理费和案件处理费。广义的仲裁费用,是指当事人进行仲裁活动所花费的一切费用,包括但

① 参见安徽省亳州市中级人民法院(2013)亳民特字第 00003 号民事裁定书。

不限于当事人办理案件支出的合理费用,如律师服务费、保全费、公证费等。对于案件受理费和案件处理费,原则上由败诉方承担,但仲裁庭可以在考虑相关情况后,按照其认为合理的比例决定由当事人分担。当事人部分胜诉,部分败诉的,由仲裁庭根据败诉比例、当事人责任大小以及其他因素确定其各自应承担的比例。

与诉讼相比,仲裁的一大优势在于不但保护当事人的正当请求,还保护当事人因解决纠纷支出的上述合理费用,仲裁庭考虑案件的裁决结果、复杂程度、代理律师的实际工作量以及案件的争议金额等有关因素予以裁决,对此各地仲裁委员会在仲裁规则中都作出了相同的规定,但是仲裁庭支持具体项目的比例却有较大的差异:

其一,明确规定了费用的承担比例。《广州仲裁委员会仲裁规则》第七十四条费用承担第(四)项规定:"胜诉方要求败诉方承担其办理案件的律师服务费的,如果双方当事人约定了具体金额且有律师代理的,从其约定,但最多不超过胜诉金额的15%;双方当事人没有约定的,对实际支出的律师服务费,支持的额度最多不超过胜诉金额的15%。"《珠海仲裁委员会仲裁规则》第六十七条第(四)项规定:"仲裁庭有权根据案件的具体情况裁决败诉方补偿胜诉方因办理案件而支出的合理费用,包括但不限于律师费、保全费、差旅费、公证费、聘请具有专门知识的人出庭的费用等,但聘请律师及聘请具有专门知识的人出庭的补偿金额合计不超过胜诉方所得胜诉金额的10%。"

其二,费用承担比例由仲裁庭自由裁量。《北京仲裁委员会仲裁规则》第五十一条费用承担第(四)项规定:"仲裁庭有权根据当事人的请求在裁决书中裁定败诉方补偿胜诉方因办理案件支出的合理费用,包括但不限于律师费、保全费、差旅费、公证费等。"《上海仲裁委员会仲裁规则》第六十一条合理费用的补偿规定:"仲裁庭有权决定当事人中的过错方补偿守约方因办理案件所支出的合理费用。"《厦门仲裁委员会仲裁规则》第四十五条费用承担第(五)项规定:"仲裁庭有权裁决一方当事人承担另一方当事人因办理案件所支出的差旅费、律师费等全部或部分合理费用。"

对仲裁费用负担不服,申请撤销仲裁裁决是否会被支持

2014年1月,广州裕丰咨询顾问有限公司(以下简称"裕丰公司")与黎永刚因居间合同发生纠纷。根据双方在合同中约定的仲裁条款,2014年1月9日,广州仲裁委员会受理了裕丰公司提出的仲裁申请,案号为(2014)穗仲案字第59号。经审理后,广州仲裁委员会作出裁决:黎永刚向裕丰公司支付中介服务费及咨询费14000元及逾期付款违约金(以14000元为基数,按每日1%的标准,自2014年1月9日起计至实际清偿之日止,以本金14000元为限)。对于仲裁费用,仲裁庭决定黎永刚承担987元。

黎永刚不服(2014)穗仲案字第59号裁决,向广东省广州市中级人民法院申请撤销裁决。广州市中级人民法院审查后认为,黎永刚请求撤销申请人承担仲裁费987元问题,属于仲裁庭对于案件的实体处理意见,并非《中华人民共和国仲裁法》第五十八条规定的可撤销的事由。根据《最高人民法院关于适用〈中华人民共和国仲裁法〉若干问题的解释》第十七条"当事人以不属于仲裁法第五十八条或者民事诉讼法第二百六

十条规定的事由申请撤销仲裁裁决的，人民法院不予支持”的规定，本院对此不予审查。[①]

(七)其他仲裁权力

除上述仲裁权力外，仲裁庭的权力还包括：决定仲裁案件审理方式的权力、向仲裁委员会请求将简易程序变更为普通程序的权力等。

需要说明的是，仲裁庭没有财产保全的权力。当事人申请财产保全的，由仲裁委员会将当事人申请依照有关规定转交有管辖权的法院。《最高人民法院关于实施〈中华人民共和国仲裁法〉几个问题的通知》第二条规定：“在仲裁过程中，当事人申请财产保全的，一般案件由被申请人住所地或者财产所在地的基层人民法院作出裁定；属涉外仲裁案件的，依据《中华人民共和国民事诉讼法》第二百五十六条的规定，由被申请人住所地或者财产所在地的中级人民法院作出裁定。有关人民法院对仲裁机构提交的财产保全申请应当认真进行审查，符合法律规定的，即应依法作出财产保全的裁定；如认为不符合法律规定的，应依法裁定驳回申请。”

二、仲裁庭权力的正当行使

仲裁庭权力的正当行使，不仅是公正作出裁决的关键，而且是提升仲裁公信力的重要保障。根据我国《仲裁法》的仲裁实践，如何保障仲裁庭权力的正当行使突出表现在以下几个方面：

(一)强化仲裁庭的客观义务

中立和公正是仲裁庭的首要责任和义务。一方面，在仲裁程序中，为了发现案件真实情况，仲裁庭成员应该保持中立，站在客观的立场上进行活动，仲裁员无论是被当事人选定，还是被仲裁委员会主任指定，都不代表任何一方当事人的利益。另一方面，仲裁庭不偏袒或歧视任何一方当事人，在仲裁期间应该公正、平等地对待双方当事人，根据事实和法律规定，公平合理地解决纠纷。

仲裁庭的独立是仲裁结果公正的前提和保障。仲裁庭在行使仲裁权力时，对内每个仲裁员都应当独立地对案件进行分析判断，独立提出意见，使案件得到充分讨论；对外不受行政机关、社会团体和个人的干涉，即使是仲裁委员会也不应对仲裁庭处理的案件进行干预，更加不能借管理之名干涉仲裁庭的实体裁决。

(二)遵守诚实信用原则

诚信原则是市场经济的一项基本道德法则，也是现代法治社会的一项基本法律原则。随着仲裁制度的改革发展，诚实信用原则在仲裁程序中显示出不可忽视的作用。诚实信用原则要求仲裁庭在进行仲裁时必须公正、诚实和善意：

其一，仲裁员要遵守披露与回避制度。仲裁员对其知悉的可能导致当事人对其中

---

① 参见广东省广州市中级人民法院(2014)穗中法仲审字第210号民事裁定书。

立性和公正性产生合理怀疑的情形，应当公开披露该信息。对于仲裁员回避，《中华人民共和国仲裁法》第三十条规定："仲裁员有下列情形之一的，必须回避，当事人也有权提出回避申请：(一)是本案当事人或者当事人、代理人的近亲属；(二)与本案有利害关系；(三)与本案当事人、代理人有其他关系，可能影响公正仲裁的；(四)私自会见当事人、代理人，或者接受当事人、代理人的请客送礼的。"关于仲裁员的披露与回避，各地仲裁委员会的仲裁规则中有更加具体和细致的规定。

其二，仲裁庭要公开自己的自由心证。心证公开有利于仲裁庭严格依法认证，提高案件的证明质量。同时，又能使当事人充分了解仲裁庭论证的过程和理由，提高仲裁裁决的公信力。为此，仲裁庭应该在裁决书中对案件的法律关系、争议焦点、适用法律发表看法，展示对这些看法的分析过程，以促进当事人正确理解法律，接受仲裁庭的裁决结果。

其三，禁止仲裁庭滥用自由裁量权。自由裁量权是仲裁庭的法律智慧在具体复杂案件中的具体运用，但是如果仲裁庭滥用自由裁量权，法律上的公平与正义就难以保证。因此，仲裁庭在实施自由裁量权时，要根据具体的案情本着诚实、善意的心态作出决定。上述心证公开制度可以在一定程度上起到约束仲裁庭滥用自由裁量权的目的。

(三)落实勤勉审慎义务

仲裁庭对仲裁案件的勤勉与审慎实为仲裁裁决的公正性、合法性和权威性提供了充分的保障。在仲裁庭组庭后，仲裁庭不仅对仲裁程序进行周密的安排，而且需要对案件进行法律检索和法律研究，为开庭做好充分的准备。基于仲裁的不公开性，仲裁庭在审理过程中所知悉任何案件信息，如案件进展、审理过程、合议情况等都不得向外界透露。

此外，效率是仲裁的价值目标之一，仲裁庭应该在仲裁规则规定的期限内按时作出裁决。《珠海仲裁委员会仲裁规则》规定，一般情况下，适用普通程序仲裁庭应当在组庭之日起四个月内作出裁决；适用简易程序仲裁庭应当在组庭之日起二个月内作出裁决。

第三节　仲裁员

仲裁员是处理仲裁案件的裁决者。仲裁员有广义和狭义之分，广义的仲裁员指符合仲裁员任职资格的公道正派人员，包括列入仲裁委员会仲裁员名册的人。在仲裁实务中，有的仲裁委员会仲裁规则规定可以在仲裁员名册外选定仲裁员。狭义的仲裁员指已被当事人选定或依法被指定，对具体案件进行仲裁审理并作出裁决的人。

一、仲裁员的任职资格

仲裁员的资格直接决定仲裁庭的组成是否合法和有效。我国法律排斥了当事人在仲裁协议中约定仲裁员资格，而是采取严格限制仲裁员法定资格的做法。《中华人民共和国仲裁法》第十三条第二款规定："仲裁员应当符合下列条件之一：（一）通过国家统一法律职业资格考试取得法律职业资格，从事仲裁工作满八年的；（二）从事律师工作满八年的；（三）曾任法官满八年的；（四）从事法律研究、教学工作并具有高级职称的；（五）具有法律知识、从事经济贸易等专业工作并具有高级职称或者具有同等专业水平的。"对仲裁员任职资格的严格限制的目的是为了保证仲裁员的水平，提高仲裁案件的裁决质量，提高仲裁的公信力。

公务员可否以律师身份担任仲裁员

2016 年 8 月 5 日，对于申请人姬巧玲与被申请人陕西达昌房地产开发有限公司之间的房地产买卖合同纠纷案，榆林仲裁委员会作出榆仲裁字（2016）第 001 号裁决书，裁决：一、申请人陕西达昌房地产开发有限公司收到本裁决书之日起十日内向被申请人姬巧玲返还购房款 189070 元。逾期加倍支付迟延履行期间银行同期借款利率的债务利息。二、驳回申请人陕西达昌房地产开发有限公司的其他仲裁请求。三、驳回被申请人姬巧玲的仲裁反请求。姬巧玲不服仲裁裁决，向陕西省榆林市中级人民法院申请撤销仲裁裁决，其理由为仲裁庭组成人员贺睿，本名贺玉福，系米脂县公安局公务员，曾任米脂县公安局办公室文书、法制股股长，现公职身份仍系米脂县公安局政工室干警，此人化名贺睿在陕西富能律师事务所担任律师，并担任本案仲裁员。根据《中华人民共和国公务员法》规定："公务员因工作需要在机关外兼职，应当经有关机关批准，并不得领取兼职报酬。"贺玉福化名贺睿在榆林仲裁委员会担任仲裁员并领取报酬，明显违反法律规定，仲裁庭的组成违法。榆林市中级人民法院于 2016 年 9 月 8 日对该案进行立案审查。

榆林市中级人民法院经审查认为，本案的争议焦点是仲裁庭的组成是否违反法律规定。《中华人民共和国仲裁法》第十三条规定："仲裁员应当符合下列条件之一：（一）从事仲裁工作满八年的；（二）从事律师工作满八年的；（三）从事审判工作满八年的；（四）从事法律研究、教学工作并具有高级职称的；（五）具有法律知识、从事经济贸易等专业工作并具有高级职称或者具有同等专业水平的。"经审查，本案仲裁庭组成人员仲裁员贺睿，其在榆林市仲裁委员会仲裁员名单中的身份为律师，但其本名贺玉福，另一身份即米脂县公安局干警，系公务员。根据《中华人民共和国律师法》第十三条规定："公务员不得兼任执业律师。"贺睿以律师的身份担任仲裁员不符合《中华人民共和国律师法》及《中华人民共和国公务员法》的相关禁止性和强制性规定，不符合《中华人民共和国仲裁法》第十三条的规定，贺睿担任仲裁员作出的仲裁裁决依法应予撤销。[①]

在实践中，一直以来存在一个争议的问题，即仲裁委在册仲裁员，是否可在该仲裁委员会受理的案件中担任代理人，这种情况突出表现在律师仲裁员身上。

律师仲裁员是否可以以代理人身份代理仲裁案件

郑美珍、郑利忠因与浙江同建房地产开发有限公司商品房买卖合同纠纷一案，于

① 陕西省榆林市中级人民法院（2016）陕 08 民特 9 号民事裁定书。

2016年6月15日向衢州仲裁委员会提出仲裁申请，该委员会主任根据《衢州仲裁委员会仲裁规则》指定郑华建担任独任仲裁员审理该案。仲裁庭于2016年7月6日、7月26日两次开庭审理该案，郑美珍、郑利忠未向仲裁庭提出回避申请。浙江同建房地产开发有限公司的法定代表人毛红卫、委托代理人许广平、仲裁员郑华建均系衢州仲裁委员会在册仲裁员。针对衢州仲裁委员会(2016)衢仲裁字第43号裁决，郑美珍、郑利忠不服向浙江省衢州市中级人民法院申请撤销裁决，理由之一为仲裁裁决程序违法，浙江同建房地产开发有限公司的法定代表人毛红卫及其委托代理人许广平，目前均是衢州仲裁委员会在册仲裁员，而且本案的独任仲裁员郑华建是浙江诚源律师事务所律师，相互之间存在足以影响公正审理的密切关系，仲裁庭未向郑美珍、郑利忠披露该事实，损害了郑美珍、郑利忠的合法权益。浙江同建房地产开发有限公司的委托代理人许广平身为衢州仲裁委员会仲裁员，却仍以代理人身份代理本案，违反了《律师法》和《律师和律师事务所违法行为处罚办法》的规定，仲裁庭未对此进行审查，违法了法定程序。

衢州市中级人民法院经审查认为，《中华人民共和国仲裁法》第十三条规定了仲裁员的聘任条件，明确律师可以担任仲裁员，本案的仲裁员选任符合规定。浙江同建房地产开发有限公司的委托代理人许广平是否违反《律师和律师事务所违法行为处罚办法》的规定，仅是其个人行为，与仲裁庭的组成是否合法并无关联。郑美珍、郑利忠并未提供证据证明仲裁员具有《衢州仲裁委员会仲裁规则》第二十七条规定的应当回避情形，其仅以毛红卫、许广平、郑华建为仲裁员而主张存在利益关系缺乏依据，且郑美珍、郑利忠在知悉三人身份后也未向仲裁庭提出回避申请，故对郑美珍、郑利忠的该项主张不予支持。①

事实上，对于上述问题，在实务处理中有两种不同的观点：

第一种观点认为，律师既是仲裁代理人，同时又是该仲裁机构的仲裁员，此种矛盾的双重身份可能影响案件的公正裁决，致使当事人对仲裁裁决的公正性、权威性产生合理怀疑。中华人民共和国司法部《律师和律师事务所违法行为处罚办法》第七条第一款第(五)项规定“曾经担任仲裁员或者仍在担任仲裁员的律师，以代理人身份承办本人原任职或者现任职的仲裁机构办理的案件的”属于《中华人民共和国律师法》第四十七条第一款第(三)项规定的律师“在同一案件中为双方当事人担任代理人，或者代理与本人及其近亲属有利益冲突的法律事务的”。据此，律师既是仲裁代理人，同时又是该仲裁机构的仲裁员，可能影响公正仲裁，仲裁庭的仲裁员未自行回避而径行进行了仲裁裁决，该行为违反了《中华人民共和国仲裁法》第三十四条第一款第(三)项规定的仲裁员存在“与本案当事人、代理人有其他关系，可能影响公正仲裁的”仲裁员应当回避的法律规定，属于《中华人民共和国仲裁法》第五十八条第一款第(三)项规定“仲裁庭的组成或者仲裁的程序违反法定程序的”可撤销的情形，依法应予撤销仲裁裁决。②

---

① 参见浙江省衢州市中级人民法院(2017)浙08民特22号民事裁定书。

② 参见江西省新余市中级人民法院(2014)余民撤字第8号民事裁定书。

第二种观点与案例中的观点一致，认为《律师法》和《律师和律师事务所违法行为处罚办法》是对律师执业行为进行规范的法律和部门规章，且前述规定不属于强制性效力性规范。仲裁委在册仲裁员以律师身份在仲裁案件中作为一方当事人的代理律师，虽然违反了前述规定，但是属于相关行政机关是否应给予行政处罚的问题，并不构成应予撤销仲裁裁决的情形。[①]

目前，大多仲裁委员会认为司法部颁布的《律师和律师事务所违法行为处罚办法》本身规范的对象是律师和律师事务所，对仲裁机构仅有参考价值，但不具有任何约束力，为此允许在册仲裁员以代理人的身份代理该仲裁委员会受理的案件。但是，也有的仲裁委员会，如北京仲裁委员会、深圳仲裁委员会出台规定明确加以禁止。对于这一问题尚需最高人民法院出台新的司法解释予以统一解决。

二、仲裁员信息披露

在仲裁实务界，有一句俗语："仲裁的公正性取决于仲裁员的好坏。"为了保证仲裁员公平、公正和独立性地审理、裁决案件，仲裁员所知悉的可能导致对其独立性和公正性产生合理怀疑的信息应该向仲裁委员会进行披露，并由仲裁委员会向当事人公开该披露信息。我国的《仲裁法》及司法解释对仲裁员披露义务没有任何相关规定，导致仲裁员信息披露制度在立法上的缺失。国际商事仲裁规则形成了比较规范和完善的仲裁员披露义务制度，我国各地仲裁委员会的仲裁规则中一般对此进行明确规定。《南京仲裁委员会仲裁规则》第二十三条规定：（一）仲裁员任职后，应当签署保证独立、公正仲裁的声明书。（二）接受选定或者指定的仲裁员，知悉与案件当事人或者代理人存在可能导致当事人对其独立性、公正性产生怀疑的情形，应当书面披露。当事人应当自收到仲裁员书面披露之日起五日内就是否申请回避提出书面意见。（三）仲裁员在审理案件过程中知悉应予披露情形的，应当立即书面披露。（四）当事人可以仲裁员披露的事项为由申请仲裁员回避的。（五）当事人自收到仲裁员书面披露之日起五日内没有申请回避的，不得再以仲裁员曾经披露的事项为由申请回避。从司法实务中的判例来看，如果仲裁员没有及时披露应该进行披露的信息，可能导致该案件的仲裁裁决被法院撤销或者不予执行。

仲裁员没有履行披露义务，仲裁裁决被撤销

2013年9月17日，延长壳牌（广东）石油有限公司（以下简称"壳牌公司"）因其与深圳市冠德石油化工有限公司（以下简称"冠德公司"）的租赁经营权纠纷向广州仲裁委员会申请仲裁，其仲裁请求包括塘吓加油站、粤美特加油站、青草窝加油站、乌石加油站的场地、设备设施、经营证照等向其移交，广州仲裁委员会以（2013）穗仲案字第2966号案予以受理。2014年11月3日，广州仲裁委员会作出裁决，裁决结果是均支持了壳牌公司的仲裁请求。

冠德公司不服仲裁裁决，向广州市中级人民法院申请撤销，其理由之一为广州仲

---

① 参见北京市第二中级人民法院（2014）二中民特字第09403号民事裁定书。

裁委员会在审理过程中违反了广州仲裁委员会的仲裁规则，导致作出了不公的裁决。根据《中华人民共和国仲裁法》第五十八条的规定及仲裁法司法解释的相关规定，违反法定程序包括了违反各方选定的仲裁委员会的仲裁规则。根据广州仲裁委员会的仲裁规则第 24 条规定，被选定的仲裁员有义务披露有可能影响到案件公正性及独立性审理的事实或情况。在本案中，仲裁员陈国辉曾经是广州市中级人民法院主管经济庭的副院长，而壳牌公司在仲裁中的代理人陈作科曾经在广州中院经济庭担任审判员，仲裁员陈国辉与陈作科律师是曾经的上下级关系，而且仲裁员陈国辉及陈作科律师均为广州仲裁委员会的现任仲裁员。根据广州仲裁委员会的仲裁规则第 25 条第一款第三项规定应当回避的情况，第二款被解释为包括但不限于与任何一方当事人、代理人在同一单位工作的。因此，我方认为上述事实及情况是足以影响仲裁裁决独立性及公正性的情况和事实。广州仲裁委员会以及仲裁员陈国辉应当主动对上述情况进行披露，正是因为广州仲裁委员会及仲裁员没有履行披露义务，导致我方在参与仲裁程序时并没有提出回避申请，剥夺了我方的知情权及申请回避的权利，严重违反了广州仲裁委员会的仲裁规则，进而违反了仲裁法关于仲裁的法定程序。

广东省中级人民法院经审查后认为，广州仲裁委员会在第 2966 号仲裁案开庭时施行的《仲裁规则》第二十四条关于“仲裁员的披露义务”的规定是，“（一）被选定或者指定的仲裁员应签署保证其独立、公正仲裁的声明书，并向本会及当事人披露可能对其公正性和独立性产生合理怀疑的任何事实或情况。”另外，广州仲裁委员会《仲裁规则》第二十五条关于“回避”的规定是，“（一）仲裁员有下列情况之一的，应当回避，当事人也有权提出回避申请：……3.与本案当事人、代理人有其他关系，可能影响公正裁决的；（二）本条第一款第三项中的‘其他关系’包括但不限于下列几项：……4.与任何一方当事人、代理人在同一单位工作的。”本案中，仲裁员陈国辉就是壳牌公司选定的仲裁员，陈国辉与壳牌公司在仲裁中的委托代理人陈作科都曾经在同一单位即广州中院工作，且目前都是广州仲裁委员会的仲裁员。陈国辉与陈作科都曾经在同一单位即广州中院工作这一事实，有可能会引起对方当事人对仲裁员陈国辉的公正性和独立性的合理怀疑，根据《仲裁规则》第二十四条第（一）款的规定，仲裁员陈国辉对上述事实应予披露。但仲裁员陈国辉在被选定后未披露上述事实，导致冠德公司未能在规定期限内决定是否以上述应当披露的事实为由申请仲裁员回避，客观上影响了冠德公司行使申请仲裁员回避的程序权利，属于《中华人民共和国仲裁法》第五十八条第一款第（三）项规定的仲裁程序违反法定程序应予以撤销的情形。冠德公司据此请求撤销仲裁裁决有事实及法律依据，予以采纳。①

此外，仲裁员未尽披露义务会对仲裁委员会的声誉产生直接影响，会使当事人对仲裁解决纠纷的公正性产生怀疑，如果屡有发生将会对仲裁的公正高效发展带来巨大的障碍。为此，在立法层面建立完善的仲裁员披露制度亟待加以解决。

---

① 参见广东省广州市中级人民法院(2015)穗中法仲审字第 50 号民事裁定书。

三、仲裁员的回避

仲裁员回避制度与仲裁员披露制度相辅相成，进一步保证了仲裁员在审理案件过程中的公正与独立。仲裁员回避是指仲裁员由于与仲裁案件有利害关系或其他关系等情形，依法退出仲裁程序。这确保仲裁案件得到客观公正的处理，当事人受到公正的对待，以及仲裁裁决得到当事人和社会的普遍尊重。

（一）回避事由

《中华人民共和国仲裁法》第三十四条规定："仲裁员有下列情形之一的，必须回避，当事人也有权提出回避申请：（一）是本案当事人或者当事人、代理人的近亲属；（二）与本案有利害关系；（三）与本案当事人、代理人有其他关系，可能影响公正仲裁的；（四）私自会见当事人、代理人，或者接受当事人、代理人的请客送礼的。"各地仲裁委员会的仲裁规则对该条进行了具体的解释，使之更具有可操作性。

《珠海仲裁委员会仲裁规则》第三十一条规定：《中华人民共和国仲裁法》第三十四条第（三）项中的"其他关系"包括但不限于下列几项：1.为当事人就本案事先提供过咨询的；2.与当事人之间有法律顾问关系或有其他聘任关系且该顾问关系或其他聘任关系未结束或虽已结束但未满两年的；3.曾担任当事人的代理人、辩护人且结案未满两年的；4.与任何一方当事人、代理人为同事关系或曾为同事关系且该同事关系结束不满两年的；5.在本会一年内受理的两个案件中，或者虽超过一年但仍然在本会同期审理的两个案件中，仲裁员和代理人之间互换，先组庭案件的代理人在后组庭案件中担任仲裁员的；6.为本案当事人推荐、介绍代理人的；7.担任过本案或与本案有关联的案件的证人、鉴定人、勘验人、辩护人、代理人的。

（二）回避方式与期间

仲裁员回避的方式包括自行回避和当事人申请回避两种。对于仲裁员自行回避的时间，立法没有规定时间限制。仲裁员对自己与案件当事人之间是否存在利害关系是最清楚的，仲裁员的职业操守也要求仲裁员主动披露其与当事人之间的利害关系，是否构成对仲裁独立、公正的影响，由当事人判断和决定是否要求该仲裁员回避。对于当事人申请回避的时间，《中华人民共和国仲裁法》第三十五条规定："当事人提出回避申请，应当说明理由，在首次开庭前提出。回避事由在首次开庭后知道的，可以在最后一次开庭终结前提出。"但是，问题在于如果是书面审理或者首次开庭后就决定不再开庭的，那么当事人如何行使申请回避的权利立法没有明确。在这种情况下，有些仲裁委员会的仲裁规则进行了补充规定。《珠海仲裁委员会仲裁规则》第三十二条规定："对于不再开庭或者书面审理的案件，当事人应当在得知回避事由后10日内且不晚于审理结束时提出。"

在开庭审理前，仲裁委员会收到当事人提交的回避申请后，办案秘书应将回避申请转送另一方当事人和仲裁庭全体成员。另一方当事人、被申请回避的仲裁员及仲裁庭其他成员可以向仲裁委员会提供书面意见。如果一方当事人申请仲裁员回避，另一方当事人表示同意，或者被申请回避的仲裁员获知后主动退出，则该仲裁员不再参加案件审理，但这种情形不意味着当事人提出回避的理由成立。特别需要说明的是，当事人在获知仲裁庭组成情况后聘请的代理人与仲裁员形成应予回避情形的，该当事人无权以此为由提出回避申请，但另一方当事人就此申请回避的权利不受影响。

为防止少数人在仲裁程序中滥用回避权利，拖延仲裁程序，中国国际经济贸易仲裁委员会仲裁规则规定当事人对提出回避的事实和理由负有举证责任。该会 2015 年 1 月 1 日实施的《仲裁规则》第三十二条第二款规定："当事人对被选定或被指定的仲裁员的公正性和独立性产生具有正当理由的怀疑时，可以书面提出请求该仲裁员回避的请求，但应说明提出回避请求所依据的具体事实和理由，并举证。"《珠海仲裁委员会仲裁规则》第三十二条第一款也作出了同样的举证规定。如果当事人提出回避申请但未能举证的，且该仲裁员否定回避事由，不同意回避的，则当事人的回避申请不会得到支持。

仲裁员应该回避没有回避能否撤销裁决

晋江市康泰进出口贸易有限公司（以下简称晋江康泰公司）与中国出口信用保险公司福建分公司（以下简称中信保福建公司）申请撤销仲裁裁决一案，北京市第三中级人民法院于 2017 年 7 月 14 日立案后进行了审查。经审查查明：2017 年 1 月 23 日，北京仲裁委员会作出（2017）京仲裁字第 0134 号裁决：一、驳回晋江康泰公司的全部仲裁请求；二、本案仲裁费人民币 53585.93 元由晋江康泰公司承担。晋江康泰公司不服该仲裁裁决，申请撤销的理由之一为仲裁裁决过程中存在程序违法，首席仲裁员任自力曾在中信保福建公司聘请的律师事务所工作过多年，存在应当回避而未回避的情形，违反了关于回避的规定。北京仲裁委员会在指定首席仲裁员时，未告知上述情形，属于程序违法。

北京市第三中级人民法院经审查认为，《中华人民共和国仲裁法》第三十四条规定，仲裁员有下列情形之一的，必须回避，当事人也有权提出回避申请："（一）是本案当事人或者当事人、代理人的近亲属；（二）与本案有利害关系；（三）与本案当事人、代理人有其他关系，可能影响公正仲裁的；（四）私自会见当事人、代理人，或者接受当事人、代理人的请客送礼的。"第三十五条规定："当事人提出回避申请，应当说明理由，在首次开庭前提出。回避事由在首次开庭后知道的，可以在最后一次开庭终结前提出。"本案中，晋江康泰公司虽主张仲裁员存在应当回避而未回避的情形，但其并未提交证据就应当回避的情形予以证实且未在法律规定的期限内提出关于回避的申请，故对其关于仲裁程序违法的主张，本院依法不予采信。①

（三）回避的决定权

《中华人民共和国仲裁法》第三十六条规定："仲裁员是否回避，由仲裁委员会主任决定；仲裁委员会主任担任仲裁员时，由仲裁委员会集体决定。"

① 参见北京市第三中级人民法院（2017）京 03 民特 287 号民事裁定书。

仲裁庭是否有权处理当事人的回避申请

东营君祥世佳大酒店有限责任公司(以下简称君祥世佳大酒店)因与山东省万平建设工程有限公司东营分公司(以下简称万平东营分公司)申请撤销仲裁裁决一案,不服东营仲裁委员会(2012)东仲裁字第420号裁决书,向山东省东营市中级人民法院提出撤销申请。

君祥世佳大酒店认为东营仲裁委员会(2012)东仲裁字第420号裁决书应予撤销的理由之一为仲裁程序违法。君祥世佳大酒店申请首席仲裁员回避,被仲裁庭当庭驳回,君祥世佳大酒店随即要求复议,但仲裁庭不再理会,更未出具书面驳回通知,其仲裁程序违法。

山东省东营市中级人民法院认为仲裁庭的组成违反法律规定。《中华人民共和国仲裁法》第三十六条规定:"仲裁员是否回避,由仲裁委员会主任决定;仲裁委员会主任担任仲裁员时,由仲裁委员会集体决定。"本案中,申请人提出了仲裁员回避的申请,仲裁庭没有将该申请提交仲裁委员会主任决定,而是当庭径行驳回了申请人的申请,违反了法定程序,君祥世佳大酒店申请撤销仲裁裁决的事由符合法律规定的应当撤销仲裁裁决的情形,予以支持。[①]

(四)回避的效力

对于申请回避的效果,在仲裁委员会主任就仲裁员是否回避作出决定前,被申请回避的仲裁员能否继续履行职责,我国《仲裁法》没有规定。《珠海仲裁委员会仲裁规则》第三十二条规定:"在本会主任就仲裁员是否回避作出决定前,被申请回避的仲裁员应当继续履行职责。"

因回避重新选定或者指定仲裁员后,当事人可以请求已进行的仲裁程序重新进行,是否准许,由仲裁庭决定;仲裁庭也可以自行决定已进行的仲裁程序是否重新进行。

① 参见山东省东营市中级人民法院(2014)东仲撤字第15号民事裁定书。

第四章

仲裁程序

公正的仲裁裁决有赖于仲裁程序的正当性，缺乏程序保障的仲裁裁决难以实现民商事争议的实体公正。这不仅直接导致当事人难以接受仲裁裁决，而且也增加了仲裁裁决不被承认和执行的概率。《中华人民共和国仲裁法》第四章规定的仲裁程序具体包括申请和受理、仲裁庭的组成以及开庭和裁决。关于仲裁庭的组成，本书第三章已经详述，在本章中不再赘述。

第一节　仲裁当事人

一、仲裁当事人的界定

仲裁当事人是以自己的名义向仲裁机构提起仲裁或者参加仲裁，并接受仲裁裁决约束的地位平等的自然人、法人或其他组织。按照国内仲裁实践，向仲裁机构提出仲裁申请的人称申请人；申请人在仲裁申请中指称负有义务的人为被申请人。仲裁当事人必须具备以下条件：

1.当事人的法律地位平等

仲裁的各方当事人是因民商事纠纷进入仲裁程序的，他们之间的法律地位平等。如前所述，仲裁不受理主体法律地位不平等的行政纠纷，也不受理其他主体地位不平等的公法上当事人之间的纠纷。

2.当事人之间存在仲裁协议

有效的仲裁协议是当事人进行仲裁的基础，没有仲裁协议，仲裁案件的管辖权也就不成立，无从产生仲裁当事人，更不会产生此后的开庭审理、裁决和执行等程序。

3.当事人之间发生了仲裁协议约定的仲裁事项

受仲裁协议内容的约束，即便当事人之间存在仲裁协议，也并非约定了所有事项都可以提交仲裁，只有当事人之间约定的提交仲裁的事项才能提交仲裁机构仲裁。

二、当事人的适格性

在仲裁实务中，仲裁协议的表面签字人作为仲裁当事人提起仲裁或参加仲裁是常见的形态。但是，随着商业模式的多样化，同一仲裁案件中可能存在多个当事人，能否与民事诉讼中的集团诉讼有类似的集团仲裁方式，正在考验仲裁机构和仲裁规则制定者的智慧。在揭开公司法人面纱原则情形下，仲裁协议能否延伸至公司股东？根据公司法规定，公司股东滥用有限责任损害债权人利益和社会公共利益，该股东因与公司人格混同应当承担连带责任；一人公司股东不能证明公司财产独立于自己的其他财产时，应当对公司债务承担连带责任。在民商事仲裁协议认定问题上，也存在刺破公司面纱的问题，使得仲裁协议效力及于面纱背后的股东。此外，合同转让、公司法人合并或分立、主合同和担保合同分立时，仲裁协议是否适用于非表明签字人？主合同与担保合同是否适用同一争议解决机制的问题，即主合同中约定了仲裁条款，担保合同却没有约定仲裁条款。主合同的仲裁条款对担保合同影响如何，担保人是否应受主合同约定的仲裁条款的约束？由于目前我国《仲裁法》并没有规定第三人制度，主合同和从合同是否能够并入一个仲裁案件中处理，理论界和实务界各有不同观点和理据。

主合同约定仲裁条款对从合同当事人是否有效

惠州某某房产有限公司(以下简称某某公司)与惠州市××集团有限公司(以下简称××公司)签订《港澳广场总承包工程合同》，约定某某公司将港澳广场发包给××公司承建。该合同第14—3—1条明确规定："无论是在本合同执行期间或在本合同完成或被放弃之后发包方和承包方之间，对合同的解释或与对合同有关的任何问题，若有任何争议或歧见，则有关争议或歧见需提交双方同意的仲裁人仲裁解决或提交中国国际贸易对外促进委员会对外经济贸易仲裁委员会而根据该会的仲裁程序进行仲裁。"同日，某某公司与惠州市人民政府(以下简称惠州市政府)签订《履约确认书》，约定"本履约确认书受中国法律管辖，市政府同意接受中国法院的裁决。"

上述合同订立后，某某公司陆续向××公司支付了有关工程款，而××公司一直未将有关工程完工，双方因此产生纠纷，某某公司于2001年12月向广东省高级人民法院起诉，请求判令××公司向其返还工程款并支付违约金，惠州市政府对上述债务承担连带清偿责任。后因××公司与惠州市政府在答辩期内提出管辖权异议，某某公司于2001年7月19日向广东省高级人民法院提交了《撤诉申请书》，明确撤回其对××公司提出的起诉；同时，该公司又向广东省高级人民法院提交了《起诉书》，请求判令惠州市政府向其支付未付工程款项。惠州市政府于2001年8月15日提出管辖权异议，请求裁定驳回某某公司对惠州市政府的起诉，将本案移送至有管辖权的仲裁机构。

广东省高级人民法院审理后认为，主合同和一般担保合同发生纠纷提起诉讼的，应当根据主合同确定案件管辖。本案主合同是某某公司与××公司签订的《港澳广场总承包工程合同》，根据该合同第14—3—1条中关于"本合同执行期间产生的任何争议需提交中国国际贸易对外促进委员会对外经济贸易仲裁委员会而根据该会的仲裁程序进行仲裁"的约定，仲裁协议明确，排除了法院对本案的管辖权，法院对该案不予受理，应由某某公司另行向有关仲裁机构申请仲裁。

上诉人某某公司不服广东省高级人民法院一审民事裁定，向最高人民法院提起上诉。最高人民法院认为：本案债权人某某公司与保证人惠州市政府在双方签订的《履约确认书》中并未约定仲裁条款。本案系某某公司起诉惠州市政府的履约担保纠纷，与某某公司和××公司之间的承包工程合同纠纷系两个不同的民事关系。某某公司与惠州市政府之间形成的履约担保民事关系不受某某公司与××公司承包合同中约定的仲裁条款的约束，双方当事人在所签订的《履约确认书》中并未选择仲裁方式解决纠纷。某某公司的起诉符合《中华人民共和国民事诉讼法》第一百零八条的规定，广东省高级人民法院应当予以受理。广东省高级人民法院以承包工程合同中的仲裁条款明确，从而排除人民法院对履约担保纠纷的管辖权，裁定驳回某某公司的起诉，依法应予纠正。

如前所述，最高人民法院通过司法解释，对仲裁协议的效力予以了扩张，在法人分离和合并、自然人死亡、合同转让等情形下，仲裁协议的效力及于第三人。实务操作中，还存在许多司法解释之外的情形，需要仲裁庭确认申请人和被申请人的主体资格。如买卖不破租赁原则的适用，揭开公司面纱原则的适用，一人公司中的人格混同，主合同与担保合同并无一致的仲裁条款等。

第二节　仲裁申请与受理

关于仲裁程序开始之日，我国《仲裁法》并没有明确规定，各地仲裁委员会仲裁规则的规定也不尽相同。《珠海仲裁委员会仲裁规则》第十二条规定："仲裁程序自本会收到仲裁申请书之日起开始。"《广州仲裁委员会仲裁规则》第十五条第（三）项规定："仲裁程序自本会受理仲裁申请之日开始。"事实上，仲裁程序的开始是当事人申请仲裁的行为与仲裁委员会受理案件的行为相结合的结果。

一、申请仲裁的条件

（一）实质要件

基于"不告不理"原则，申请仲裁是启动仲裁程序的第一步，同时也是仲裁委员会受理案件的前提。根据《中华人民共和国仲裁法》第二十一条规定，当事人申请仲裁应当符合下列实质要件：

1.当事人之间有书面仲裁协议

仲裁协议是当事人采用书面形式一致同意将他们之间已经发生或将来可能发生的纠纷通过仲裁方式解决的明确意思表示。仲裁协议排除了法院的司法管辖权，当事人自愿通过仲裁方式解决其争议。没有仲裁协议，仲裁机构不得受理。关于仲裁协议在本书的第二章有专门论述，在此不赘述。

2.有具体的仲裁请求和事实、理由

仲裁请求是仲裁申请人基于一定的请求权基础向仲裁委员会提出保护其权益的具体要求或者主张。当事人提出的仲裁请求必须明确、具体，如申请人请求裁决被申请人向其支付违约金，应写明具体的金额。在仲裁过程中，仲裁申请人有权可以放弃或者变更仲裁请求。为了支持自己提出的仲裁请求，申请人必须陈述具体的事实依据和法律理由，提交相关的证据材料。对于申请人提出的事实是否真实，理由是否正确，需要仲裁庭经过开庭审理才能确定。申请人在提出仲裁申请时，只要提出具体的仲裁请求、事实和理由即可，仲裁委员会立案庭在立案时只进行形式审查，不能进行实体审查。

3.属于仲裁委员会的受理范围

关于“属于仲裁委员会的受理范围”，应从三个方面进行理解：其一，申请人申请仲裁的事项属于仲裁协议中约定的事项。对于仲裁协议约定以外的事项，申请人不能申请仲裁，仲裁委员会也不应受理。其二，申请人申请仲裁的事项属于我国《仲裁法》规定的可仲裁事项。如本书第二章关于仲裁协议的论述，根据《中华人民共和国仲裁法》第三条和第七十七条规定，婚姻、收养、监护、扶养、继承纠纷，依法应当由行政机关处理的行政争议、劳动、人事争议、农业集体经济组织内部的农业承包合同纠纷不属于民商事仲裁委员会的管辖范围，属于不可仲裁事项。其三，申请人向仲裁协议中约定的仲裁委员会申请仲裁。如果接受仲裁申请书的仲裁委员会不是仲裁协议中约定的仲裁委员会，则该仲裁委员会不能受理申请人的仲裁申请。

（二）形式要件

在我国，申请人申请仲裁只能采用书面形式。《中华人民共和国仲裁法》第二十二条规定：“当事人申请仲裁，应当向仲裁委员会递交仲裁协议、仲裁申请书及副本。”对于仲裁申请书应当载明下列事项：(1)当事人的姓名、性别、年龄、职业、工作单位和住所，法人或者其他组织的名称、住所和法定代表人或者主要负责人的姓名、职务；(2)申请仲裁所依据的仲裁协议；(3)申请人的仲裁请求；(4)仲裁请求所依据的事实和理由；(5)证据和证据来源、证人姓名和住所。

《仲裁申请书》举例如下：

仲裁申请书

申请人：广东××机电工程有限公司

住所：××市××路××号

法定代表人：邓××，总经理

电话：××××××××

被申请人：××温泉有限公司

住所：××市××区××镇××路××号

法定代表人：熊××，董事长

电话：××××××××

仲裁请求：

1.裁决被申请人向申请人支付××温泉度假村一期工程款人民币 895524.14 元以及违约金 476886.6 元（违约金按欠款额每日万分之五的比例计算，从 2006 年 1 月 1 日起算，暂计至 2008 年 11 月 30 日，请求计至实际付清日止）；

2.裁决被申请人承担本案的全部仲裁费用。

事实与理由：

2003年3月至2004年8月，申请人先后与被申请人签订了三份《机电安装工程承包合同》和一份补充协议，向被申请人承包××温泉度假村一期工程临时用电工程的安装施工。上述合同及补充协议均规定，由申请人包工包料完成临时用电工程安装施工并负责通过供用电部门的竣工验收。工程造价采取暂定合同总价的方式据实结算；被申请人完成结算后，除扣下5%的工程保修金外，一次性付清余款。逾期付款的，按应付款额每日万分之五的比例支付违约金。保修期为竣工验收送电后一年，保修期满后10个工作日内退还5%的工程保修金。合同第××条约定，合同履行过程中发生争议不能协商解决的，提交××仲裁委员会仲裁。

上述合同签订后，申请人依约完成了全部工程的安装施工，且验收合格送电。此后申请人与被申请人完成了全部结算工作，但被申请人至今未清偿结算款项。经申请人多次催要，被申请人仍未支付工程款项，欠付工程款共计895524.14元。

申请人认为，鉴于申请人已按照合同约定履行了全部义务，所有工程也已经验收合格交付使用，且被申请人也已经完成了全部工程款的结算审核工作，各项工程的保修期在2005年12月前均已届满，被申请人理应从2006年1月1日起履行全部工程款的清偿义务，其至今尚未清偿，给申请人造成损失，依法应当承担违约责任。为此，申请人依双方签订的《机电安装工程承包合同》中仲裁条款约定向贵委提出仲裁申请，请求依法予以支持。

此致

××仲裁委员会

申请人：广东××机电工程有限公司(盖章)

年　月　日

附证据：

证据1：申请人注册登记文件，附件第1页至第3页；

证据2：授权委托书，附件第4页；

证据3：法定代表人证明书及身份证，附件第5页至第6页；

证据4：《机电安装工程承包合同》，附件第7页至第13页；

证据5：发票，附件第14页至第18页；

证据6：工程竣工验收文件，附件第19页至第22页；

证据7：工程结算书，附件第23页至28页。

此外，申请人在提交仲裁申请书时，应附具当事人的主体资格证明文件。自然人主体资格的文件是身份证，证明公司或其他组织主体资格的文件是工商登记和营业执照。对于申请人提交被申请人的身份证明文件确有困难的，有的仲裁委员会仲裁规则规定经仲裁委员会同意可暂不提交，但在案件受理后申请人应持案件受理通知向有关单位调取被申请人的身份证明文件并提交该仲裁委员会。当事人可以委托律师和其他代理人(如公民代理人)进行仲裁活动。委托仲裁代理人一般不超过二人，但经仲裁庭同意，当事人可以适当增加代理人的人数。代理人为二人或二人以上的，仲裁庭可以要求当事人确定一名代理人作为主要发言人。当事人委托的多名代理人之间的意见有冲突而当事人未做明确表态的，以主要发言人的意见为准。当事人委托代理人进行仲裁活动，应当向仲裁委员会提交授权委托书。授权委托书应当注明委托事项和权限。委托代理人代为提起、承认、放弃、变更仲裁请求或者反请求，进行和解，请求调解，签收调解书，必须有委托人的特别授权。委托代理的事项和权限变更或者解除的，当事人应当书面通知本会。变更或者解除前已进行的仲裁程序不因此受到影响。

授权委托书

委托人：××市××贸易有限公司

住所地：××市××区××路××号

法定代表人：梅××

受托人：张××，广东××律师事务所律师

联系地址：××市××路××号××大厦××层第××号

电话：139××××××××

现委托上述受托人在我公司与××有限公司之间的货物买卖合同纠纷仲裁案中，作为我公司的仲裁代理人，在仲裁中行使以下权利：

(1)代为提出、承认、变更、撤回、放弃仲裁请求；

(2)代为答辩，提出、承认、变更、撤回、放弃仲裁反请求；

(3)代为约定仲裁庭组庭方式、选定仲裁员；

(4)参加开庭审理、陈述事实和意见、参加举证质证和庭审调查活动；

(5)代为调解、和解；

(6)代为领取各种仲裁文书；

(7)代为申请调查取证、财产保全和证据保全；

(8)代为申请执行、签署仲裁文书。

代理人的代理期限自本委托书签字之日起至本案仲裁终结之日止。

委托人：××市××贸易有限公司(盖章)

法定代表人：(签名或盖章)

年　　月　　日

当事人申请仲裁，还应该预交仲裁费用。《珠海仲裁委员会仲裁规则》第十三条第(四)项规定："申请人按照本会制定的收费标准预交仲裁费。当事人的请求没有明确争议金额的，由本会确定争议金额或者应当预交的仲裁费用。当事人预交仲裁费用有困难的，可以申请缓交，由本会决定是否批准。当事人不预交仲裁费用或者在本会批准的缓交期限内未预交全部仲裁费用的，视为未提出或者撤回仲裁申请。"

需要说明的是，当事人申请仲裁需考虑仲裁时效问题。《中华人民共和国仲裁法》第七十四条规定："法律对仲裁时效有规定的，适用该规定。法律对仲裁时效没有规定的，适用诉讼时效的规定。"从我国现行法律规定来看，并未见仲裁时效的特别规定，具体到某一案件中，仲裁时效应适用诉讼时效的规定。

二、仲裁案件的受理

(一)仲裁申请的形式审查

仲裁委员会应自收到仲裁申请书之日起5日内进行对仲裁协议的效力、是否属于仲裁委员会受案范围以及仲裁申请书进行审查。对于当事人提交的仲裁申请材料,如果仲裁委员会认为申请人提交的材料不齐备、不正确的,可以限期要求申请人补全、补正;补全、补正完备的日期视为收到仲裁申请的日期;申请人逾期不补全、补正的,视为未申请仲裁。

仲裁委员会对仲裁申请的审查限于形式审查,对于实质性问题,如仲裁申请是否有充分的证据支持,案涉合同是否有效、仲裁申请是否超过了仲裁时效等,仲裁委员会在立案阶段不能进行审查,这些事实需要庭审中查明。仲裁委员会对申请人提交的仲裁申请进行审查后,认为符合《中华人民共和国仲裁法》第二十一条申请条件的,依法予以受理,向申请人送达《受理案件通知书》、仲裁规则和仲裁员名册等材料,并将仲裁申请书副本和仲裁规则、仲裁员名册送达给被申请人。仲裁委员会如果认为不符合受理条件的,出具书面通知并说明理由。

(二)受理后管辖权异议的提出

管辖异议权是当事人一项重要的仲裁权利,当事人认为仲裁委员会对双方纠纷案件没有管辖的权利时,可以提出管辖权异议。我国《仲裁法》仅规定当事人对仲裁协议的效力有异议的,应当在仲裁庭首次开庭前提出,但是对于有关管辖权异议的提出期限,则没有作出具体的规定,这不能不说是立法的一个缺陷。但是,实践中为了保障当事人的权利和提高仲裁效率,各地仲裁委员会的仲裁规则中基本都作了明确的规定。《珠海仲裁委员会仲裁规则》第十一条规定,当事人对仲裁案件的管辖权提出异议的,应当在仲裁庭首次开庭前以书面形式提出;书面审理的,应当在答辩期届满前以书面形式提出。当事人没有在规定期限内对仲裁案件的管辖权提出异议的,视为承认珠海仲裁委员会具有管辖权。珠海仲裁委员会有权对仲裁案件的管辖权作出决定,也可以视情况授权仲裁庭作出决定。仲裁庭依授权作出决定的,可以在仲裁程序进行中单独作出,也可以在裁决书中作出。在管辖权异议作出决定前,仲裁程序可以继续进行。

管辖权异议申请书

申请人:深圳××科技有限公司

住所:

法定代表人:　　职务:

被申请人:××××电子有限公司

请求事项:

申请人认为贵委对本案没有管辖权,请求驳回被申请人的仲裁申请。

事实与理由

2015年11月30日，申请人与被申请人签订的《外协沉锡品质协议书》，其中第五条第3点约定："因本协议引起的所有纠纷，双方应协商解决。如果协商不成，双方同意任何一方可以申请仲裁委员会按照该委员会有效的仲裁程序和仲裁规则进行仲裁。"申请人认为，该协议书约定的仲裁条款属于"对仲裁委员会没有约定或约定不明"的情形，之后双方也未能达成补充协议，根据法律规定贵委对本仲裁案件没有管辖权，请求贵委驳回被申请人的仲裁申请。

申请人：深圳××科技有限公司（盖章）

2017年11月5日

申请人针对被申请人的管辖异议，可以提出答辩，答辩事由重点在于强调仲裁委员会有管辖权的事实和理由，反驳异议人的异议理由。

管辖异议答辩书

异议答辩人：

委托代理人：

答辩人××因与异议人××因××纠纷管辖异议一案，现提出答辩。

答辩理由：

此致

××仲裁委员会

答辩人：签名或盖章

年　月　日

作为一种程序性救济权利，仲裁委员会审查当事人提出的管辖权异议，除了审查申请是否超过提出管辖权异议的期限外，最为重要的是仲裁委员会仅负有对当事人提交的表面证据（或者初步证据）进行形式审查的义务，不应介入实体纠纷审理。例如，申请人根据合同中的仲裁条款提出仲裁申请，仲裁委员会受理了该仲裁申请。但是，被申请人提出异议称，案涉的合同不是他签订的，而是别人冒签的，从而主张他不受合同以及仲裁条款的约束，仲裁委员会不具有管辖权。在这种情况下，虽然被申请人对表面证据的有效性提出异议，但是仲裁委员会仍然可以根据表面证据作出是否有管辖权的决定。当然，依表面证据作出的有管辖权决定并不妨碍仲裁委员会根据仲裁庭在审理过程中发现的与表面证据不一致的新事实或新证据后，重新作出是否具有管辖权的决定，仲裁委员会也可以授权仲裁庭重新作出是否有管辖权的决定。

《中华人民共和国仲裁法》第二十六条规定，当事人达成仲裁协议，一方向人民法院起诉未声明有仲裁协议，人民法院受理后，另一方在首次开庭前提交仲裁协议的，人民法院应当驳回起诉，但仲裁协议无效的除外；另一方在首次开庭前未对人民法院受理该案提出异议的，视为放弃仲裁协议，人民法院应当继续审理。2006年最高人民法院《关于适用〈中华人民共和国仲裁法〉若干问题的解释》第十四条规定，"首次开庭"是指答辩期满后人民法院组织的第一次开庭审理，不包括审前程序中的各项活动。如果当事人没有在首次开庭前提出管辖异议的，视为放弃仲裁协议，人民法院取得案件的管辖权。当事人在此后的程序中不得再以存在仲裁协议为由要求撤销原判决。

《中华人民共和国仲裁法》将仲裁管辖异议的决定权赋予仲裁委员会，各地仲裁规则也作了类似的规定。但由于仲裁机构的服务性质，其本身并不直接审理案件，对那些通过表面证据和简单审查就能做出决定的案件，仲裁机构作出管辖异议的决定没有障碍。但对一些须在查明复杂事实基础上作出管辖异议决定的案件，仲裁机构有赖于仲裁庭查清事实才能作出决定，为满足仲裁实务的需要，仲裁机构先后修改仲裁规则，规定除了仲裁委员会对仲裁协议的存在、仲裁协议的效力和仲裁案件的管辖权作出决定外，还规定仲裁委员会在必要时可以授权仲裁庭对管辖异议作出决定。

对仲裁协议的效力有异议的，当事人可以请求仲裁委员会作出决定，或向人民法院提起管辖异议或管辖确认之诉。关于仲裁协议异议的管辖法院，最高人民法院曾在法释〔2000〕25 号批复中作出规定，即当事人选择国内仲裁机构后，一方对仲裁协议的效力有异议请求人民法院作出裁定的，由该仲裁委员会所在地中级人民法院管辖。当事人对仲裁委员会没有约定或者约定不明确的，由被告住所地人民法院管辖。根据 2006 年最高人民法院《关于适用〈中华人民共和国仲裁法〉若干问题的解释》第十二条规定，对仲裁协议管辖异议具有管辖权的法院是：

(1)当事人向人民法院申请确认仲裁协议效力的案件，由仲裁协议约定的仲裁机构所在地的中级人民法院管辖；

(2)仲裁协议约定的仲裁机构不明确的，由仲裁协议签订地或者被申请人住所地的中级人民法院管辖。

(3)申请确认涉外仲裁协议效力的案件，由仲裁协议约定的仲裁机构所在地、仲裁协议签订地、申请人或者被申请人住所地的中级人民法院管辖。

(4)涉及海事海商纠纷仲裁协议效力的案件，由仲裁协议约定的仲裁机构所在地、仲裁协议签订地、申请人或者被申请人住所地的海事法院管辖；上述地点没有海事法院的，由就近的海事法院管辖。

同时，该司法解释第十五条还规定，对仲裁协议效力确认的案件，人民法院应当组成合议庭进行审查，并询问当事人。人民法院对仲裁协议效力所作出的裁定是终审裁定，当事人不得上诉、申请再审，检察机关也无权就法院的裁定提出抗诉。

对一方请求仲裁机构确认仲裁协议的效力，另一方请求法院确定仲裁协议无效，仲裁机构先于法院接受并已作出决定的，人民法院不予受理。仲裁机构接受后尚未作出决定的，人民法院应予受理，同时通知仲裁机构中止仲裁，根据法院对仲裁协议效力的认定决定恢复仲裁或撤销仲裁。

第三节　仲裁答辩与反请求

一、仲裁答辩

仲裁答辩是针对仲裁申请而言的，是被申请人针对申请人提起仲裁程序、在仲裁申请书中提出的仲裁请求以及所依据的事实和理由向仲裁委员会进行的答复和辩解。行使仲裁答辩权是被申请人维护自己合法权益的重要手段，同时也有助于仲裁庭了解双方争议的焦点，可以强化仲裁庭审，便于查明案件事实，正确适用法律。《中华人民共和国仲裁法》第二十五条第二款规定："被申请人收到仲裁申请书副本后，应当在仲裁规则规定的期限内向仲裁委员会提交答辩书。仲裁委员会收到答辩书后，应当在仲裁规则规定的期限内将答辩书副本送达申请人。被申请人未提交答辩书的，不影响仲裁程序的进行。"对于答辩的期限，各地仲裁委员的仲裁规则基本都规定了 15 天的答辩期，从被申请人收到受理通知之日起 15 日内提交答辩书（或者答辩状）。在仲裁实践中，有一种非常普遍的现象，有的被申请人代理人出于仲裁庭审策略考虑并没有在仲裁规则指定的时间内答辩，而是当庭答辩。他们认为，如果在仲裁规则的指定时间内答辩，仲裁委员会会把答辩状副本送达给申请人，申请人会针对答辩状的内容进行有针对性的准备，对被申请人的答辩理由进行回击。

对于被申请人仲裁答辩的内容，主要归纳为三个方面：一是程序问题的答辩。例如，仲裁委员会没有管辖权、申请人或被申请人不适格等。二是实体问题答辩。这种答辩的理由很多，如不安抗辩权、表见代理、合同无效、仲裁时效问题等。三是适用法律问题答辩。如适用法律错误、法律已经失效或者被明文废止、适用的法律没有实施等。对于答辩的形式包括书面答辩和口头答辩两种。被申请人可以在开庭审理前通过提交答辩状的形式进行答辩，也可以在开庭审理时候通过答辩状或者口头形式行使答辩。

仲裁答辩状

答辩人：××海洋温泉有限公司

地址：××市××镇海泉湾度假城

法定代表人：许××

被答辩人一：××市建筑装饰（集团）有限公司

地址：××市××区滨河大道 5008 号××集团大厦

法定代表人：朱××

被答辩人二：中国建筑第四工程局有限公司

地址：广州市××区××路××号自编×栋×楼

法定代表人：叶××

被答辩人××市建筑装饰（集团）有限公司（下称深装公司）、中国建筑第×工程局有限公司（下称中建×局）申请与答辩人建设工程施工合同纠纷一案（案号：×仲裁字〔2011〕第 1××号，下称本案），被答辩人的仲裁请求与会议酒店工程项目总包《合同条件》（下称《总包合同》）及××工字 3008－专－0××号（会议酒店铝合金门窗及玻璃幕墙工程项目，下称本案涉案工程项目）专业承包《合同条件》（下称《专包合同》）的约定和法律规定不符，不能成立，现详述如下：

一、被答辩人一作为建筑工程专业分包方，与答辩人（发包方）间不存在合同法律关系，被答辩人一无权直接向答辩人主张支付工程款。

(一)从合同主体而言,答辩人不是《专包合同》的合同主体。

本案中,答辩人为发包方,被答辩人二中建×局为总包方,被答辩人一为专业分包方。2005 年,答辩人通过招投标程序确定被答辩人一作为专业分包方;同时明确:《专包合同》由中建×局与被答辩人一签订和执行,答辩人作为发包方只是选定被答辩人一作为专业承包方,而并不参与《专包合同》,并非合同一方主体。因而,答辩人与被答辩人一之间不存在合同关系,根据合同相对性原则,被答辩人一显然无权以合同纠纷为由向答辩人主张权益。

(二)从合同约定内容来看,《专包合同》有关条款已明确排除了被答辩人一与答辩人间的合同权利义务关系。具体表现在:

《专包合同》第 3 条(ⅳ)款规定,"本专业专包合同,不能形成专业承包单位与发包方或与任何其他专业承包单位有合同关系。"第 11 条(g)款规定,"发包方直接支付款项于专业承包单位的安排,不会因此而使发包方与专业承包单位发生任何合同关系。"可见,被答辩人一对于与答辩人之间不存在合同关系,被答辩人一无权就专业承包合同权益向答辩人提出主张,是其在签订《专包合同》时就明确知晓、并与被答辩人二中建×局一致同意的。

事实上,由于答辩人不是《专包合同》合同主体,答辩人的"直接付款"行为在法律性质上属于第三人履行。依照《中华人民共和国合同法》第 65 条之约定,当事人约定由第三人向债权人履行债务的,第三人不履行债务或者履行债务不符合约定,债务人应当向债权人承担违约责任。因此,即使被答辩人一认为答辩人未履行付款义务,亦应当向被答辩人二提出权利主张,而无权向合同外第三人即答辩人直接主张付款。

二、被答辩人一向答辩人主张的工程款数额缺乏有效依据。

(一)被答辩人一在工程完工后,一直没有提交完整的工程竣工结算资料,导致工程结算工作至今没有完成,因此被答辩人一实际完成的合同内工程量和工程价款是多少,至今尚没有定论。

根据《总包合同》第 30 条(5)(b)的约定:全部工程实际完工前或完工后合理时间内,总承包方须将结算所需的所有资料,包括有关指定分包单位及指定供货单位的结算文件,呈交发包方。而根据财政部和建设部颁发的《建设工程价款结算暂行办法》第 14 条的规定:单位工程竣工结算由承包人编制,发包人审查;实行总承包的工程,由具体承包人编制,在总包人审查的基础上,发包人审查。承包人应在合同约定期限内完成竣工结算报告的编制工作,并提供完整的工程竣工结算资料。未在规定期限内完成的并且提不出正当理由延期的,责任自负。可见,无论是根据合同约定还是法律规定,编制和提交结算文件资料都是承包方的义务,是进行工程结算的基础和前提。

本案中,被答辩人一在申请书中称其于 2006 年 6 月 26 日向答辩人提交了工程造价结算书,并指责答辩人"一直拖延,未进行审核确认",但问题是,被答辩人一一直没有证明其已向答辩人提交了完整的工程竣工结算资料。虽然答辩人多次发出通知,要求施工单位尽快提交,但答辩人至今没有收到过本案涉案工程项目完整的结算资料,被答辩人一也一直没有按照答辩人的要求指派专业造价人员前来对数,因此,该工程项目结算至今没能完成的责任完全在于被答辩人一自身。而且显然,在工程结算没有完成，工程总价没有确定的情形下，被答辩人一不能根据其单方计算的工程款数额要求答辩人付款。

（二）被答辩人一主张的工程项目变更增加的工程量及工程价款缺乏有效依据。

被答辩人一在仲裁申请中认为，其因答辩人的“设计变更、现场签证等实际增加的工程价款经申请人二（即中建×局）审核确认涉案工程变更价款为926175.62元”，被答辩人一同时也承认，变更工程款的数额未经答辩人审核认可。

对此，答辩人认为，本案中发生的任何工程变更，都必须遵循《总包合同》《专包合同》和《中期验工计价管理办法》《工程变更管理办法》等文件明确规定的工程变更的批准权限、操作程序、计价方法等。具体来讲，包括：

（1）工程变更包括设计变更和现场签证，批准权限均限于业主（即答辩人），业主批准后，由香港建设签发工程项目指令，才能作为施工和计量的依据；除得发包方指令外，承包方不能擅自作出工程变更；

（2）业主委托香港建设负责对工程变更项目的验工计价实施管理，包括组织验工计价，审核验工项目质量和工程计价；委托利比公司负责工程变更项目的造价管理，编制或审核工程造价文件；委托监理公司负责工程变更的现场计量和质量管理；

（3）工程变更发生的工程量，按监理公司、利×公司、香×建设、业主共同签认的数量进行计量；对于承包人超出设计图纸范围的工程量和因承包人原因造成返工的工程量不予计量；凡是没有经过监理公司、香×建设、利×公司和业主签字盖章确认的工程变更，其增加的费用不予确认支付；

（4）工程变更的费用由发包方确定，由发包方量度工程量及计算价款。

综合上述规定，审核确认工程变更真实有效的标准主要是：

（1）有经业主（答辩人）批准香港建设发出的项目指令；

（2）有经监理公司、设计单位、香×建设、利×公司和发包方签署同意和确认意见的《工程联系单》、《工程变更审批表》（应附设计变更图纸）、《变更造价申报表》，其中，利比公司有明确的核价数额；

（3）承包方是在工程变更施工完成后壹个月内提出的加价申请。

事实上，直至2009年4月，被答辩人一分包的本案涉案工程项目还在进行工程量的现场清点工作，利×公司对该工程项目分别出具了结算书初稿及修正一、修正二稿，但尚未最终定稿，也未获得答辩人认可。其中，利×公司于2010年5月出具的结算书初稿（修正二）是在被答辩人一参加的该工程项目《合同内外工程量现场清点单》记录的数据的基础上作出的，经答辩人审核，尚存在合同内未完成工作量未予扣除、重复计算、合同外单价偏高等问题。利×公司结算书初稿（修正二）核算的指令工程变更加账为737035.02元，合同内清点减账为156585.91元；而答辩人审核确认的指令工程变更加账仅为468868.06元，并有合同内清点减少的工程量价款33518.81元，即总计相差145099.86元的价款。

（三）被答辩人一分包的工程项目实际完工时间早已超过合同约定的完工日，应当按照合同约定承担相应赔偿责任。

《专包合同》第8条（a）项明确约定：专业承包单位须在本专业承包合同附录第二

部分中所述施工期，或按本专业承包合同条件所延长之施工期内完成或分段完成专业承包工程。若专业承包单位未能依期完成或分段完成专业承包工程，须补偿总承包方因专业承包单位上述延误而蒙受损失之款额。《专包合同》附录第二部分约定：专业承包工程完工期或工程分段完工期按总承包方之工序表及工程进度。而在专业承包合同文件之《工料规范一基本要求》中也附有《总包合同》约定的会议酒店完工日为“2005年8月23日”的要求，并约定“延误赔偿率：每天人民币100000元”。

而被答辩人一实际于2005年12月25日才完工，超出合同约定的工期124天，应当按照前述合同约定支付赔偿金1240万元，并在答辩人应支付的工程价款中扣除该赔偿(《总包合同》第22条“工期延误的赔偿”中明确约定)。

(四)被答辩人一承包的工程项目未达到优良样板工程，不符合《中标通知书》的约定，应承担相应的违约责任。

被答辩人一作为中标的专业承包方，与答辩人在本案涉案工程项目《中标通知书》中明确约定：“专业承包方保证根据广东省及××市现行的关于工程责任的规定及国家现行关于各专业工程的质量检验评定标准本工程质量须取得优良样板工程”，但实际上被答辩人一承建的该工程项目并未达到优良样板工程，因此应当承担相应的违约责任。有关判例对这种情况亦认定：合同造价包括实现优良工程的价格当属无疑，涉案工程未能达到广东省优良样板工程，说明承包方未能完全履行合同义务，理应承担相应的违约责任，因此酌情扣减工程总造价的1.5%。

此外，被答辩人一承包的工程项目存在一系列质量问题，如行政中心工程设备部、财务部、规划部、总裁办、物业部、市场部、员工食堂等多处窗户渗漏等，答辩人直至2010年下半年还在进行园区内局部渗漏整改工程，这也是被答辩人一承包的工程项目一直还未完成竣工结算的原因之一，有关整改费用及对答辩人造成的损失应当予以相应扣除。

三、被答辩人一要求答辩人支付所谓的“工程欠款”从2006年1月18日起至付清款项为止的利息，缺乏事实和法律依据。

(一)截至目前，答辩人已向被答辩人一支付会议酒店工程项目进度款2262700元，超出合同价款的85%，符合《合同条件》的约定；对于剩余10%的保留金和5%的保修金，答辩人有法定抗辩事由，不属于逾期付款。

根据《总包合同》第30条(1)、(2)、(3)及《专包合同》第11条(b)、(c)的约定：答辩人根据中期付款证书发出日14天前，被答辩人一所完成的工作或送抵工地上的物料的估计价值，扣除10%的保留金和5%的保修金后，按85%的比例向被答辩人一支付工程进度款。本案涉案工程项目的合同价款为2598466.92元，而据答辩人初步统计，截至目前，答辩人已向被答辩人一支付本案涉案工程项目进度款2262700元(对此被答辩人一也已在申请书中予以确认)，即答辩人已支付款项已经超过合同价款的85%，符合《合同条件》的约定。

而对于被答辩人一要求支付的10%的保留金和5%的保修金，答辩人认为，除工程款数额不能确定外，答辩人还享有不予支付的先履行抗辩权。具体是：

1.对于保留金，虽然《总包合同》约定了：发包方认为实际完工后，应立刻发出竣工证书以资证明，并在付款证书发出后 28 天内支付保留金。（《专包合同》约定"遵循总承包合同中与专业承包工程有关之所有条件"）但问题是，保留金的支付必须和被答辩人一履行工程竣工验收义务相挂钩。

（1）从法律的规定看：根据《中华人民共和国合同法》（下称《合同法》）、《中华人民共和国建筑法》（下称《建筑法》）、国务院《建设工程质量管理条例》和建设部《房屋建筑工程和市政基础设施工程竣工验收暂行规定》等法律、法规、规章的规定，建设工程在完工后，必须按照法定的程序进行竣工验收。而承包方是工程验收中法定的义务主体，且极其重要、不可或缺，这是因为，整个工程验收程序的启动必须始于承包方，验收程序的顺利完成也要依赖于承包方。表现在，工程完工后，承包方要对工程质量进行自检，认为符合竣工验收要求后，即准备好《竣工报告》和完整的符合工程档案验收要求的竣工资料，并向发包方提交，申请发包方组织竣工验收。发包方接到承包方的报竣资料并审查合格后，即组织由勘察、设计、监理、施工等五方参加的验收。验收合格后，由发包方填写《建设工程竣工验收报告》，并向建设行政主管部门备案，取得竣工验收备案证明书。至此，承包方的主要义务才履行完毕（保修责任除外），发包方的合同目的才得以实现。

需要指出的是，工程竣工验收责任是承包方的法定责任，具有强制性，不能由发包方和承包方通过合同约定改变或者免除。而责任内容、履行方式、期限和程序等也都有法律的强制性规定，不能由双方另行约定，否则无效。根据法律规定，承包方履行验收义务的时间起始于完工之日，履行方式是提交竣工报告和完整的竣工资料。如果承包方不予提交的，即视为违约。又由于法律规定工程完工后，承包方主张获得工程价款的前提是所施工的工程质量符合国家的强制性标准和合同约定，通过工程竣工验收。对验收不合格的工程，承包方必须负责修复，修复前或修复后仍不合格的，无权要求发包方支付工程价款（详见最高人民法院关于《审理建设工程施工合同纠纷案件适用法律问题的解释》）（下称《解释》）。因此，在相互履行的顺序上，承包方负有先予履行的义务，这属于法定的履行顺序；如承包方不先予履行的，答辩人有权依据《合同法》第 68 条的规定行使先履行抗辩权，停止工程款的支付和结算。

而如前所述，本案涉案工程项目在移交使用后，被答辩人一一直都还没有按照法律规定、合同约定和答辩人的多次通知要求，提交完整的竣工验收资料，致使验收工作一直无法组织和进行。很明显，被答辩人一根本没有履行自己的先合同义务，在此情形下，又如何能要求答辩人向其支付保留金以及从工程完工之日起计算的利息呢？

（2）对被答辩人一所称的"擅自使用"的问题，答辩人要指出的是，康体及行政中心工程虽然是在验收前移交使用的，但是事先征得了被答辩人一的同意，并明确了被答辩人一仍须承担验收责任和履行质量整改义务。因此，这种使用不属于《解释》第 14 条中规定的"发包人擅自使用"的情形，不能免除被答辩人一对竣工验收应承担的法定责任。

（3）如前所述，被答辩人一承包的本案涉案工程项目存在多处窗户渗漏等一系列质量问题，而答辩人直至 2010 年下半年还在进行园区内局部渗漏整改工程，这也是答辩人迟迟不能发出竣工证书的重要原因。

2.对于保修金,被答辩人一也并不存在"拖延"支付的问题,因为:

(1)已如前述,被答辩人一承包的本案涉案工程项目,在使用前后都发现了大量质量问题需要整改。根据《总包合同》第15(2)、(3)、(6)的约定,对于工程质量问题,答辩人可以通知被答辩人一按期整改,也可以委托第三人整改。无论何种情形,整改费用由被答辩人一承担,并从应付款中扣除。《专包合同》第9(b)亦约定,因专业承包工程材料或工艺没有达到专业承包合同要求,造成总承包方须进行额外总承包工程或须支付发包方工程之价值或其他协定款额,则专业承包单位须按总承包方发出之付款证明书支付总承包方上述价值或其他协定款额。因此,对实际发生的整改费用,答辩人有权从保修金中扣除。

(2)《总包合同》中所约定的实际完工后12个月的保修期,是指预留有保修金的约定保修期,但并不是说12个月的约定保修期届满后,被答辩人一的保修责任就已解除。因为根据《建筑法》、《建设工程质量管理条例》等法律法规的强制性规定,建设工程有法定的最低保修期限,并从工程竣工验收合格之日起算。其中屋面防水工程、有防水要求的卫生间、房间和外墙面的防渗漏为5年;电气管线、给排水管道、设备安装和装修工程为2年等。法定的保修期限必须遵守,不允许当事人通过约定缩短。建设工程在保修范围和保修期限内发生质量问题的,施工单位应当履行保修义务(见《建筑法》第62条、《建设工程质量管理条例》第40条、41条)。

本案中,如前所述,由于被答辩人一承包的本案涉案工程项目存在一系列质量问题,答辩人直至2010年下半年还在进行园区内局部渗漏整改工程,此类装修工程的法定保修期也较长,且工程尚未竣工验收,法定保修期尚未开始,被答辩人一的责任当然不能免除。因此,答辩人有权依据《合同法》第68条的规定行使不安抗辩权,在约定保修期满后,对保修金余额(扣减已发生的保修费用)拒绝支付,以作为保修担保。

因此,答辩人认为,答辩人不予支付保留金和保修金,有充分的事实和法律依据,不存在拖欠的问题,被答辩人一要求支付这部分工程款及逾期付款利息的请求不能成立。

(二)被答辩人一承包的工程项目至今尚未进行竣工结算并致使该工程项目总价至今未能确定,是由于被答辩人一一直怠于履行提交完整的结算文件资料的义务,在此情况下被答辩人一要求按照其单方面主张的工程总价计算欠付工程款本金,并从2006年1月18日起就开始计算逾期付款利息,缺乏事实和法律依据。

如前所述,由于被答辩人一在工程完工后,一直没有提交完整的工程竣工结算资料,导致工程结算工作至今没有完成,因此被答辩人一实际完成的合同内工程量和工程价款以及变更的工程量和工程价款是多少,至今尚没有定论。而无论是根据合同约定还是法律规定,编制和提交结算文件资料都是承包方的义务,是进行工程结算的基础和前提。在此情况下,被答辩人一要求按照其单方面主张的工程总价计算欠付工程款本金,并从2006年1月18日(建设工程实际交付之日)起就开始计算逾期付款利息,显然缺乏事实和法律依据。

此外,被答辩人一要求所有变更增加款项均从2006年1月18日起计息,但许多变更造价汇总材料是在2006年1月18日之后才由其报送审批的,因此被答辩人一要求对这类款项被从报送审批之前就开始计算利息显然是极不合理的，也没有法律依据。

以上，答辩人就被答辩人一提出的各项仲裁请求，结合本案事实、证据和相关法律规定进行了答辩，可以明显看出，被答辩人一的各项仲裁请求均不成立。在此基础上，现答辩人进一步阐述以下几个问题：

一、关于本案工程项目结算的问题

1.根据法律规定和《总包合同》、《分包合同》的约定，被答辩人一必须完成所有工程质量问题的整改工作，并须移交完整的工程竣工结算资料，这也是进行工程结算的前提。

2.对被答辩人一实际完成的合同内工程价款，由答辩人对工程量和工程价款进行审核，被答辩人一予以配合。

3.对被答辩人一提出的工程变更增加的价款，由答辩人审核，被答辩人一予以配合。对有效变更部分，按照《总包合同》、《分包合同》约定的结算原则由答辩人最终确定增减款额。

这里需要说明的是，答辩人对于利×公司于2010年5月出具的结算书初稿（修正二）所核定的合同外增加的工程量予以认可，但如前所述，该修正稿尚存在合同内未完成工作量未予扣除、合同外单价偏高等问题，应根据实际情况进一步审核修正。此外，该修正稿中亦明确："本结算书初稿暂未考虑因本专业承包工程延误总承包工程工期而按合同条件第八条规定专业承包单位须补偿总承包方的费用"。

二、关于本案工程款数额应作相应扣除抵消的款项

1.工期延误赔偿金

如前所述，本案涉案工程项目工期延误达124天，被答辩人一应当按照《总包合同》及《专包合同》约定的"延误赔偿率：每天人民币100000元"的标准，向答辩人支付赔偿金1240万元，并在答辩人应支付的工程款中作相应扣除。

2.未实现优良样板工程违约金

被答辩人一对于本案涉案工程项目未按照《中标通知书》的约定取得优良样板工程，因此，本案应当参照前述相关判例在答辩人应支付的工程款中酌情扣减实现优良样板工程的价格。

3.工程项目质量问题整改费用

如前所述，由于被答辩人一承包的工程项目存在一系列质量问题，答辩人直至2010年下半年还在进行园区内局部渗漏整改工程，有关整改费用及对答辩人造成的损失应当在答辩人应支付工程款中予以相应扣除。

三、关于"欠付"工程款利息的问题

答辩人已按照合同约定支付了85%的合同价款，且如前所述，剩余款项未予支付是由于被答辩人一没有按时提交完整的竣工结算资料导致该工程项目总价一直未能确定，且该工程项目交付使用后一直存在很多质量问题未予整改修复，而并非答辩人"一直拖延"未予确认支付。因此，一方面，被答辩人一主张的"拖欠"工程款数额未经利×公司及答辩人方面最终确认，不能作为答辩人主张计算利息的基数依据；另一方

面，被答辩人一主张从2006年1月18日起计算工程款“逾期付款”利息也是不能成立的。

以上答辩及相关意见，请予充分考虑并采纳。

此致

××仲裁委员会

答辩人：××海洋温泉有限公司

年　　月　　日

二、仲裁反请求

仲裁反请求是指在已经开始的仲裁程序中，本请求中的被申请人以申请人为被申请人，向仲裁委员会提出的独立的反请求，其目的在于吞并、抵消本请求或者使本请求失去作用。《中华人民共和国仲裁法》第二十七条规定：“申请人可以放弃或者变更仲裁请求。被申请人可以承认或者反驳仲裁请求，有权提出反请求。”立法允许被申请人提出反请求的目的在于使仲裁更经济，同时也可避免不同的仲裁庭对同一事实作出相矛盾的判决。

在仲裁过程中，被申请人是否提出反请求是其所享有的仲裁权利，在实务操作中，被申请人提出仲裁反请求应该具备下列条件：

1.反请求主体具有特定性，必须由本请求的被申请人对本请求的申请人提起。反请求的当事人应当限于本请求的当事人的范围，反请求只是将本请求中当事人地位互换，不能对本请求以外的人提起。

2.反请求与本请求具有牵连性。反请求与本请求的仲裁请求基于相同法律关系、仲裁请求之间具有因果关系，或者反请求与本请求的仲裁请求基于相同法律事实，仲裁委员会应当合并审理。

3.反请求必须向受理本请求的仲裁委员会提起。只有向同一仲裁委员会提起，才能使本请求与反请求合并审理，达到吞并或抵消本请求的目的。

4.反请求提起的时间具有限定性。我国《仲裁法》没有规定反请求提起的时间，基于当事人权利的正当行使和维护程序正义，各地仲裁委员会仲裁规则中对此有所规定。如《北京仲裁委员会仲裁规则》第十一条规定，被申请人如有反请求，应当自收到答辩通知之日起15日内提交反请求申请书。逾期提交的，仲裁庭组成前由北京仲裁委员会决定是否受理；仲裁庭组成后由仲裁庭决定是否受理。北京仲裁委员会或者仲裁庭决定是否受理逾期提出的反请求时，应当考虑反请求与本请求合并审理的必要性、逾期提出的时间、是否会造成程序的不必要拖延以及其他有关因素。

5.反请求申请应采用书面形式。

仲裁委员会经审查认为反请求符合受理条件的，应予受理，被申请人按照规定预交仲裁费。仲裁委员会受理反请求后，在仲裁规则规定的期限内，将反请求答辩通知连同反请求申请书及其附件送达给申请人。此外，反请求相对于本请求具有独立性，如果申请人撤回仲裁申请，不影响反请求的独立存在，仲裁庭对被申请人提出的反请求继续审理并依法作出仲裁裁决。

第四节　仲裁保全

对于某一个具体的仲裁案件，由于主客观的因素可能会导致仲裁程序难以正常进行，或者生效的仲裁裁决难以执行。为了消除这些不利因素，推动仲裁程序的顺利进行，切实保护当事人的合法权益，我国《仲裁法》及各地仲裁委员会的仲裁规则设置了保全程序。从某种意义上说，保全程序是连接仲裁程序与执行程序的纽带和桥梁。保全是保障仲裁程序顺利进行，以及生效的仲裁裁决得以实现的重要的保护性措施。从保全的对象上区分，保全在分类上包括证据保全、财产保全和行为保全，我国《仲裁法》仅规定了证据保全和财产保全。

一、证据保全

(一)当事人申请证据保全的权利

《中华人民共和国仲裁法》第四十六条规定："在证据可能灭失或者以后难以取得的情况下，当事人可以申请证据保全。当事人申请证据保全的，仲裁委员会应当将当事人申请提交证据所在地的基层人民法院。"第六十八条规定："涉外仲裁的当事人申请证据保全的，涉外仲裁委员会应当将当事人的申请提交证据所在地的中级人民法院。"据此，当事人申请证据保全的前提条件是证据可能灭失或者难以取得，如关键证人将要病逝或者出国。需要注意的是，当事人申请证据保全，应以证据所在地的基层人民法院为申请对象，申请法院采取证据保全措施。因案件性质有涉外与非涉外的区分，非涉外案件当事人申请证据保全的法院是基层法院，涉外案件当事人申请证据保全的法院为中级法院。但是，当事人不是将证据保全申请书直接递交至法院，而是应向仲裁委员会提交证据保全申请书，由仲裁委员会将当事人的申请转交给证据所在地的基层法院。其中，证据保全申请书应包括需要保全的证据内容，保全的证据同案件事实之间的联系，以及该证据需要采取保全措施的理由。法院在收到仲裁委员会转递的申请书后，认为申请有理，应当及时作出证据保全的裁定，并及时采取保全措施。法院通过采取查封、扣押、拍照、勘验、复制、制作笔录、提取样品等方法，对有关的证据予以固定和保存，并及时转交给仲裁委员会，以充分发挥保全证据在仲裁中的证明作用。

(二)当事人在申请仲裁前能否先行申请证据保全

我国《仲裁法》第四十六和第四十八条的规定，显然是在当事人申请仲裁后的仲裁证据保全，并没有规定在申请仲裁前，利害关系人是否可以申请证据保全。

1999 年 12 月 25 日第九届全国人大常委会第 13 次会议通过的《中华人民共和国海事诉讼特别程序》第五章有关海事证据保全的规定，可以在起诉前或提交仲裁前向海事法院申请仲裁证据保全。实践中各地仲裁委员会仲裁规则中对仲裁前证据保全也普遍有所规定。《珠海仲裁委员会仲裁规则》第四十六条第(二)项规定:“因情况紧急,在证据可能灭失或者以后难以取得的情况下,利害关系人可以在申请仲裁前提出证据保全申请。”由此,证据保全包括申请仲裁前证据保全和仲裁中证据保全。

(三)仲裁庭对证据保全的请求权

仲裁法对仲裁庭能否进行证据保全和如何进行证据保全作出规定,但对于必要的证据可能灭失或者以后难以取得的情况下,如果不采取证据保全措施,将影响案件的审理,现行仲裁法规定证据保全申请人是唯一的,只能由当事人向仲裁机构申请并由仲裁机构转交人民法院方可进行,仲裁庭并无请求证据保全的权力。实践中,立法上证据保全路径的狭窄,使得仲裁庭自行收集证据的规定更多只是法律层面上的宣示性条款。

仲裁机构对证据保全或财产保全申请只能扮演中转人的角色,申请人也往往要往返于仲裁机构和法院之间,难免费时费力。特别是对一些时间紧迫的证据保全,这样的中转使得当事人在等待中对证据的流失充满担忧。

二、财产保全

财产保全,是指法院在利害关系人申请仲裁前或者当事人申请仲裁后,为保障将来的生效仲裁裁决能够得到执行,对当事人的财产,采取限制当事人处分的措施。《中华人民共和国仲裁法》第二十八条规定:“一方当事人因另一方当事人的行为或者其他原因,可能使裁决不能执行或者难以执行的,可以申请财产保全。申请有错误的,申请人应当赔偿被申请人因财产保全所遭受的损失。”所谓一方当事人行为是指当事人的故意行为,如隐匿、转移、变卖财产等。有关法院对仲裁机构提交的财产保全申请应当认真进行审查,符合法律规定的,即应依法作出财产保全的裁定;如认为不符合法律规定的,应依法裁定驳回申请。

在分类上,财产保全分为申请仲裁前财产保全和仲裁中财产保全。利害关系人因情况紧急,不立即申请财产保全将会使其合法权益受到难以弥补的损害的,可以在申请仲裁前提出财产保全的申请。仲裁委员会收到利害关系人或当事人提交的财产保全的申请后,应转交给有管辖权的法院,通过采取查封、扣押、冻结或者法律规定的其他方法进行财产保全。对于申请仲裁前的财产保全的利害关系人在法院采取保全措施后30日内不依法申请仲裁的,法院将解除财产保全。

申请财产保全应向仲裁委员会指定的办案秘书递交财产保全申请,办案秘书在接收财产保全申请时出具文件接收收据,作为当事人以及提交财产保全申请及仲裁委员会应依法转递财产保全申请的证据。提出财产保全申请的,应当向仲裁委员会提交以下文件:

1.财产保全申请书原件,一式两份;2.仲裁申请书或仲裁反请求申请书、证据、企业法人营业执照或境外企业存续证明文件、法定代表人身份证明书原件,一式一份;3.财产线索清单。为便于法院快速查明可保全财产,当事人可以提交财产线索清单,查到的财产线索越多，对后续进行的财产保全越有利。

接到当事人财产保全申请以后，仲裁秘书应将当事人提交的文件转递给管辖法院，并制作专门的致管辖法院函件和问卷送达回执一份，随财产保全申请书等文件一并转递给法院。

根据最高人民法院《关于实施〈中华人民共和国仲裁法〉几个问题的通知》和最高人民法院《关于执行工作若干问题的规定》第十一条、第十二条规定，在仲裁程序中，当事人申请财产保全的，国内仲裁案件由被申请人住所地或者财产所在地的基层人民法院作出裁定；属涉外仲裁案件的，由被申请人住所地或者财产所在地的中级人民法院作出裁定。

在仲裁实务中，法院通常会要求当事人提供财产担保，当事人拒绝提供财产担保的，法院可能会驳回财产保全申请。

财产保全的具体措施主要有：查封、冻结、扣押、变卖保存价款等。根据不同的被保全财产法院会采取不同的保全措施。如：

1.对不动产法院采取查封措施。对该不动产张贴查封封条或者公告。对已经进行全书登记的不动产，法院应向不动产登记部门送达财产保全的裁定、协助执行通知。

2.对银行存款、股票、基金、期货等账户，法院采取冻结措施，限制当事人的处分行为。

3.对动产保全法院采取扣押或查封措施，对在权属登记部门进行了权属登记的动产，法院应向权属登记部门送达协助执行通知和财产保全裁定。

4.对不宜保存的或者季节性物品，法院采取变卖的方式，保存价款来进行财产保全。

法院冻结被申请人的银行存款及其他资金的期限不得超过 6 个月，查封、扣押、冻结动产的期限不得超过 1 年，查封不动产、冻结其他财产的期限不得超过 2 年。申请人申请延长期限的，法院在查封、扣押、冻结期限届满后续行查封、扣押、冻结手续，续行期限不得超过前款规定期限的 1/2。

需要注意的是，申请财产保全错误的，如申请人败诉，则其应当赔偿被申请人因财产保全所遭受的损失。

三、行为保全

相比于财产保全，行为保全是通过责令当事人为一定行为或者禁止其为一定行为来达到保全的目的。在目前的仲裁实践中，对于行为保全比较突出的是行为禁令。比如说，在知识产权仲裁中，比较常见的纠纷由被许可方超过许可范围适用、被许可方披露或允许第三人使用许可方的技术方案等。知识产权作为无形财产，限制他人的非法使用是必要的内容。在这种情况下，行为禁令在知识产权案件中就具有十分重要的作用的价值。

在分类上，行为保全分为申请仲裁前行为保全和仲裁中行为保全。仲裁委员会收到利害关系人或当事人提交的行为保全的申请后，应转交给有管辖权的法院。对于申请仲裁前行为保全的利害关系人在法院采取保全措施后 30 日内不依法申请仲裁的，法院将解除行为保全。

第五节 仲裁证据

证据是证明案件事实的根据。证据是仲裁的核心与灵魂，一方面，对当事人而言，根据谁主张谁举证的原则，当事人对自己提出的仲裁请求所依据的事实或者反驳对方仲裁请求所依据的事实，应当提供证据加以证明。为此，证据对于当事人进行仲裁活动维护自己的合法权益具有十分重要的意义。另一方面，对仲裁庭而言，查明案件事实是适用法律和作出公正裁决的前提和基础。曾任美国最高法院大法官本杰明·卡多佐曾说："最经常与争议相连的不是法律，而是事实。"任何一起仲裁争议，仲裁庭都需要通过当事人提交的证据以及证据形成的证据链对案件的真实情况进行还原。因此，证据对于帮助仲裁庭查明案件事实，依法作出正确的裁决不可或缺。

《中华人民共和国仲裁法》中没有规定证据的种类。参照《中华人民共和国民事诉讼法》第六十三条规定，结合仲裁实务情况，仲裁证据包括当事人的陈述、书证、物证、视听资料、证人证言、电子数据、鉴定意见和勘验笔录。证据必须经仲裁庭查证属实，才能作为认定案件事实的依据。

一、举证基本要求

一切未经查证属实，由当事人及其代理人、辩护人收集到的或者仲裁庭自行调查获取的，被提出用以证明案件真实情况的事实材料，是证据材料。

1.举证方在向仲裁庭提出证据材料时，应向仲裁庭说明该证据材料的来源、种类及欲证明之事实。

2.证据材料为物证的，一般应提供原物。对于不宜直接提取的物证，或者易损坏、消失、变质、易燃、易爆物品等，可以提供该物证的照片、录像，或对该物证的检查笔录等。

3.证据材料为书证的，应当提供原件。提供原件确有困难的，可以提交复制件、影印件、副本、节录本等。

4.证据材料为检查笔录及鉴定结论的，应当提供原件。

5.证据材料为视听资料的，应当提交未被剪辑、加工过的原始资料。

6.证据材料为证人证言的，提供该证言的证人应当出庭作证。证人必须具有作证资格。下列人员不得作为证人：因生理或精神原因不能辨别是非，不能正确表达意志的人，但有证据表明间歇性精神病人作证时所被证明的事实发生当时其精神状态正常的除外；本案的检察人员、审判人员、书记员、翻译人员，不能同时充当本案的证人；本案的代理人，不能同时充当本案的证人；法律规定其他不得作为证人的人员。

7.证据材料有使用外国语言文字的，应由提供该证据材料的一方翻译成我国通用的语言文字。证据材料的翻译，应由专门的翻译机构进行。

8.下列事实，当事人无须举证证明：(1)众所周知的事实；(2)自然规律及定理；(3)

根据法律规定或者已知事实和日常生活经验法则，能推定出的另一事实；(4)已为人民法院发生法律效力的裁判所确认的事实；(5)已为仲裁机构的生效裁决所确认的事实；(6)已为有效公证文书所证明的事实。前款(1)、(2)、(5)、(6)项，当事人相反证据足以推翻除外。

《民事诉讼法》第69条规定："经过法定程序公证证明的法律事实和文书，人民法院应当作为认定事实的根据。但有相反证据足以推翻公证证明的除外。"仲裁机构对证据的采纳也采取相同原则，也就是说，如果争议的法律事实和文书是经过公证机关按照《公证法》规定的程序公证证明的，当事人可以免除证明该法律事实和文书真实合法的举证责任，除非对方当事人提出相反证据足以推翻公证证明的，应采纳公证证明。

9.在证据材料可能灭失或者以后难以取得的情况下，当事人及其诉讼代理人可以向仲裁机构申请保全证据。

举证期限是当事人向仲裁委员会提供证据责任的期间。在举证期限内当事人应当向仲裁委员会提交证据材料，当事人自举证期限内没有提交的，视为放弃举证权利，甚至可能会承担证据失权的法律后果。我国《仲裁法》没有对当事人举证期限作出规定，但是在各地仲裁委员会仲裁规则中都做了较为明确的规定。《珠海仲裁委员会仲裁规则》第二十七条规定："(一)当事人对自己提出的仲裁请求所依据的事实或者反驳对方仲裁请求所依据的事实有责任提供证据加以证明。当事人应当自收到受理通知后15日内提交证据，当事人协商一致的，可以变更举证期限。(二)当事人在举证期限内提交证据材料确有困难的，应当在举证期限届满前书面申请延期举证，是否准许，组庭前由本会决定，组庭后由仲裁庭决定。(三)作出裁决前，仲裁庭根据庭审需要或者当事人请求，可以要求当事人在一定期限内补充证据材料。(四)仲裁庭认为必要或者根据当事人的约定，可以接受一方逾期提交的证据或新证据，但应当给予对方合理期限进行辩论和质证的准备。"实践中，仲裁庭基于准确查明案件事实，确保实体公正的需要，对举证期限问题把握较为宽松。但是，这不等于说当事人或者代理人可以无视举证期限，反复提交证据，仲裁庭完全可以以超过举证期限为由，认定当事人逾期提交证据应承担证据失权的法律后果，从而不理会逾期提交的证据。

仲裁当事人在开庭前要做好充分准备，将证据分类，列出证据清单。将所有准备在仲裁庭出示的证据分类、编号、说明每一份证据证明什么问题在证据清单中列明。(见表4-1)

当事人在规定举证期限内提交证据时，应当围绕诉讼请求事项对证据进行分组归类编号，列出证据清单，证据清单按照"组别、编号、证据名称、证据来源、证据内容、证明指向、页码"的格式制作。

在证据清单中对每一份证据材料的证明指向应当予以详细表述和说明，必要时要对证据材料中与待证事实密切相关的主要内容进行摘录，并作说明。

在证据清单中还应当标明每一份证据材料的来源；证据编号同时标注在证据材料文本左上角空白处，并且必须与证据清单上列出的证据编号保持一致。

证据清单便于双方以及仲裁庭了解提交的证据名称和证明事项，有利于梳理案件的争议焦点问题，提高仲裁效率。此外，证据交换制度是举证期限制度的重要组成部分，仲裁委员会对申请人、被申请人提交的仲裁文书、证据实行交换，将仲裁文书、证据送达对方当事人。

表 4-1 证据清单

序号	证据名称	证明事项	页码	备注
1	民间借贷合同	申请人与被申请人约定了借款权利义务	3～5	复印件
2	银行汇款回单	申请人已将借款600000元交付给被申请人	6	复印件
3	借款收据		7	复印件
4	民事委托代理合同	申请人因本案支付律师费54000元	8～10	复印件
5	律师费发票		11	复印件

仲裁中的举证责任，遵循"谁主张谁举证原则"。《仲裁法》第四十三条第一款规定："当事人应对自己的主张提供证据"，确立了仲裁中的"谁主张谁举证原则"。当事人应当对自己提出的仲裁请求所依据的事实或者反驳对方仲裁请求所依据的事实承担举证责任。当事人没有证据或者提出的证据不足以证明其事实主张的，由负有举证责任的当事人承担不利后果。

《仲裁法》第四十三条第二款规定："仲裁庭认为有必要收集的证据，可以自行收集"，自行收集证据并非仲裁庭的义务，若当事人不能提供证据证明自己的主张，仲裁庭并无义务收集证据。

二、仲裁庭调查取证

目前，较多国家的仲裁立法以及仲裁机构的仲裁规则都强调当事人的举证责任，仲裁庭通常不会主动调查收集证据，也有一些国家的仲裁立法明确仲裁庭有自行收集证据的权利。《中华人民共和国仲裁法》第四十三条第二款规定："仲裁庭认为有必要收集的证据，可以自行收集。"中国国际经济贸易仲裁委员会、北京仲裁委员会、珠海仲裁委员会等仲裁规则都规定了仲裁庭自行调查取证的权利。仲裁庭自行调查事实、收集证据时，可以通知一方或双方当事人到场。一方或双方当事人在接到通知后不到场的，仲裁庭自行调查事实和收集证据不受其影响。仲裁庭自行调查收集的证据，应当转交双方当事人，在庭审中给予双方当事人发表意见的机会。

理论上看，仲裁庭的调查取证权与审判中的调查取证权存在本质差异，审判权具有极大的强制力，仲裁则基于当事人自愿达成的仲裁协议，不具有国家强制性，其民间性决定了仲裁仅仅对当事人具有约束力，对案外第三人并不具有强制约束力，仲裁庭自行收集证据如果没有司法上的支持和协助，这种自行收集证据的权力是软弱的，且与仲裁的本旨相冲突。从仲裁实务经验来看，仲裁法和各地仲裁规则规定的仲裁庭自行调查取证权利缺少强制执行力的支持，仲裁庭出具的协助取证文书，往往会陷入当事人和有关单位不予配合的困境，被请求协助调查取证的主体不配合调查取证，并不会承担任何不利的法律后果，因此仲裁庭取证难度比较大。

三、质证

质证是一方当事人对对方当事人提交证据的质疑和质问。仲裁庭应该组织当事人围绕证据的真实性、合法性以及与待证事实的关联性进行质证，发表看法和意见。开庭前已经交换的证据，当事人在开庭时应当质证，这是实践中质证的主要方式。《中华人民共和国仲裁法》第四十五条规定："证据应当在开庭时出示，当事人可以质证。"对于不开庭审理的案件，可以书面质证。当事人需要时间准备质证的，可以请求仲裁庭给予必要的准备时间。在一个具体案件中，如果举行了庭前会议，在庭前会议中对方当事人认可的证据，或者当事人在仲裁申请书、答辩书以及其他书面意见中承认的事实和证据，经仲裁庭在庭审中说明后，可以不经出示，直接作为认定案件事实的依据。此外，对于当事人在审理终结前补充提交的证据材料，仲裁庭决定接收的，应当开庭质证。经对方当事人同意，仲裁庭也可以不再开庭审理，但应当给予当事人提交书面质证意见的合理期限。

质证要围绕真实性、关联性、合法性这"三性"，并针对证据证明力有无以及证明力大小，进行质疑、说明与辩驳。

1.证据的真实性。"真实性"，主要是指证据的内容是否真实。比如，为证明申请人与被申请之间发生借贷关系的银行流水账单，上面因为没有相关银行的盖章，因此，对于银行流水账单的真实性，在一方提出异议的情况下，仲裁庭就很难予以采纳。对证据真实性的要求，主要在于庭审时，需要当事人将证据原件一并带上，准备接受对方质证，切不可将关键证据的原件遗忘，造成仲裁中的被动。

2.证据的关联性。"关联性"，即证据与案件所要查明的事实存在逻辑上的联系，能够说明案件事实。主要是要求出示的证据与本案争议焦点有关联，而不是与本案无关。

3.证据的合法性。"合法性"，主要是证据的来源是否合法。证据必须是法定人员依照法律规定的程序和方法收集的；证据必须具备合法的形式；证据必须有合法的来源。

质证方法一般有：

1.单一质证，即一事一证一质。即将对方当事人所举的证据和仲裁庭调取的证据逐一加以质证，并提出反驳证据或意见。

2.一组一质证，即阶段质证，即一事一证，一证一质。

3.分类质证，即对证据或诉讼请求依据一定的标准先进行分类，确定几条线索，再加以质证。

4.综合质证，即对全案待证事实和所有证据进行集中质证。

以上四种质证方式，在仲裁庭审中可以单独运用，也可以交叉运用。

仲裁庭在质证过程中，由于商务问题、法律问题和技术问题交错出现在案件中，仲裁庭的仲裁员不可能全部了解这些问题，因此，许多仲裁机构仲裁规则中都有关于专家咨询和鉴定的规定。仲裁员可以就案件中的专门问题向专家咨询或指定鉴定人进行鉴定，仲裁庭有权要求当事人且当事人有义务向专家或鉴定人提供出示与案件相关的资料、文件、货物，以供专家或鉴定人审阅、检验及检定。专家报告和鉴定报告应当送达当事人，给予当事人对报告提出建议的机会，专家或鉴定人可以参加庭审，并在仲裁庭认为必要的情形下就报告结论作出解释。

四、仲裁庭对证据的认定

在仲裁庭审中，双方当事人应针对证据有无证明力和证明力大小进行说明和辩论，能够反映案件事实真实情况、与待证事实相关联、来源和形式符合法律规定的证据，应该作为认定案件事实的依据。自由裁量原则是仲裁庭对证据认定的基本原则，仲裁庭应当依据相关法律，参照司法解释、行政法规、其他规范性文件，结合商业惯例和交易习惯，运用逻辑推理和经验法则，对证据进行综合认定。其具体规则为：

1.在审理过程中，一方当事人对另一方当事人陈述的案件事实明确表示承认的，仲裁庭可予以确认，但涉及身份关系的事项除外。

2.对一方当事人陈述的事实，另一方当事人既未表示承认也未否认，经仲裁庭充分说明并询问后，其仍不明确表示肯定或者否定的，可以视为对该项事实的承认。

3.当事人委托代理人参加仲裁的，代理人的承认可以视为当事人的承认。但未经特别授权的代理人对事实的承认直接导致承认对方仲裁请求的除外。若当事人在场但对其代理人的承认不作否认表示的，可以视为当事人的承认。

4.当事人在审理过程中撤回承认并经对方当事人同意，仲裁庭应当确认其撤回行为有效；对方当事人未同意撤回承认的，若有证据证明当事人的承认与事实不符，由仲裁庭根据是否存在重大误解、受胁迫等情形以及与事实不符的程度决定其撤回行为是否有效。

5.有证据证明持有证据的一方当事人无正当理由拒不提供证据，如果该证据有利于对方当事人的主张，不利于证据持有人，仲裁庭可以结合其他证据推定该主张成立。

6.经验法则。仲裁庭按照日常生活中所形成的反映事物之间内在必然联系的事前作为认定待证事实的根据。仲裁庭依照法律规定，遵循仲裁员的职业道德，运用逻辑推理和日常生活经验，对证据有无证明力和证明力大小进行独立判断，并公开裁决的理由和结果。

第六节　仲裁审理

仲裁审理是仲裁程序的中心环节，指仲裁庭依法组成后，按照我国《仲裁法》及仲裁委员会仲裁规则的规定，对仲裁案件进行审理并依法作出裁决的活动。仲裁审理的主要任务是审核证据，查明案件事实，正确适用法律，依法作出裁决，解决当事人之间的争议。仲裁审理由审理前的准备、庭审准备、审理开始、仲裁庭调查、仲裁庭辩论、仲裁庭合议和作出裁决等阶段构成，依次推进，保证仲裁审理程序的规范性和正当性。

仲裁庭在仲裁审理程序，以开庭审理为原则，书面审理为补充。其中，开庭审理以不公开审理为原则，公开审理为例外。关于仲裁审理原则，本书第三章仲裁庭有专门的论述，在此不赘述。

一、审理前的准备

仲裁庭审理前的准备是在开庭审理之前，为了保证案件审理的顺利进行所进行的必要的准备活动。充分的审前准备不仅有利于双方当事人了解对方的证据材料，明确双方争议的焦点，而且有利于仲裁庭熟悉案件情况和证据，可以保障庭审审理的快速推进，提高仲裁效率。

根据《中华人民共和国仲裁法》的规定，结合各地仲裁委员会仲裁规则与仲裁实践，审理前的准备工作主要有以下几项：

（一）指定办案秘书及发送仲裁通知

仲裁委员会受理仲裁申请后，应指定一至二名办案秘书协助仲裁庭管理仲裁程序，并且应该在仲裁规则规定的期限内向被申请人发送受理通知书及附件、仲裁规则和仲裁员名册，并随同发送仲裁申请书副本及其附件。被申请人自收到受理通知之日起在仲裁规则规定的期限内提交答辩书、证明文件以及送达地址确认书。未提交答辩书或者不答辩的，不影响仲裁程序的进行。

（二）组成仲裁庭，书面通知双方当事人

根据《中华人民共和国仲裁法》和仲裁规则的规定，仲裁庭组成后，仲裁委员会应当及时将仲裁庭的组成情况书面通知各方当事人，从而使双方当事人了解仲裁庭的组成人员，及时行使申请回避的权利。如果出现仲裁员进行信息披露的，仲裁委员会也应将仲裁员披露的信息转给当事人，征求当事人意见是否申请该仲裁员回避。

（三）追加当事人

对于追加当事人，各地仲裁委员会仲裁规则有不同的规定。《北京仲裁委员会仲裁规则》第十三条规定："（一）仲裁庭组成前，经本会同意，当事人可以依据相同仲裁协议在案件中申请追加当事人。（二）申请追加当事人应当提交追加当事人申请书，申请书的内容及受理、答辩等事项，参照本规则第七条至第十条的规定办理。（三）仲裁庭组成后，除非申请人、被申请人及被追加的当事人均同意，否则不再接受追加当事人的申请。"《珠海仲裁委员会仲裁规则》第五十七条对追加当事人有更为详尽的规定：

1.在仲裁程序开始之后，当事人可以书面申请追加在同一仲裁协议项下的案外人加入仲裁，同一仲裁协议项下的案外人也可以申请加入仲裁。追加申请应当向本会提出，是否同意，组庭前由本会决定，组庭后，须经仲裁庭同意，再由本会作出决定。但追加被申请人应由申请人提出追加申请，追加申请人应当经该新增当事人书面同意或提出申请。

2.经双方当事人与案外第三人书面同意，当事人可以申请案外第三人作为当事人加入仲裁，案外第三人也可以申请作为当事人加入仲裁。是否同意，组庭前由本会决定，组庭后，须经仲裁庭同意，再由本会作出决定。

3.本会在仲裁庭组成后作出同意追加当事人决定的，若属新增当事人书面同意或申请加入仲裁的，视为认可已经组成的仲裁庭；若属新增当事人未作书面表示而被列为被申请人的，该新增当事人可以要求重新组成仲裁庭。仲裁庭的组成发生变化的，仲裁程序重新进行；仲裁庭的组成不发生变化的，已进行的程序由仲裁庭决定是否重新进行以及重新进行的范围。

4.新增加的当事人参与仲裁的其他权利或限制参照本规则的相关规定确定。其他当事人可以按本规则相关规定就追加当事人程序提出仲裁协议效力或管辖权异议。

(四)进行证据交换，办理保全事项

仲裁委员会将双方当事人提交的证据进行交换，送达给对方当事人，防止仲裁中证据突袭，明确双方争议的焦点，以实现庭审的集中审理。如果当事人申请证据保全、财产保全和行为保全的，仲裁委员会应将申请书转交给有管辖权的法院。

(五)召开庭前会议

开庭前，根据案件审理需要，仲裁庭或经其他仲裁员授权的首席仲裁员可以组织当事人召开庭前会议，明确案件审理的初步程序安排。会议情况应当记入笔录，并由仲裁员、当事人和记录人员签名或者盖章。庭前会议可以明确以下与审理程序有关的问题：(1)明确当事人的仲裁请求，确定双方争执点和审理范围；(2)核实当事人的联系方式、送达地址、仲裁地点、仲裁语言、适用的程序规则；(3)明确当事人是否愿意调解及调解期限；(4)组织双方当事人进行证据交换和证据认可，明确出庭证人名单；(5)其他有关程序问题。仲裁庭可以根据庭前会议的结果制作案件审理范围书和案件审理日程表，并可以转交各方当事人确认。

(六)仲裁员审阅仲裁申请书、答辩状及证据材料

仲裁员庭前对案件的阅卷至关重要，并且应该根据阅卷情况制作笔录，审查和解决以下问题：(1)当事人的基本情况以及适格性问题；(2)仲裁请求是否具体、明确，是否属于仲裁协议约定的仲裁事项；(3)仲裁协议是否有效，该案是否属于仲裁委员会管辖范围；(5)当事人提交的证据是否还需要补充，以及是否需要启动鉴定程序；(6)明确双方当事人争议的焦点，以及庭审重点需要调查的问题；(7)案件是否有调解的基础，以及调解的可能性。

(七)处理好审前准备程序与开庭审理之间的关系

没有开庭前充分的准备工作，难以开展高效率的、具有实效性的开庭审理。当时，不能将庭前准备程序当成实质性审理程序，以免出现先裁后审，架空开庭审理本身。

二、开庭审理

开庭审理是在仲裁庭的主持下，在双方当事人和其他仲裁参与人(如证人、鉴定人等)的参加下，对所受理的仲裁案件进行审理和作出裁决的活动。仲裁庭开庭审理一

般经过以下几个阶段：庭审准备、审理开始、仲裁庭调查、仲裁庭辩论、当事人最后陈述、仲裁庭调解、仲裁庭合议与作出裁决。

（一）庭审准备

庭审准备是开庭审理的预备阶段，也就是在正式开庭前，仲裁庭应该完成的准备工作，其主要内容有：

1.确定开庭的时间和地点。仲裁委员会应当在仲裁规则规定的期限内将开庭日期通知双方当事人。当事人有正当理由的，可以在仲裁规则规定的期限内请求延期开庭。是否延期，由仲裁庭决定。《珠海仲裁委员会仲裁规则》第五十二条规定："（一）仲裁庭应当在开庭5日前将开庭日期通知当事人；双方当事人协商一致且仲裁庭同意，可以提前开庭。（二）当事人有正当理由请求延期开庭的，应当在开庭3日前以书面形式提出，是否延期，由仲裁庭决定。当事人有正当理由未能在此期限内提出延期开庭申请的，是否接受其延期申请，由仲裁庭决定。（三）第一次开庭审理后再次开庭的通知，不受5日期限限制。"《北京仲裁委员仲裁规则》第三十条规定："（一）开庭审理的案件，仲裁庭应当于开庭10日前将开庭日期通知当事人；经当事人同意，仲裁庭可以提前开庭。当事人有正当理由请求延期开庭的，应当在开庭5日前提出；是否延期，由仲裁庭决定。（二）再次开庭以及延期后开庭日期的通知，不受10日期限限制。"

对于开庭的地点，原则上是在仲裁委员会所在地进行。如果双方当事人另有约定或者根据案件的具体情况，也可以在其他地点进行，但当事人应当承担由此增加的费用。

2.决定案件是否公开审理。《中华人民共和国仲裁法》第四十条规定："仲裁不公开进行。当事人协议公开的，可以公开进行，但涉及国家秘密的除外。"仲裁案件原则上不公开审理，实践中如果有当事人的员工、亲属，或者高校学生等打算旁听的，仲裁庭经当事人同意可以公开审理。

3.仲裁秘书查明当事人和其他仲裁参与人是否到庭。开庭审理前，仲裁秘书应查明当事人和其他仲裁参与人到庭情况，并报告仲裁庭，仲裁庭根据不同情况作出决定，如当庭电话联系未到庭人员，或查明开庭通知是否依法送达，以及未到庭原因。如果被申请人已经合法通知但未到庭，仲裁庭可以缺席审理。

4.指定仲裁秘书宣读仲裁庭纪律。为了保障仲裁庭审的有序进行，宣布仲裁庭纪律是非常有必要的。请当事人及相关人员在开庭的过程中遵守如下事项：(1)不准在庭上喧哗、吸烟；(2)提问、发言须征得首席仲裁员或独任仲裁员同意；(3)未经首席仲裁员或独任仲裁员同意不得擅自离庭；(4)庭内不得进行录音、录像、拍照，仲裁庭依法备案所需的除外；(5)庭内不准使用通信工具，如手提电话，带有手机的，请关机；(6)非参与仲裁的人员未经本委批准和首席仲裁员同意不得进入庭室。

（二）审理开始

首先，首席仲裁员或独任仲裁员宣布开庭，宣布案由，核对当事人及委托代理人基本情况。其次，宣布仲裁庭组成人员和仲裁秘书名单，询问当事人是否申请回避，是否同意旁听人员旁听。最后,告知当事人仲裁权利和仲裁义务。

庭审笔录(节选)

独任仲裁员:宣布开庭。下面开庭审理申请人吴××与被申请人广东××律师事务所关于委托合同纠纷一案,首先核对双方当事人和其他仲裁参与人的基本情况。请申请方介绍申请人的基本情况以及出庭人员情况。

申请人:吴××,男,汉族,身份证号:××,未到庭。

住址:××市××区××镇×××村。

代理人:刘××,男,汉族,身份证号:,公民代理,特别授权,到庭。

住址:江西省九江市××花园××栋××房。

独任仲裁员:请被申请方介绍被申请人的基本情况以及出庭人员情况。

被申请人:广东××律师事务所

地址:××市××区××湾××路×号1栋××号商铺。

负责人:杨××

委托代理人:莫××,广东××律师事务所实习律师,特别授权,到庭。

独任仲裁员:双方对对方出庭人员有无异议?

申请人:没有异议。

被申请人:没有异议。

独任仲裁员:双方纠纷一案,依照本会仲裁规则,双方未共同选定独任仲裁员,由本会主任指定刘××为独任仲裁员,组成仲裁庭,根据《中华人民共和国仲裁法》和本会《仲裁规则》中有关回避的规定,当事人认为仲裁员有规定情形的,会影响本案审理的,当事人有权申请回避。双方是否申请回避?

申请人:不申请。

被申请人:不申请。

独任仲裁员:因本案办案秘书高××休假,由本会李×秘书代为记录,请问双方有无异议?

申请人:无异议。

被申请人:无异议。

独任仲裁员:另有许××(身份证号码:)、林××(身份证号码:)旁听本案,双方当事人是否同意旁听,对旁听人员身份是否有异议?

申请人:同意旁听,无异议。

被申请人:同意旁听,无异议。

独任仲裁员:下面告知当事人在仲裁过程中的权利义务,当事人依法享有如下权利:

1.申请人可以放弃或者变更仲裁请求;被申请人可以承认或者反驳仲裁请求,有权提出和变更反请求;

2.当事人有使用本民族语言文字进行仲裁的权利;

3.当事人有委托代理人,提出回避申请,收集、提供证据,进行辩论,请求和接受调解，申请执行的权利；

4.当事人可以查阅与本案有关材料，并可以复制本案有关材料和法律文书；

5.当事人有申请证据保全、财产保全的权利；

6.当事人有要求重新调查、鉴定或者勘验的权利；

7.认为仲裁庭笔录确有错误，有申请补正的权利。

当事人依法承担如下义务

1.依法行使仲裁权利，尊重对方当事人和其他仲裁参与人仲裁权利的行使；

2.遵守仲裁秩序，包括：按时到庭参加仲裁活动，遵守仲裁庭纪律；

3.履行发生法律效力的仲裁裁决和调解书；

4.保守国家机密；对不公开仲裁的案件，不得向外界透露案件实体和程序进行的情况。

（三）仲裁庭调查

仲裁庭调查是审理仲裁案件的重要阶段，仲裁庭调查的重要任务是通过双方举证和质证，结合仲裁庭提问与当事人回答审查、核实证据，以查明案件事实。仲裁庭调查一般按照下列顺序进行：

1.申请人提出仲裁请求并陈述事实和理由。申请人有权在仲裁规则规定的期限内变更仲裁请求，但是如果当庭变更仲裁请求，由仲裁庭决定是否接受，通常为避免诉累，仲裁庭都会接受。此外，仲裁庭允许申请人当庭对《仲裁申请书》中的事实和理由进行补充。

2.被申请人进行答辩并陈述事实和理由。被申请人的答辩通过从程序和实体两个方面进行答辩，就程序答辩而言，如仲裁委员会对案件没有管辖权、被申请人不是本案适格的当事人等；就实体答辩而言，如涉案合同没有履行、被申请人不存在违约责任等。

3.被申请人提出仲裁反请求并陈述事实和理由。

4.申请人对反请求进行答辩并陈述事实和理由。

5.当事人出示证据和质证，仲裁庭核实证据。证据应当在仲裁庭上出示，由当事人互相质证。未经当事人质证的证据，不得作为认定案件事实的根据。首先，申请进行举证，陈述证据名称和证明事项，然后被申请人从证据的真实性、关联性和合法性发表质证意见。其次，被申请人进行举证，陈述证据名称和证明事项，然后申请人从证据的真实性、关联性和合法性发表质证意见。仲裁庭应当全面、客观地审核证据，依照法律规定，运用逻辑推理和日常生活经验法则，对证据有无证明力和证明力大小进行判断，并在裁决书中公开判断的理由和结果。仲裁庭对于能够反映案件真实情况、与待证事实相关联、来源和形式符合法律规定的证据，应当作为认定案件事实的根据。

微信聊天记录能否作为证据

2015年11月4日，申请人甲公司（以下简称申请人）与被申请人乙公司（以下简称被申请人）签订《合同》，约定申请人为被申请人创意策划、设计剪辑时长约3分钟的产品操作演示片，项目总费用约定为人民币60000元。签订合同后，申请人已经按照被申请人的要求向被申请人交付指定的演示片，然而被申请人却一直未向申请人支付尾款共31200元。为此，申请人提起仲裁，请求被申请人向申请人支付项目费用31200元以及利息。在庭审中，申请人提交一份微信聊天记录，证明申请人员工与被申请人员工对是否应支付尾款的沟通过程。该微信聊天记录显示，是微信名为“薰衣草”与“联达优特”之前的聊天记录，申请人主张“薰衣草”是申请人员工王艺，“联达优特”为被申请人员工杜可新，但是被申请人予以否认，认为该证据与本案没有关系。在这种情况下，仲裁庭如何采信该证据作为定案根据？

作为一种新兴的证据形式，微信聊天记录具备何种条件才能作为定案根据成为仲裁实践中的一大难题。从证据种类上，微信聊天记录属于电子数据，电子数据是指通过电子邮件、电子数据交换、网上聊天记录、博客、微博、手机短信、电子签名、域名等形成或者存储在电子介质中的信息。微信在仲裁中作为定案根据需要满足如下条件：

其一，微信聊天记录的来源必须符合法律规定。

其二，非实名制微信注册时，应当确定微信聊天的双方为本案当事人。目前的仲裁实践中主要通过对方当事人自认、微信头像或微信相册照片的辨认等途径进行确定。在有的仲裁案件在庭审中，仲裁庭要求当庭通过被申请人手机微信提取申请人昵称的详细资料及电话号码并点击该号码，拨打后为申请人的手机号码，可以确认被申请人手机微信中微信号的真实身份为申请人。在没有其他证据予以反证的情况下，申请人认为微信号系伪造的主张不能予以支持。[①]

其三，微信聊天记录内容要明确，具有完整性，不能断章取义含糊不清，且与本案具有关联性。

对于上述案例中微信聊天记录，当事人单纯对证据效力的否认不能成为仲裁庭不采信证据的理由，仲裁庭可以通过庭审发问，结合采信微信聊天记录的条件，审查该证据的真实性、合法性与待证事实的关联性，进而决定是否应予采信。

6.证人作证或宣读未到庭证人证言。证人出庭作证，首席仲裁员或者独任仲裁员应该首先告知证人的仲裁权利和义务。当事人及委托代理人在仲裁庭的主持下，可以对证人进行主询问和反询问。当证人退庭后，当事人对证人证言综合性发表意见。如果证人未出庭，仅向仲裁庭提交了书面的证人证言，仲裁庭无法判断证人的适格性与证人证言的真实性，实践中很难被仲裁庭采信作为定案根据。此外，基于证人证言的客观性，证人不能旁听案件的审理。

7.鉴定人发表鉴定意见并接受仲裁庭和当事人提问。鉴定意见必须以书面形式作出，鉴定意见副本应当送交当事人，给予双方当事人提出意见的机会。仲裁庭有权依据当事人的请求或者自行决定通知鉴定人或专家参加开庭。当事人经仲裁庭许可，可以就鉴定意见和专家意见的有关事项向鉴定人和专家提问。鉴定人拒不出庭的，仲裁庭有权不采纳该鉴定意见。

---

① 参见山东省菏泽市（地区）中级人民法院（2016）鲁17民特6号《民事裁定书》。

(四)仲裁庭辩论

当事人在仲裁过程中有权进行辩论,仲裁庭在庭审调查后应当组织双方当事人围绕案件的争议焦点进行辩论。仲裁庭辩论按下列顺序进行:首先,申请人及代理人发表辩论意见;其次,被申请人及代理人发表辩论意见;再次,当事人之间相互进行辩论。当事人要求提交书面辩论意见的应予准许,仲裁庭也可以根据审理情况要求当事人提交书面辩论意见。如果在辩论环节,仲裁庭发现新的事实或问题需要进行调查时,可以恢复至仲裁庭调查,待调查程序完毕后再进行辩论。

(五)仲裁庭调解

《中华人民共和国仲裁法》第五十一条规定:"仲裁庭在作出裁决前,可以先行调解。当事人自愿调解的,仲裁庭应当调解。调解不成的,应当及时作出裁决。调解达成协议的,仲裁庭应当制作调解书或者根据协议的结果制作裁决书。调解书与裁决书具有同等法律效力。"在仲裁实践中,在仲裁庭辩论结束后,仲裁庭一般会根据当事人的请求或者在征得当事人同意的情况下按照其认为适当的方式进行调解。经仲裁庭调解达成协议的,当事人可以请求仲裁庭根据调解协议的内容制作调解书或者裁决书。调解书与裁决书具有同等法律效力。调解书应当写明仲裁请求、当事人协议的结果和仲裁费用的负担情况。调解书由仲裁员签名,加盖仲裁委员会印章,送达双方当事人。调解书经双方当事人签收即发生法律效力。当事人在调解书签收前反悔的,仲裁庭应当及时作出裁决。

如果调解不成的,仲裁庭应当继续进行仲裁程序,并作出裁决。任何一方当事人均不得在其后的仲裁程序、司法程序和其他任何程序中援引对方当事人或仲裁庭在调解过程中的任何意见、观点、陈述、建议或主张作为其请求、答辩或反请求的依据。

(六)当事人最后陈述

庭审结束前,仲裁庭应当征询当事人的最后意见。当事人的最后意见可以在开庭时以口头方式提出,也可以在仲裁庭规定的期限内以书面方式提出。此外,仲裁庭应询问当事人对案件已进行的仲裁程序包括庭前程序及庭审程序是否有异议,征求当事人的意见,避免出现程序错误。

仲裁庭认为当事人已充分陈述事实和意见,可以宣布审理终结。宣布审理终结后,当事人不得再提出任何证据和作任何陈述。但在作出裁决前,仲裁庭认为确有必要,还可以恢复审理程序。

(七)仲裁庭评议与作出裁决

首席仲裁员宣布休庭后,仲裁庭应及时进行评议。仲裁庭评议的内容是仲裁员根据仲裁庭调查和辩论,对证据的采信、事实的认定和法律适用等问题分别发表看法,作出裁决。仲裁庭评议应该不公开进行,评议内容应该记在合议庭笔录。仲裁庭裁决应当按照多数仲裁员的意见作出,少数仲裁员的不同意见可以记入笔录。仲裁庭不能形成多数意见时，裁决应当按照首席仲裁员的意见作出。仲裁裁决书由仲裁员签名，加盖仲裁委员会印章。对裁决持不同意见的仲裁员，可以签名，也可以不签名。

三、庭审记录

仲裁庭开庭审理时，应当由仲裁秘书制作庭审笔录，但对于当事人调解协商的过程可以不作记录。仲裁委员会可以对庭审进行录音或者录像，庭审录音、录像仅供仲裁委员会和仲裁庭查用，不得公开。当事人和其他仲裁参与人认为对自己陈述的记录有遗漏或者有差错的，有权申请补正；仲裁庭不同意其补正的，应当将该申请记录在案。庭审笔录由仲裁员、记录人员、当事人和其他仲裁参与人签名或者盖章；当事人和仲裁参与人拒绝签名或者盖章的，由仲裁秘书记明情况附卷。未经仲裁庭同意，当事人、其他仲裁参与人或者旁听人员不得进行录音或录像。

四、仲裁程序特定情形的处理

(一)撤回仲裁申请和撤销案件

当事人可以申请撤回仲裁请求或反请求。申请人撤回全部仲裁请求的，不影响仲裁庭就被申请人的反请求进行审理和裁决。被申请人撤回全部仲裁反请求的，不影响仲裁庭就申请人的仲裁请求进行审理和裁决。仲裁请求和反请求全部撤回的，案件撤销。仲裁庭组成前，撤销案件的决定由仲裁委员会作出；仲裁庭组成后，撤销案件的决定由仲裁庭作出。除上述情况外，因为任何其他原因使仲裁程序不需要或者不可能继续进行的，仲裁委员会或者仲裁庭可以作出撤销案件的决定。当事人就已经撤回的仲裁申请，可以根据仲裁协议再次申请仲裁。在撤销案件的情况下，仲裁委员会有权根据仲裁规则的规定决定是否退回预收的仲裁费用或者其他费用以及退回的具体金额。

(二)缺席仲裁

申请人经书面通知无正当理由开庭时不到庭的，或在开庭审理时未经仲裁庭许可中途退庭的，视为撤回仲裁申请。被申请人提出了反请求的，不影响仲裁庭就反请求进行审理并作出裁决。

被申请人无正当理由开庭时不到庭的，或在开庭审理时未经仲裁庭许可中途退庭的，不影响仲裁程序进行，仲裁庭在对仲裁请求、双方主张的事实和理由以及已经提交的证据材料进行审理后，有权作出裁决；如果被申请人提出了反请求，视为撤回反请求。

(三)仲裁和解

仲裁和解指在仲裁委员会受理案件后，仲裁庭作出仲裁裁决前，当事人通过自愿协商，达成和解协议以解除争议，终结仲裁程序的活动。《中华人民共和国仲裁法》第四十九条和五十条规定，当事人申请仲裁后，可以自行和解。达成和解协议的，可以请求仲裁庭根据和解协议作出裁决书，也可以撤回仲裁申请。当事人达成和解协议，撤回仲裁申请后反悔的，可以根据原仲裁协议申请仲裁。这也意味着当事人达成和解协议后撤回仲裁申请又反悔的，任何一方都不得向法院提起诉讼。

(四)仲裁程序中止与恢复

仲裁中止是指在仲裁过程中，出现特别情形或事由，使仲裁程序难以继续进行，需要暂行停止仲裁程序，待该情形或事由消失后，再恢复仲裁程序。我国《仲裁法》对仲裁中止情形没有规定，各地仲裁委员会的仲裁规则对此却作出了明确的规定。

《珠海仲裁委员会仲裁规则》第六十一条规定："(一)有下列情形之一的，可以中止仲裁：1.当事人一方向本会申请决定或向人民法院申请裁定仲裁协议效力的；2.一方当事人死亡，需要等待继承人参加仲裁的；3.一方当事人丧失参加仲裁的行为能力，尚未确定法定代理人的；4.作为一方当事人的法人或者其他组织终止，尚未确定权利义务承受人的；5.一方当事人因不可抗拒的事由，不能参加仲裁的；6.本案必须以另一案的审理结果为依据，而另一案尚未审结的；7.其他可以中止仲裁的情形。(二)中止仲裁的原因消除后，恢复仲裁。(三)仲裁庭组成前出现中止仲裁事由的，由本会决定是否中止仲裁；仲裁庭组成后出现中止仲裁事由的，由仲裁庭决定是否中止仲裁，但本会认为不宜中止仲裁的，仲裁庭应当继续审理。中止仲裁的决定，应当通知当事人。"

第七节　仲裁裁决

仲裁裁决是仲裁庭对当事人之间的争议事项经审理后所作出的终局性认定，仲裁裁决的作出意味着仲裁程序的终结。当事人不能就该争议再次申请仲裁或者向法院起诉，其或者履行裁决，或者向仲裁委员会所在地的中级人民法院申请撤销裁决。

一、仲裁裁决的作出

(一)仲裁裁决书的内容

仲裁庭在裁决书中，应当写明仲裁请求、争议事实、裁决理由、裁决结果、仲裁费用的承担和裁决的日期。当事人协议不写明争议事实和裁决理由以及按照双方当事人和解协议的内容作出裁决的，可以不写明争议事实和裁决理由。仲裁庭有权在裁决书中确定当事人履行裁决的具体期限。

对于仲裁费用的承担，当事人可以协商确定各自承担的仲裁费用的比例。当事人未约定的，原则上由败诉方承担仲裁费用，但是仲裁庭可以在考虑相关情况后，按照其认为合理的比例，决定由当事人分担。当事人部分胜诉，部分败诉的，由仲裁庭根据败诉比例、当事人责任大小以及其他因素确定其各自应承担的比例。

此外，与诉讼相比，仲裁的一大优势在于不但保护当事人的正当请求，还保护当事人因解决纠纷支出的合理费用，如律师服务费、保全费、公证费等，仲裁庭考虑案件的裁决结果、复杂程度、代理律师的实际工作量以及案件的争议金额等有关因素予以裁决，对此各地仲裁委员会在仲裁规则中都作出了相同的规定。但是，仲裁庭支持具体项目的比例却有较大的差异，尤其体现在律师服务费的承担上，主要有两种情形：

其一，明确规定了律师服务费的承担比例。《广州仲裁委员会仲裁规则》第七十四条费用承担第（四）项规定，胜诉方要求败诉方承担其办理案件的律师服务费的，如果双方当事人约定了具体金额且有律师代理的，从其约定，但最多不超过胜诉金额的15%；双方当事人没有约定的，对实际支出的律师服务费，支持的额度最多不超过胜诉金额的15%。《珠海仲裁委员会仲裁规则》第六十七条仲裁费用的承担规定：聘请律师及聘请具有专门知识的人出庭的补偿金额合计不超过胜诉方所得胜诉金额的10%。仲裁庭裁决败诉方补偿胜诉方因办理案件而支出的费用时，应当具体考虑案件的裁决结果、复杂程度、胜诉方当事人及代理人的实际工作量以及案件的争议金额等因素。

其二，律师费服务费承担比例由仲裁庭自由裁量。《北京仲裁委员会仲裁规则》第五十一条费用承担第（四）项规定："仲裁庭有权根据当事人的请求在裁决书中裁定败诉方补偿胜诉方因办理案件支出的合理费用，包括但不限于律师费、保全费、差旅费、公证费等。《上海仲裁委员会仲裁规则》第六十一条合理费用的补偿规定："仲裁庭有权决定当事人中的过错方补偿守约方因办理案件所支出的合理费用。"《厦门仲裁委员会仲裁规则》第四十五条费用承担第（五）项规定："仲裁庭有权裁决一方当事人承担另一方当事人因办理案件所支出的差旅费、律师费等全部或部分合理费用。"

（二）仲裁裁决的表决规则

由三名仲裁员组成的仲裁庭审理的案件，裁决依全体仲裁员或多数仲裁员的意见作出，少数仲裁员的意见应当记入合议笔录。仲裁庭不能形成多数意见时，裁决依首席仲裁员的意见作出，其他仲裁员的意见应当记入笔录。裁决书由仲裁员签名并加盖仲裁委员会印章，对裁决持不同意见的仲裁员可以签名，也可以不签名。但是，实践中有的仲裁委员会仲裁规则要求不签名的仲裁员应当针对裁决出具书面意见。

（三）先行裁决

《中华人民共和国仲裁法》第五十五条规定："仲裁庭仲裁纠纷时，其中一部分事实已经清楚的，可以就该部分先行裁决。"在实务中，仲裁庭认为必要或者当事人提出并经仲裁庭同意时，仲裁庭可以在最终裁决作出前，就当事人提出的部分请求先行裁决。先行裁决是终局的，对当事人均有约束力。当事人不履行先行裁决的，不影响仲裁程序的进行和最终裁决的作出。

（四）仲裁裁决的补正与补充

《中华人民共和国仲裁法》第五十六条规定："对裁决书中的文字、计算错误或者仲裁庭已经裁决但在裁决书中遗漏的事项，仲裁庭应当补正；当事人自收到裁决书之日起30日内，可以请求仲裁庭补正。"也就是说，对裁决书中的书写、打印、计算错误或其他类似性质的错误，或者仲裁庭意见部分对当事人申请仲裁的事项已经作出判断但在裁决主文遗漏的，仲裁庭应当补正，当事人也可以申请仲裁庭补正。需要说明的是，上述补正构成仲裁裁决书的一部分。

如果裁决书对当事人申请仲裁的事项有遗漏的，仲裁庭应当作出补充裁决。当事人发现仲裁裁决书有遗漏仲裁请求情形的，可以在仲裁规则规定的期限内，书面请求仲裁庭作出补充裁决，仲裁庭也应自收到该书面申请后在仲裁规则规定的期限内作出补充裁决。仲裁庭也可以在发出裁决书后的合理时间内自行作出补充裁决。仲裁庭作出的补充裁决，是原裁决书的组成部分。《珠海仲裁委员会仲裁规则》和《北京仲裁委员会仲裁规则》均规定，当事人在发现裁决书存在遗漏仲裁请求情形的，可以自收到裁决书之日起 30 日内，书面请求仲裁庭作出补充裁决。

(五)仲裁裁决的生效

仲裁裁决对双方当事人均具有终局的约束力。《中华人民共和国仲裁法》第五十七条规定："裁决书自作出之日起发生法律效力。"

二、仲裁裁决的期限

《中华人民共和国仲裁法》对仲裁案件的审理期限没有作出规定，各地仲裁委员会仲裁规则中有明确的规定。《珠海仲裁委员会仲裁规则》第六十三条规定："(一)仲裁庭应当在组成之日起四个月内作出裁决。有特殊情况需要适当延长仲裁期限的，由仲裁庭提请本会主任批准。(二)下列期间不计入上述期限：1.公告期间；2.审计、审核、评估、鉴定、检验、勘验、专家咨询的期间；3.调解和当事人在庭外自行和解的期间；4.依照法律和本规则规定中止仲裁程序的期间。"《上海仲裁委员会仲裁规则》第六十二条也作出了相同的规定。

三、仲裁裁决的履行

当事人应当依照裁决书确定的履行期限自觉全面履行；没有规定履行期限的，应当立即履行。一方当事人不履行裁决书的，另一方当事人可以向有管辖权的人民法院申请执行。

仲裁裁决书裁决主文样本

综上所述，《中华人民共和国合同法》第六条、第八条、第六十条第一款、第九十四条第四项、第九十七条、第一百零七条、第二百一十二条和第二百二十三条第一款的规定，仲裁庭裁决如下：

(一)被申请人××物业管理有限公司向申请人黄××返还履行保证金 144000 元并支付利息(以 144000 元为基数，按中国人民银行同期贷款利率计算，自 2017 年 6 月 30 日起至款项付清之日止)；

(二)被申请人××物业管理有限公司向申请人黄××赔偿经济损失 60662 元并支付利息(以 60662 元为基数，按中国人民银行同期贷款利率计算，自 2017 年 6 月 30 日起至款项付清之日止)；

(三)被申请人××物业管理有限公司向申请人黄××支付律师费8711元;

(四)驳回申请人其他仲裁请求。

上述裁决被申请人××物业管理有限公司应付申请人黄××的款项,自本裁决书送达之日起十日内一次性支付给申请人。逾期支付,按照《中华人民共和国民事诉讼法》第二百五十三条的规定处理。

本案仲裁费人民币12041元,由申请人负担5048元,被申请人负担6993元。仲裁费申请人已向本会预交,本会不予退还,被申请人负担的仲裁费6993元由被申请人在履行上述第一、二、三项裁决时一并径付给申请人。

本裁决为终局裁决,自作出之日起发生法律效力。

第八节 简易程序

在仲裁案件中,简易程序是与普通程序并存的一种独立的简便易行的仲裁程序,与适用普通程序作出的仲裁裁决具有相同的法律效力。简言之,简易程序是简化的普通程序。我国《仲裁法》对简易程序没有进行规定,仲裁实务中,根据各地仲裁委员会仲裁规则的规定,简易程序在适用范围、仲裁庭组成、审理方式以及审理期限方面与普通程序相比有较大的不同。

一、简易程序的适用范围

对比各地仲裁委员会仲裁规则的规定,适用简易程序的案件有三种:1.当事人双方争议的金额不超过仲裁规则规定的争议标的额的,仲裁委员会直接决定适用简易程序。2.争议金额超过仲裁规则规定的标的额,双方当事人约定或者同意的,可以适用简易程序。3.没有争议金额或者争议金额不明确的,综合各种因素考虑是否适用简易程序。

比如说,《珠海仲裁委员会仲裁规则》第七十二条规定:"(一)除非当事人另有约定,凡案件争议金额不超过人民币50万(含50万)元的,适用简易程序。(二)争议金额超过人民币50万元,双方当事人约定或者同意的,也可以适用简易程序;但争议金额较大、案情复杂敏感的案件,经本会主任决定,应当适用普通程序。(三)没有争议金额或者争议金额不明确的,由本会主任根据案件的复杂程度、涉及利益的大小以及其他相关因素综合考虑决定是否适用简易程序。"《北京仲裁委员会仲裁规则》第五十三条规定:"(一)除非当事人另有约定,凡案件争议金额不超过100万元(指人民币,下同)的,适用简易程序。(二)争议金额超过100万元,当事人约定或者同意的,也可适用简易程序,仲裁费用予以减收。(三)案件争议金额不超过100万元,当事人约定适用普通程序的,承担由此增加的仲裁费用。"

二、仲裁庭的组成

适用简易程序的案件,一般由独任仲裁员审理。各方当事人应当自收到仲裁通知之日起在仲裁规则规定的时间内在仲裁员名册中共同选定或者共同委托仲裁委员会主任指定独任仲裁员。各方当事人逾期未能共同选定或者共同委托仲裁委员会主任指定独任仲裁员的，由仲裁委员会主任指定。

但是，有的仲裁委员会仲裁规则规定作为一个例外，在必要的情况下，简易程序的仲裁庭也可以由三名仲裁员组成。如《珠海仲裁委员会仲裁规则》第七十三条规定，适用简易程序的案件，依照仲裁规则规定组成独任仲裁庭审理。但是珠海仲裁委员会主任认为有必要由三名仲裁员组成仲裁庭的除外。

三、简易程序的审理方式

适用简易程序审理的案件，审理方式较为灵活，仲裁庭可以按照其认为适当的方式审理案件。仲裁庭可以在征求当事人意见后决定只依据当事人提交的书面材料和证据进行书面审理，也可以决定开庭审理。对于开庭审理的案件，仲裁庭应当在仲裁规则规定的期限内（一般为开庭前 3 日）将开庭日期通知双方当事人。当事人有正当理由的，可以请求延期开庭。仲裁庭决定开庭审理的，一般只开庭一次；确有必要的，可以决定再次开庭。

四、简易程序的审理期限

与普通程序相比，在简易程序中，提交答辩状的期限、提出反请求的期限、通知开庭的期限等都有不同程序的缩短。以《广州仲裁委员会仲裁规则》为例：其一，对于被申请提交答辩状与提出反请求的时间，普通程序要求被申请人应当自收到仲裁通知之日起 15 日内提交答辩书和反请求申请书，而简易程序要求被申请人应当自收到仲裁通知之日起 10 日内向提交答辩书、证据及有关证明材料以及反请求申请书。其二，对于开庭通知，普通程序要求仲裁庭应当于首次开庭 7 日前将开庭时间和地点通知当事人，而简易程序要求仲裁庭应当于开庭 3 日前将开庭时间和地点通知当事人。

对于简易程序的裁决的作出期限，《珠海仲裁委员会仲裁规则》和《广州仲裁委员会仲裁规则》规定为仲裁庭自组成之日起两个月内作出裁决，而《北京仲裁委员会仲裁规则》规定为自组庭之日起 75 日内作出裁决。有特殊情况需要延长的，由仲裁庭提出请求，经仲裁委员会主任批准后可以适当延长。

五、简易程序变更为普通程序

在简易程序进行中，符合下列情形之一的，简易程序可以变更为普通程序：其一，仲裁庭认为有必要将简易程序变更为普通程序的；其二，双方当事人一致同意将简易程序变更为普通程序的。仲裁请求的变更或者反请求的提出、变更导致案件争议金额超过仲裁规则规定的简易程序适用范围的，依一方当事人的申请或者仲裁庭的请求，简易程序可以变更为普通程序，是否准许由仲裁委员会主任决定。

简易程序变更为普通程序的，当事人应当自收到程序变更通知之日后，按照仲裁规则规定的期间各自选定或者各自委托仲裁委员会主任指定一名仲裁员；没有在规定期限内选定或者委托仲裁委员会主任指定仲裁员的，则由仲裁委员会主任指定。除非当事人另有约定,原独任仲裁员作为首席仲裁员。新仲裁庭组成前已进行的审理程序是否重新进行以及重新进行的范围,由新仲裁庭决定;新仲裁庭决定审理程序全部重新进行的,本案的裁决期限自新仲裁庭组成之日起计算。

第五章

仲裁时效和仲裁费用

第一节　仲裁时效

所谓仲裁时效是指民事权利受到侵害的权利人在法定的时效期间内不行使权利，当时效期间届满时，权利人将失去胜诉权利，即胜诉权利归于消灭。在法律规定的仲裁时效期间内，权利人提出请求的，仲裁机构可以裁决义务人履行所承担的义务。而在法定的仲裁时效期间届满之后，权利人行使请求权的，仲裁机构就不再予以保护。仲裁时效制度设立的目的在于督促行为人及时、积极地行使权利，以防止因时间的延误导致证据灭失或者难以取得，给仲裁案件带来困难，维护社会秩序的稳定，进而保护社会公共利益。该制度的功能发挥依赖于合理确定仲裁时效的起算点。我国《民法总则》第一百八十八条规定，向人民法院请求保护其民事权利的诉讼时效期间为三年，法律另有规定的，依其规定。同时规定，诉讼时效自权利人知道或者应当知道权利受到损害一级义务人之日起计算。但是，自权利受到损害之日起超过二十年的，人民法院不予保护。有特殊情况的，人民法院可以根据权利人的申请决定延长。《民法总则》第一百八十九条规定："当事人约定同一债务分期履行的，诉讼时效自最后一期履行期限届满之日起计算。"

《仲裁法》第七十四条规定："法律对仲裁时效有规定的，适用该规定。法律对仲裁时效没有规定的，适用诉讼时效的规定。"仲裁时效有两类，一是法律有直接规定的，适用法律规定；二是没有专门时效规定的，适用诉讼时效。

超过仲裁时效将会置当事人于权利无救济途径的状态，仲裁时效届满当事人的实体权利和提起仲裁的权利仍可行使，但请求仲裁机构保护实体权利的胜诉权丧失。实务中，仲裁时效抗辩是债务人的一项权利。《仲裁法》对诉讼时效抗辩没有明确规定，依照第七十四条规定，可适用2008年8月11日《最高人民法院关于审理民事案件适用诉讼时效制度若干问题的规定》第一条，对下列债权请求权提出诉讼时效抗辩的，仲裁庭不予支持。

1.支付存款本金及利息请求权；

2.兑付国债、金融债券以及向不特定对象发行的企业债券本息请求权；

3.基于投资关系产生的交付出资请求权；

4.其他不适用诉讼时效规定的债权请求权。

当事人违反法律规定，约定延长或者缩短诉讼时效期间、预先放弃诉讼时效利益的，仲裁庭不予认可。依照《民法总则》精神，当事人未提出诉讼时效抗辩，仲裁庭不应对诉讼时效进行释明及主动适用诉讼时效的规定来进行裁决。

针对《民法通则》关于诉讼时效制度规定实施后，司法实践中诉讼时效多样化、疑难化的问题，最高人民法院对于与审判实务密切相关的诉讼时效适用范围、当事人未提出诉讼时效抗辩、法院应否主动援引诉讼时效的规定进行裁判、应否对诉讼时效问题进行释明以及诉讼时效抗辩权的行使阶段等问题进行了规定。《最高人民法院关于审理民事案件适用诉讼时效制度若干问题的规定》对诉讼时效的起算作了修正、整合和完善，2017 年 3 月 15 日颁布的《民法总则》采纳了该司法解释对诉讼时效的规定，自 2017 年 10 月 1 日起仲裁时效应适用《民法总则》规定来计算诉讼时效。

第二节　仲裁费用

一、仲裁费用

仲裁费用是当事人申请仲裁或提出反请求时，依法向仲裁机构缴纳一定数额的费用。仲裁费用的用途主要是维持仲裁机构管理和服务工作的正常运转，支付仲裁员报酬，或者仲裁机构的其他实际支出，如专家咨询费，翻译费用等。通过收取一定的仲裁费用客观上也有利于防止当事人滥用仲裁权利，考虑仲裁的经济成本。仲裁费用是一种服务费，当事人向仲裁机构提起仲裁，由仲裁机构依照《仲裁法》和仲裁规则向当事人提供解决纠纷的服务，当事人向仲裁机构缴纳服务费即为仲裁费。

通常情况下，申请人向仲裁机构提起仲裁后，仲裁机构通知申请人按照正常案件的收费标准足额向仲裁机构缴纳仲裁费，仲裁程序才得以继续进行。在申请人提起仲裁后，被申请人可能会提出反请求，仲裁机构也会在被申请人缴纳反请求仲裁费用后才受理该反请求。

二、仲裁费与诉讼费

仲裁费与诉讼费都是解决争端机构向当事人收取的费用，也是为解决争议必须缴纳的费用，但是两者性质不同，存在差异：[①]

（一）收费依据不同

诉讼费用的收取是依照诉讼法的规定。我国诉讼费的收取依据是《中华人民共和国民事诉讼法》及最高人民法院制定的《人民法院诉讼费收费办法》。仲裁费的收取则是依据《中华人民共和国仲裁法》以及各地仲裁机构的仲裁规则。

---

① 参见姚俊逸：《论仲裁费用》，《民商法论丛》2003 年第 3 号，总第 28 卷，第 433 页。

(二)费用的支配方式不同

诉讼费用是以国家公权力为后盾收取的费用,该收入构成国家财政收入的一部分,由国家财政支配。仲裁费用是基于当事人与仲裁机构之间形成的服务合同关系收取的费用,在实行自收自支的仲裁机构可自行支配。

(三)收费的标准不同

诉讼费用的收取基本是统一按照《人民法院诉讼费用收取办法》的收取标准、计费方式来收费的,案件标的额是收取诉讼费用的依据。仲裁费用的收费标准则是由各地仲裁机构根据具体情况在仲裁规则中规定的,各地仲裁机构收费标准不仅在计费比率上不同,在计费方式上也有差异,有的以争议标的额计费,有的以审理时间计费。各地仲裁机构的收费按照《仲裁收费办法》,仲裁费用的收费标准在规定的幅度内确定,报各仲裁机构所在地的省、自治区、直辖市、市人民政府物价管理部门核实。

三、仲裁费用的种类

我国《仲裁法》及《仲裁收费办法》规定的仲裁费包括仲裁案件受理费和仲裁案件处理费两部分。

(一)仲裁案件受理费

仲裁机构在受理仲裁申请时,按照规定向当事人收取的费用。案件受理费用于给付仲裁员报酬、维持仲裁委员会正常运转的必要开支。一方面,仲裁员参与仲裁,为当事人提供了法律服务,应当获得相应报酬,激发起公正解决纠纷的责任心;另一方面,仲裁实践中不少地方因仲裁机构的非营利性,进而认为仲裁员提供的是公益性服务,仲裁员报酬过少,不能反映仲裁员付出的劳动,这种做法与国际仲裁界的惯例相去甚远,是值得各地仲裁机构改进的地方。

(二)仲裁案件处理费

仲裁案件处理费是仲裁机构在审理案件中实际支出的、按照规定由当事人负担的各种费用。具体包括:

1.仲裁员因办理案件出差、开庭而支出的交通费、食宿费及其他合理费用。有些案件中被选定或者指定的仲裁员住所地不在支出机构所在地,或者仲裁案件需要到其他地方开庭或调查发生的实际费用。

2.证人、鉴定人、翻译人员出庭支出的交通费、食宿费、误工补贴等。

3.咨询、鉴定、勘验、翻译费用。如仲裁庭就某些专业领域的问题聘请专家发布咨询意见,委托鉴定机构对工程量和工程款进行鉴定,委托会计师事务所或审计师事务所对账目进行确认或者审计产生的费用,在涉外案件中,因语言不同需要对案件证据、文书材料进行翻译而发生的费用,等等。

4.复制、送达案件材料、文书的费用。

5.其他应由当事人负担的合理费用。如租用开庭地点的费用。

四、仲裁费用的预交、缓交与退回

(一)仲裁费用的预交

《仲裁收费办法》第四条规定,申请人应当在收到仲裁机构受理案件通知书之日起15日内,按照正常案件受理费收费标准的规定预交,被申请人提出反请求时,也应当按照案件受理费收费标准的规定预交受理费。但是有两种情况仲裁机构不收取案件受理费:(1)人民法院在受理当事人撤销仲裁裁决申请后,认为可以由仲裁庭重新仲裁的,通知仲裁庭在一定期限内重新仲裁,如果仲裁庭重新仲裁的,仲裁机构不再收取仲裁案件受理费。(2)仲裁庭作出裁决后,对裁决书中微子、计算错误或者遗漏事项依法进行补正的,不得收取费用。

关于案件处理费,《仲裁收费办法》第七条明确规定,其中的证人、鉴定人、翻译人员出庭支出的交通费、食宿费、误工补贴和咨询、勘验、翻译等费用由提出申请的一方当事人预交。至于仲裁员因办理案件出差、开庭而支出的食宿费、交通费等,有的仲裁委员会由提出申请的一方当事人预付,有的则由仲裁委员会承担。复制、送达案件材料、文书的费用以及其他应当由当事人承担的合理费用,一般由提出申请的一方当事人预付。

(二)仲裁费用的缓交

《仲裁收费办法》第六条规定,当事人预交案件受理费确实有困难的,由当事人提出申请,经仲裁委员会批准,可以缓交。但如果当事人既没有在规定期限内预交案件受理费,也没有提出缓交申请,则视为撤回仲裁。缓交的仲裁费仅限于案件受理费,不包括案件处理费,如果当事人不预交案件处理费,将影响到仲裁程序的顺利进行。

(三)仲裁费用的退回

《仲裁收费办法》规定,在当事人撤销仲裁申请时,其预交的案件受理费可以退回。

但根据当事人撤销仲裁申请的原因和实际不同,案件受理费退回的方式也不同:(1)全部退回。在仲裁机构受理案件后,仲裁庭组庭之前,申请人撤回申请的,或者当事人自愿达成和解协议并撤回仲裁申请的,案件受理费应当全部退回。(2)部分退回。仲裁庭组庭后,申请人撤回仲裁申请或者当事人自愿达成和解协议并撤回仲裁申请的,案件受理费应当酌情部分退回。(3)不予退回。申请人经书面通知,无正当理由不到庭或者未经仲裁庭许可中途退庭,可以视为撤回仲裁申请,但案件受理费和处理费不予退回。

五、仲裁费用的负担

仲裁费用由当事人一方预付,在仲裁终结时,该费用是由败诉方承担或者双方按比例来承担的。我国《仲裁法》和《仲裁收费办法》均规定:仲裁庭应当在调解书或者裁决书中写明双方当事人最终应当支付的仲裁费用金额。仲裁实践中，仲裁费用的分担有以下几种情形：

(一)仲裁费用全部由败诉方承担

在仲裁案件终结时全部仲裁费用由败诉方承担。在仲裁庭全部支持申请人的仲裁请求时，会同时裁决仲裁费用由败诉方即被申请人承担。

(二)双方当事人按比例分担

在申请人部分胜诉时，仲裁庭会根据各方责任的大小或者支持申请人仲裁请求具体情形裁决仲裁费用由被申请人、申请人共同负担，分担具体数额视仲裁请求得到支持或者减少数额而定。

(三)当事人协商分担

在当事人自行和解或经仲裁庭调解结案的情形下，当事人可以协商确定各自承担仲裁费用的比例。

除了上述仲裁案件受理费和仲裁案件处理费外，有些仲裁案件中申请人或者反请求人在仲裁请求中提出了要求败诉方承担律师费。对律师费用的承担作出裁决无论在国际仲裁还是国内仲裁中都有先例可寻，也是国际仲裁界的普遍做法。一些仲裁案件本身在合同或者仲裁协议里约定了由违约的一方承担，非违约方在提起仲裁时会依据合同或者仲裁协议约定提出律师费由违约方承担；一些案件则是在提起仲裁时直接提出请求败诉方承担。以上两种情形在仲裁实践中都存在，支持与否，仲裁庭主要依据合同或者仲裁协议约定以及仲裁委员会规则的规定，在证据充分的案件中，仲裁庭多会支持该请求。

第六章

仲裁裁决的撤销与执行

第一节　仲裁裁决的撤销

各国出于对仲裁效率的尊重，都规定了一裁终局的制度。即仲裁裁决一经作出，即发生法律效力，对双方当事人产生约束力，当事人既不能就同一纠纷再次申请仲裁，也不能向法院起诉。但一裁终局可能存在错误裁决，如果没有相应的救济制度，当事人的合法权益将得不到保障，仲裁所追求的公正价值也无法实现，仲裁裁决的撤销程序正是作为一种司法监督程序，为当事人提供了救济渠道。我国《仲裁法》和最高人民法院关于仲裁法的相关司法解释对撤销仲裁裁决的规定尚有很多探讨改进的余地。

一、申请撤销仲裁裁决的条件

（一）被申请撤销的是国内仲裁裁决

国内仲裁机构作出的仲裁包括国内仲裁、涉外仲裁和涉港澳台仲裁。申请撤销国外仲裁和港澳台仲裁裁决的，人民法院不予受理。各级人民法院凡拟适用我国法律和有关国际公约规定，不予执行涉外仲裁裁决、撤销涉外仲裁裁决或者拒绝承认和执行外国仲裁机构裁决的，均应按规定逐级呈报最高人民法院审查，在最高人民法院答复前，不得制发裁定。

需要指出的是，《仲裁法》规定可以申请撤销的只是仲裁裁决，不包括当事人自愿达成的仲裁调解协议。山西省高级人民法院（2015）晋民终字第 416 号民事裁定书认定，原申请人马力农与原被申请人武增亮及原仲裁被申请人孝义市金达煤焦有限公司，因债权债务纠纷在仲裁机构达成了调解协议，太原市仲裁委员会于 2015 年 10 月 22 日作出（2014）并仲调字第 334 号调解书。该调解书生效后，马力农向一审法院申请撤销该调解书，一审法院于 2015 年 2 月 13 日作出（2015）并立民仲字第 2 号民事裁定，裁定撤销了太原市仲裁委员（2014）并仲调字第 334 号调解书。后经一审法院以院长提起审判监督程序对本案提起再审，并于 2015 年 6 月 19 日作出（2015）并民再初字第 6 号民事裁定，裁定：一、撤销该院（2015）并立民仲字第 2 号民事裁定；二、驳回马力农撤销仲裁调解书的申请。孝义市金达煤焦有限公司对该裁定不服，向本院提出上诉。

山西省高级人民法院认为，一审法院以马力农申请撤销仲裁调解书无法律依据，仲裁法第五十八条的规定仅适用于当事人申请撤销仲裁裁决的情形，并不包括申请撤销仲裁调解书等为理由，认定申请人马力农有关撤销仲裁调解书的申请缺乏法律依据，其不属于人民法院受理的范围，并裁定“一、撤销该院（2015）并立民仲字第2号民事裁定；二、驳回马力农撤销仲裁调解书的申请”是正确的，应予维持。[①]

（二）须由仲裁当事人提出撤销申请

《仲裁法》第五十八条、第七十条规定，撤销仲裁裁决的申请应当由仲裁当事人提出，因为仲裁当事人与仲裁裁决结果有直接的利害关系，撤销仲裁裁决是仲裁法赋予的救济渠道。虚假仲裁、恶意仲裁，执行标的涉及第三人合法权益的，可以根据《民事诉讼法》中的执行异议程序进行救济。

（三）须向有管辖权的人民法院提出

申请撤销国内仲裁裁决的，由仲裁机构所在地中级人民法院管辖。申请撤销涉外仲裁裁决的案件由仲裁机构所在地有权受理涉外商事案件的中级人民法院管辖。具体的管辖法院应当根据《最高人民法院关于涉外民商事案件诉讼管辖若干问题的规定》并结合各高级人民法院关于区域关系范围的细化规定确定。申请撤销海事仲裁裁决由仲裁机构所在地海事法院专门管辖。

（四）须在法定期限内提出撤销申请

当事人申请撤销仲裁裁决的，应当在收到裁决书之日起6个月内向人民法院提出。如果超过6个月法定期限，当事人即丧失请求人民法院撤销仲裁裁决的权利，法院应对撤销造成裁决申请不予受理。

超出6个月法定期限的撤销申请不予受理案

2012年3月21日，恒顺船舶公司与安徽明博律师事务所签订委托合同，约定安徽明博律师事务所代理其与河南起重机器有限公司、王强承揽合同纠纷一案，代理方式为风险代理，以上述案件的结果作为支付代理费的依据。上述案件审结后，安徽明博律师事务所以恒顺船舶公司欠付代理费为由，向马鞍山仲裁委员会申请仲裁。该委员会于2015年1月26日作出（2014）马仲案裁字第237号仲裁裁决：恒顺船舶公司应于裁决生效之日起5日内一次性给付安徽明博律师事务所律师代理费236462.5元及逾期付款利息21036.74元，合计257499.24元。2015年12月7日，恒顺船舶公司收到安徽省高级人民法院《民事申请再审案件应诉通知书》[（2015）皖民申字第01385号]及河南起重机器有限公司的再审申请书。2015年12月11日，恒顺船舶公司向马鞍山市中级人民法院提出申请，请求撤销马鞍山仲裁委员会（2014）马仲案裁字第237号裁决书。马鞍山市中级人民法院认为，当事人申请撤销裁决的，应当自收到裁决书

① 山西省高级人民法院（2015）晋民终字第146号民事裁定书。

之日起6个月内提出。申请人向法院提交撤销仲裁裁决申请书的日期距其收到(2014)马仲案裁字第237号裁决书之日已经超过6个月,对恒顺船舶公司的申请,不予受理。

恒顺船舶公司不服上述裁定,向安徽省高级人民法院提起上诉,请求撤销原审裁定;撤销马鞍山仲裁委员会(2014)马仲案裁字第237号裁决书。安徽省高级人民法院认为,恒顺船舶公司在一审中认可,其于2015年2月份左右收到马鞍山仲裁委员会(2014)马仲案裁字第237号裁决书,故其于2015年12月11日向法院申请撤销该裁决书,已超过6个月的法定时效。裁定驳回上诉,维持原裁定。①

(五)须有证据证明裁决有法定撤销事由

仲裁当事人申请撤销仲裁裁决时必须有证据证明该仲裁裁决具有法律规定应予以撤销的情形。撤销仲裁裁决的立案以形式审查为主,当事人所提供的证据能否证明,以及是否构成法定撤销理由需要法院审查后认定。

美达公司申请撤销仲裁决定书案

美达公司诉称,2008年3月10日,美达公司与案外人衡阳市住宅建筑工程公司(以下简称住宅公司)签订了施工合同,而且此后也一直是住宅公司在施工。住宅公司是集体所有制企业,后于2011年3月25日被吊销营业执照,但至今未被注销。红德公司是2007年7月5日新成立的私有制企业,并非住宅公司更名而来,二者不存在继承关系,不是同一法律主体。美达公司与红德公司之间没有签订施工合同和仲裁协议,红德公司也不是住宅公司涉案项目的债权继承人。在(2014)衡仲决字第145号仲裁案中,红德公司是申请人,美达公司是被申请人。美达公司在仲裁庭首次开庭时已经对红德公司作为仲裁案的申请人主体资格提出了异议,后仲裁庭以(2014)衡仲决字第145—2号决定书予以驳回。综上,请求撤销衡阳仲裁委员会(2014)衡仲决字第145—2号决定书。

一审法院认为,根据《中华人民共和国仲裁法》第四条、第二十条、第二十一条和第二十四条的规定,仲裁机构有权对当事人之间是否具有仲裁协议以及仲裁协议的效力进行审查。衡阳仲裁委员会作出的(2014)衡仲决字第145—2号决定对双方当事人之间是否具有有效的仲裁协议进行了审查,申请人美达公司要求撤销该上述决定不属人民法院受理民事案件的范围。裁定驳回美达公司的起诉。

美达公司不服一审判决,向湖南省高级人民法院提起上诉称:第一,一审认定事实错误。衡阳仲裁委员会(2014)衡仲决字第145—2号决定书的决定是"驳回申请人关于撤销(2014)衡仲字第145号仲裁案的申请",而不是认定仲裁协议有效。《仲裁法》第二十条规定,当事人对仲裁协议有异议的,可以请求仲裁委员会作出决定或者请求人民法院作出裁定,美达公司并没有请求仲裁委员会决定,且该决定书并非仲裁委员

① 案例来源:中国裁判文书网,网址:http://wenshu.court.gov.cn,最后访问日期:2017年6月6日。

会做出，而是办理该案的仲裁庭作出，因此决定不符合仲裁法的要求。一审中美达公司选择请求人民法院对仲裁协议效力作出裁定，而一审法院却认定美达公司选择的是由仲裁委员会做出决定并且错误认定仲裁委员会已经对仲裁效力作出决定，属于事实认定错误。第二，一审中美达公司多次变更诉讼请求，一审认定美达公司撤销衡阳仲裁委员会(2014)衡仲决字第145—2号决定书不属于人民法院受理案件的范围，应当向美达公司释明，而不是直接裁定驳回起诉。

湖南省高级人民法院认为：《中华人民共和国民事诉讼法》第三条规定："人民法院受理公民之间、法人之间、其他组织之间以及他们相互之间因财产关系和人身关系提起的民事诉讼，适用本法的规定"；第一百一十九条规定："起诉必须符合下列条件：(一)原告是与本案有直接利害关系的公民、法人和其他组织；(二)有明确的被告；(三)有具体的诉讼请求和事实、理由；(四)属于人民法院受理民事诉讼的范围和受诉人民法院管辖。"《中华人民共和国仲裁法》第二十条第一款规定："当事人对仲裁协议的效力有异议的，可以请求仲裁委员会作出决定或者请求人民法院作出裁定。一方请求仲裁委员会作出决定，另一方请求人民法院作出裁定的，由人民法院裁定。"第五十八条第一款规定："当事人提出证据证明裁决有下列情形之一的，可以向仲裁委员会所在地的中级人民法院申请撤销裁决：(一)没有仲裁协议的；(二)裁决的事项不属于仲裁协议的范围或者仲裁委员会无权仲裁的；(三)仲裁庭的组成或者仲裁的程序违反法定程序的；(四)裁决所根据的证据是伪造的；(五)对方当事人隐瞒了足以影响公正裁决的证据的；(六)仲裁员在仲裁该案时有索贿受贿，徇私舞弊，枉法裁决行为的"。本案中美达公司向本院提起民事诉讼，请求撤销衡阳仲裁委员会作出的(2014)衡仲决字第145—2号决定，并不是申请对仲裁协议的效力作出裁定，也不是申请撤销仲裁裁决，也不是就其与红德公司之间的财产关系提起诉讼，因此不符合人民法院受理民事诉讼的范围。裁定驳回上诉，维持原裁定。[①]

二、撤销仲裁裁决的理由

对于无涉外和涉港澳台因素的国内仲裁，申请撤销仲裁裁决的理由是《仲裁法》第五十八条规定：

1.没有仲裁协议的；

2.裁决的事项不属于仲裁协议的范围或者仲裁委员会无权仲裁的；

3.仲裁庭的组成或者仲裁程序违反法定程序的；

4.裁决所依据的证据是伪造的；

5.对方当事人隐瞒了足以影响公正裁决的证据的；

6.仲裁员在仲裁该案时有索贿受贿、徇私舞弊、枉法裁决行为的。

人民法院经组成合议庭审查核实裁决有前款规定情形之一的，应当裁定撤销。人民法院认定该裁决违背社会公共利益的，应当裁定撤销。

---

① 湖南省高级人民法院民事裁定书(2016)湘民终224号，来源：中国裁判文书网，网址：http://wenshu.court.gov.cn，最后访问日期：2017年6月7日。

因此，具有下列理由之一的，当事人可以申请撤销仲裁裁决：

(一)没有仲裁协议

仲裁协议是仲裁机构受理仲裁案件以及仲裁庭审理案件的依据和前提。没有仲裁协议的，仲裁委员会不予受理，当然更不能对案件进行审理并进行裁决。在没有仲裁协议的基础上裁决违反了当事人的意思自治原则，即使作出裁决也是违法的，当事人有权申请撤销裁决，人民法院也有权撤销裁决。

上述“没有仲裁协议”是指仲裁协议不存在，是否包括仲裁协议无效的情形？2006年《最高人民法院关于适用〈中华人民共和国仲裁法〉若干问题的解释》第十八条规定：“《仲裁法》第58条第1项规定的‘没有仲裁协议’是指当事人没有达成仲裁协议。仲裁协议被认定为无效或者被撤销的，视为没有仲裁协议。”

(二)仲裁委员会无权裁决

仲裁权来源于法律规定和当事人的约定，仲裁委员会无权裁决包括：第一，仲裁庭裁决的事项不具有可仲裁性。争议事项不具有可仲裁性，是由《仲裁法》规定的可仲裁范围决定的。实务中不少案件当事人以此为由申请管辖权异议，一旦仲裁庭认定管辖权异议不成立，继续开庭审理并进行裁决，有可能构成其裁决被申请撤销的理由。第二，裁决事项超出仲裁协议范围。仲裁协议本身对可仲裁事项作出了约定，比如只约定对合同成立、合同效力可以进行仲裁，并未约定对合同的履行等事项进行仲裁，如果仲裁庭裁决被申请人承担违约责任，则仲裁庭的裁决超出了仲裁协议的范围，属于越权裁决。第三，裁决事项超出了当事人的仲裁请求范围。如当事人请求继续履行合同，并未请求解除合同，仲裁庭裁决解除合同，亦属于仲裁庭越权裁决。第四，裁决事项超出了仲裁机构的受案范围。尽管当事人有有效的仲裁协议，且仲裁事项具有可仲裁性，属于仲裁申请人请求范围之内，但因仲裁机构本身是专业性仲裁机构，如海事仲裁机构，依照其规则只能受理海事案件，并不能受理普通合同案件，如其受理普通合同案件纠纷并就此作出裁决，则会被认为无权裁决。

1999年8月31日施行的《最高人民法院关于我国仲裁机构作出的仲裁裁决能否部分撤销问题的批复》指出：“我国仲裁机构作出的仲裁裁决，如果裁决事项超出当事人仲裁协议约定的范围，或者不属于当事人申请仲裁的事项，并且上述事项与仲裁机构作出裁决的其他事项是可分的，人民法院可以基于当事人的申请，在查清事实后裁定撤销该超裁部分。”《最高人民法院关于适用〈中华人民共和国仲裁法〉若干问题的解释》第十九条也规定：“当事人以仲裁裁决事项超出仲裁协议范围为由申请撤销仲裁裁决，经审查属实的，人民法院应当撤销仲裁裁决中的超裁部分。但超裁部分与其他裁决事项不可分的，人民法院应当撤销仲裁裁决。”

(三)仲裁违反法定程序

程序公正是仲裁的公正性价值所追求的目标。违反法定程序根据《最高人民法院关于适用〈中华人民共和国仲裁法〉若干问题的解释》第二十条规定，“是指违反仲裁法规定的仲裁程序和当事人选择的仲裁规则可能影响案件正确裁决的情形。”具体而言违反法定程序包括两个方面，一是仲裁庭组成不符合法定程序。如仲裁通知书没有到达的情形下强行为当事人指定仲裁员；强行指定一方当事人选定的首席仲裁员作为首席仲裁员。二是仲裁庭审程序不合法。如有法定回避情形的仲裁员没有披露信息，没有主动申请回避；证据未能质证；未重新给予一方当事人答辩期。违反法定程序作出的裁决应予以撤销。

(四)裁决所依据的证据是伪造的

证据是仲裁庭查明案件真实情况、分清双方责任并做出裁决的依据。当事人向仲裁庭提交伪造的证据，势必会影响仲裁庭对案件事实的判断和责任的认定，从而影响公正的裁决。法院对仲裁裁决无须进行实体上的审查，只能对证据的真伪进行审查，如果案件赖以作出裁决的证据是伪造的，即具有撤销仲裁裁决的理由。同时，即便仲裁裁决存在实体问题也不构成法院撤销仲裁裁决的理由。

(五)对方当事人隐瞒了足以影响公正裁决的证据

直接影响仲裁裁决做出结论的证据会足以影响公正裁决。这些证据通常事关案件争议焦点或者重要事实，直接影响仲裁庭对案件事实的判断和对责任的划分。当事人一方为了自身的利益，会隐瞒对自身不利且对方无法掌握的证据，从而使仲裁庭对事实的判断和责任的划分与真实情况不相符合，进而影响做出裁决的公正性。法院审查确认对方当事人确实有隐瞒重要证据的事实，即可作出撤销仲裁裁决的裁定。

(六)仲裁员在仲裁该案时有索贿受贿，徇私舞弊，枉法裁决行为的

索贿受贿，徇私舞弊，枉法裁决，通常是仲裁员接受了一方当事人的财物或者其他不正当利益，为了谋取私利或报答一方当事人，在仲裁案件时弄虚作假，迎合一方当事人，颠倒事实，曲解法律甚至故意错误适用法律的行为。此类行为属于严重违法行为，必然影响到案件的公正裁决，损害一方当事人的合法权益，有损仲裁的权威。由此做出的判决应该撤销，仲裁员也应该受到责任追究。

上述由当事人举证证明的6种予以撤销的情形中，第1—3项为程序审查范围；第4—5项为实体审查范围；第6项为仲裁员道德准则和实体审查。可见现行《仲裁法》在撤销国内无涉外因素的仲裁裁决时，法院审查的范围是宽泛的。对仲裁裁决的实体审查结果是，法院过度的司法审查违背了当事人排除法院管辖权的初衷，使有限的司法审查变成对仲裁事实的上诉审查，影响了作出一裁终局的效力，无疑会阻碍仲裁的优越性，妨碍当地仲裁事业的发展，并且与国际上弱化法院对仲裁裁决的审查趋势背道而驰。另一方面，法院对涉外仲裁裁决只进行程序审查不审查裁决的实体问题，这种内外有别的双规式审查模式，造成了涉外仲裁裁决审查的特殊性，理论界和实务中争议颇多。从申请撤销的启动程序看，往往是败诉一方当事人启动撤销程序，法院进行审查时并不通知另一方当事人质证，凭一方当事人一面之词和单方举证作出裁定，不利于当事人利益保护，还可能被败诉一方作为拖延执行程序的合法程序。

长沙天玺置业有限公司请求撤销仲裁裁决案

长沙仲裁委员会就申请人长沙天玺置业有限公司与被申请人熊锋商品房买卖合同纠纷一案，于2014年12月22日作出(2014)长仲裁字第523号仲裁裁决。申请人在本案中主张的撤销理由具体为：……二、仲裁员在仲裁该案时有枉法裁决行为，包括4种情形：1.申请人已经实际交房，仲裁裁决仍然让申请人承担延期交房的违约责任；2.申请人已经在举证期限内提交了证据《工程质量竣工验收记录》，而仲裁庭称未在举证期限内提交该份证据；3.在没有任何证据证明损失的情况下判令申请人承担违约金；4.长沙仲裁委员会出具的(2014)长仲通字第506—535号通知书记载的部分内容有错误。……

长沙市中级人民法院经审查裁定：

……

二、仲裁员在仲裁该案时是否存在枉法裁决行为

……。本案中，对于申请人所称的4种枉法裁决的情形，本院认为，其中的第1种和第3种，即申请人已经实际交房，仲裁裁决仍然让申请人承担延期交房的违约责任及在没有任何证据证明损失的情况下判令申请人承担违约金系案件实体审理方面的事项，并不属于本案的审理范围，也并不能因此认定仲裁员存在枉法裁决的情形；对于第2种情形，即申请人已经在举证期限内提交了证据《单位工程质量竣工验收记录》，而仲裁庭称未在举证期限内提交该份证据，本院认为，如前所述，仲裁庭系结合原、被告双方的举证所查明的事实，从而未予认定原告的该证据，申请人的该主张无法证明仲裁员存在枉法裁决的情形；对于其中的第4种情形即仲裁委员会出具的(2014)长仲通字第506—535号通知书记载的"申请人于2014年12月22日提交了《关于2014年长仲通字第506—535号案件审理延期与重新质证或开庭的申请》"内容中申请人提交申请的日期有错误，经查，申请人提交了两份《关于2014年长仲通字第506—535号案件审理延期与重新质证或开庭的申请》，在先的一份只有申请人的委托代理人赵军签字，在后的一份有申请人公司盖章，赵军签字的那份申请的日期就是仲裁委员会通知书中提及的2014年12月22日。本院认为，仲裁委员会通知书以申请人代理人签字的申请为版本而不是以申请人有盖公司印章的申请版本进行回应，并不能证明仲裁员存在枉法裁决的情形。

……

驳回申请人长沙天玺置业有限公司请求撤销长沙仲裁委员会(2014)长仲裁字第523号仲裁裁决的申请。[①]

四、申请撤销裁决的后果

法院受理当事人提出的撤销仲裁裁决申请应当组成合议庭对当事人的申请进行

---

① 参见(2015)长中民五仲字第00391号，来源：中国裁判文书网，网址：http://wenshu.court.gov.cn，最后访问时期：2017年6月8日。

及时审查，经审查法院可能会作出三种处理：

(一)通知仲裁庭重新仲裁

人民法院受理撤销裁决的申请后，认为可以由仲裁庭重新仲裁的，通知仲裁庭在一定期限内重新仲裁，并裁定中止撤销程序。仲裁庭拒绝重新仲裁的，人民法院应当裁定恢复撤销程序。

福建八闽建设工程有限公司申请撤销仲裁裁决案

申请人八闽公司申请称：(1)申请人与被申请人谢忠娟之间没有仲裁协议，滨州市仲裁委员会违法受理仲裁；(2)滨州市仲裁委员会违反法定程序，影响案件裁决，理由是未追加康平为当事人，仲裁庭组成违法；(3)被申请人隐瞒劳务工资结清证明，导致仲裁裁决错误。2013年9月3日诉至山东省滨州市中级人民法院，请求撤销滨州仲裁委员会(2012)滨仲裁字第474号裁决。

本院认为，关于申请人八闽公司与被申请人谢忠娟之间是否存在仲裁协议问题。八闽公司承建滨岭商贸园中心路沿街A、B、C座工程，后将该工程内部承包给康平，康平与谢忠娟签订仲裁协议，滨州市仲裁委员会依据该协议受理本案并无不当。八闽公司认为其与谢忠娟之间没有仲裁协议的抗辩理由不成立，本院不予支持。

关于滨州市仲裁委员会是否违反法定程序问题，申请人并未提交相关证据加以证明，申请人认为滨州市仲裁委员会违反法定程序缺乏事实及法律依据，本院不予支持。

关于被申请人隐瞒证据问题。经本院向滨州市仲裁委员了解，被申请人在仲裁时确未提交劳务工资结清证明，且该证据有可能影响裁决结果。本院于2013年10月28日向滨州仲裁委员会发出通知，通知仲裁庭于2013年11月28日前重新仲裁其受理的申请人福建省八闽建设工程有限公司与被申请人谢忠娟建设工程劳务分包合同纠纷一案。2013年10月31日，滨州仲裁委员会决定不启动重新裁决程序。

本院认为，依照《最高人民法院关于适用〈中华人民共和国仲裁法〉若干问题的解释》第二十二条的规定，仲裁庭在本院指定的期限内开始重新仲裁的，人民法院应当裁定终结撤销程序；未开始重新仲裁的，人民法院应当裁定恢复撤销程序。据此，依照《中华人民共和国仲裁法》五十八条第一款第五项、第六十条、第六十一条、《最高人民法院关于适用〈中华人民共和国仲裁法〉若干问题的解释》第二十二条的规定，裁定如下：

撤销滨州仲裁委员会(2012)滨仲裁字第474号裁决。[①]

《仲裁法》关于重新仲裁的规定过于简单，对重新仲裁的范围.重新仲裁的仲裁庭、重新仲裁的费用、重新仲裁的期限等不明确，缺少可操作性的规定，实务中各地法院、仲裁庭和当事人对重新仲裁的认识分歧较多，给重新仲裁留下了争议。

1.关于重新仲裁的标准。仲裁程序违反法定程序的、仲裁庭超越权限裁决或者漏

---

① 参见(2013)宾中商复议字第2号，来源：中国裁判文书网，网址：http://wenshu.court.gov.cn，最后访问日期：2017年6月8日。

裁事项、裁决所依据的证据是伪造的、对方当事人隐瞒了足以影响公正裁决的证据的，这些事由可能构成重新仲裁的基础。但是，将重新仲裁的基础建立在伪造、隐瞒证据之上，是因为证据瑕疵影响了纠纷的公正裁决，证据是认定事实的关键，会直接影响案件的实体处理结果，根据伪造、隐瞒证据认定的事实应为实体上瑕疵，法院对实体错误的监督严重影响了仲裁的独立性价值，与国际上司法对仲裁的监督仅仅限于程度瑕疵的监督背道而驰。

2.重新仲裁的范围。重新仲裁的范围应当仅限于法院通知的范围，不是对仲裁裁决的全面审查。当事人在重新仲裁中不得增加新的仲裁请求，也不得撤回原仲裁申请。

3.重新仲裁的仲裁庭。重新仲裁无须另组仲裁庭，因为仲裁庭组成人员原本就是当事人直接或者间接选定的，体现了当事人的意思自治，由原仲裁庭重新仲裁，既尊重了当事人的意愿，又给了仲裁庭一个纠正裁决错误的机会，有利于公正的裁决。但也有学者认为，是否重新组成新的仲裁庭应根据当事人意愿决定，特别是在原仲裁员不履行职责或者当事人对原仲裁庭组成人员丧失信任时，应根据仲裁规则重新组成仲裁庭，以避免原仲裁庭“先入为主”，影响案件的公正裁决，但为了避免当事人利用重新组庭恶意拖延程序，应有条件地赋予当事人选择权。实务中有申请人和法院认为应当重新组成仲裁庭，而仲裁庭并未更换组成仲裁员的情形，可能导致重新组庭裁决被法院再次裁定撤销的案例[①]。

4.重新仲裁的费用。重新仲裁的目的在于弥补仲裁庭失误，因此当事人无须重新缴纳仲裁费用。但如果仲裁庭需要采取新的必要措施查明案情，有关费用应由当事人负担。

5.重新仲裁的期限。对仲裁庭在多长时间内决定是否重新仲裁以及重新仲裁的期限没有明确规定，而是赋予监督主体法院以完全的自由裁量权，由法官考虑案件的复杂程度和案件具体情形来确定合理的期限。

6.重新仲裁的通知是否采纳，由仲裁庭决定。仲裁庭既可以决定重新仲裁，也可以拒绝重新仲裁。仲裁庭决定重新仲裁的，法院应当恢复撤销仲裁裁决程序，依法作出处理。

(二)撤销仲裁裁决

法院受理撤销仲裁处理的申请后，经审查认为当事人申请的理由成立的，应当在2个月内裁定撤销该裁决。如果当事人申请的理由部分成立，则法院只能就部分裁决予以撤销，不影响仲裁裁决其余部分的效力。

仲裁裁决被撤销后，当事人之间的纠纷又重新回到仲裁机构未裁决之前的原始状态。如果裁决是因为没有仲裁协议或者仲裁协议无效而被撤销，当事人若要解决纠纷，无非借助两种途径，一是放弃仲裁，向有管辖权的法院提起诉讼；一是达成新的仲

① 林一飞：《仲裁裁决抗辩的法律实务》，武汉大学出版社2008年版，第331页。

裁协议,重新开始仲裁程序[①]。无论哪种途径都将使已经进行的仲裁努力付诸东流,是对仲裁和司法资源的浪费。撤销仲裁裁决的多寡也体现了一地法院对仲裁的支持程度,因此法院应尽可能减少撤销支持裁决的概率,维护仲裁的权威,尊重当事人意思自治的社会效益价值,合理配置司法资源,提高解决纠纷的经济效益,降低当事人和社会的纠纷解决成本。

(三)驳回撤销申请

法院受理撤销仲裁处理的申请后,经审查未发现仲裁裁决具有法定可撤销事由的,应当在2个月内裁定驳回撤销申请。

需要明确的是,无论法院对当事人申请撤销仲裁裁决作出何种裁定,当事人对该裁定不得上诉。前述山西省高级人民法院(2015)晋民终字第416号民事裁定书确认,一审法院依据《中华人民共和国民事诉讼法》第一百五十四条第一款第(三)项的规定赋予当事人上诉权不符合最高人民法院《关于人民法院裁定撤销仲裁裁决或驳回当事人申请后当事人能否上诉问题的批复》[法复(1997)5号]"当事人无权上诉"的司法解释,上诉人孝义市金达煤焦有限公司提起上诉没有法律依据,不予支持。

最高人民法院(2011)民监字第149号民事裁定书裁定,根据本院法释〔2004〕9号《最高人民法院关于当事人对驳回其申请撤销仲裁裁决的裁定不服而申请再审,人民法院不予受理问题的批复》的规定,当事人对人民法院驳回其申请撤销仲裁裁决的裁定不服而申请再审的,人民法院不予受理。振昌公司向本院申请再审缺乏法律依据,对其再审申请应不予受理,予以驳回。

对仲裁裁决不服可否申请再审

振昌公司与汕头建安公司建设工程施工合同纠纷一案经深圳仲裁委员会作出(2006)深仲裁字第855号裁决后,由于振昌公司未履行裁决书确定的义务,汕头建安公司向深圳中院申请强制执行。案件执行过程中,振昌公司向深圳中院申请不予执行。深圳中院经审查于2006年10月25日作出(2006)深中法执字788号一(06)审64号民事裁定,驳回了振昌公司不予执行仲裁裁决的申请。振昌公司在向深圳中院申请不予执行仲裁裁决后,又以相同理由于2006年10月23日向深圳中院申请撤销该仲裁裁决书中的第2、3、4、5、6、7、8、9项裁决。深圳中院于2006年11月27日作出(2006)深中法民五初字第207号民事裁定,撤销深圳仲裁委员会(2006)深仲裁字第855号裁决。后,深圳中院于2007年9月20日经审判委员会讨论决定,对该院(2006)深中法民五初字第207号案进行再审,经审理深圳中院作出(2007)深中法民五再字第144号民事裁定,撤销了该院(2006)深中法民五初字第207号民事裁定。振昌公司不服深圳中院(2007)深中法民五再字第144号民事裁定,向广东高院申请再审。广东高院于2008年11月19日作出(2007)粤高法立民申字第1184号民事裁定,决定由该院提审本案。广东高院经审理,于2010年12月17日作出(2009)粤高法审监民

① 参见《仲裁法》第9条的规定。

提字第 2 号民事裁定：驳回振昌公司的再审申请。

本院经审查认为：振昌公司向本院申请再审，请求撤销广东高院(2009)粤高法审监民提字第 2 号民事裁定和深圳中院(2007)深中法民五再字第 144 号民事裁定，维持深圳中院(2006)深中法民五初字第 207 号民事裁定，其实质是对人民法院驳回其申请撤销仲裁裁决的裁定不服而申请再审。根据本院法释〔2004〕9 号《最高人民法院关于当事人对驳回其申请撤销仲裁裁决的裁定不服而申请再审，人民法院不予受理问题的批复》的规定，当事人对人民法院驳回其申请撤销仲裁裁决的裁定不服而申请再审的，人民法院不予受理。振昌公司向本院申请再审缺乏法律依据，对其再审申请应不予受理，予以驳回。本院依照《中华人民共和国民事诉讼法》第一百八十一条第一款之规定，裁定如下：

驳回振昌实业(深圳)有限公司的再审申请。[①]

五、仲裁司法监督制度反思

我国《仲裁法》设置了撤销仲裁裁决和不予执行仲裁裁决的双重司法监督制度，在仲裁实务中，某些案件当事人向法院既提出撤销仲裁裁决的申请同时又提出不予执行的申请，有的法院内部规定提出撤销申请和不予执行申请两者只能择其一，不能同时申请。通过比较《仲裁法》中撤销仲裁裁决和不予执行仲裁裁决的不同，两者之间存在差异(见表 6-1)。

表 6-1　撤销仲裁裁决与不予执行仲裁裁决

撤销裁决	不予执行
否定裁决的有效性	不具有强制执行力
双方均可申请撤销	败诉方被动行使救济权
伪造、隐瞒证据	主要证据不足、适用法律错误

事实上，不予执行裁决的合理性与必要性受到了理论界和实务界的质疑，认为设置双重的司法监督浪费了司法资源，其实际功能却基本相同，裁定不予执行的仲裁裁决最终成为变相的撤销仲裁裁决。

从司法监督的理由看，撤销仲裁裁决与不予执行仲裁裁决的理由有四项是完全相同的[②]，即(1)没有仲裁协议；(2)仲裁的事项不属于仲裁协议的范围或者仲裁委员会无权仲裁；(3)仲裁庭的组成或者仲裁程序违反法定程序；(4)仲裁员在仲裁该案时有索贿受贿、徇私舞弊、枉法裁决行为。

两者适用后果与救济方式也基本相同，即(1)裁定驳回申请人的申请或者予以执行；(2)撤销裁定或者不予执行；(3)裁决被撤销或者不予执行，当事人可以根据重新达成的仲裁协议提请仲裁，也可以向法院起诉。

---

① 中华人民共和国最高人民法院(2011)民监字第 149 号民事裁定书。

② 参见《仲裁法》第 58 条、第 63 条的规定。

世界上多数国家对仲裁裁决的司法监督并未设置这种双重的监督制度，尤其是仲裁较为发达的国家或者地区，对仲裁的司法监督都只采用撤销仲裁裁决制度。因此，撤销仲裁裁决和重新仲裁的方式完全可以实现司法对仲裁监督的功能，防止因仲裁程序不当带来的对当事人利益或社会公共利益的损害，也符合国际上普遍接受和承认的救济程序。

第二节　国内仲裁裁决的执行

仲裁裁决作出以后，对已经生效的仲裁裁决的执行分为自愿执行和强制执行两种情况。一是当事人服从仲裁裁决，自觉履行仲裁裁决。二是败诉方拒不履行生效的裁决，胜诉方请求法院强制执行仲裁裁决。当事人申请执行仲裁裁决的案件，由被执行人住所地或者被执行财产所在地中级人民法院管辖。

一、申请执行的条件

仲裁裁决作出后，一方当事人不履行的，另一方当事人可以依照《民事诉讼法》的相关规定向人民法院申请执行。申请执行应具备以下条件：

1.当事人申请执行。是否提出强制执行申请，由当事人决定，请求强制执行是当事人行使处分权的行为。依照《民事诉讼法》第二百三十七条规定，对依法设立的仲裁机构的裁决，一方当事人不履行的，对方当事人可以向有管辖权的人民法院申请执行。受申请的人民法院应当执行。

2.在法定期限内提出。依照《民事诉讼法》第二百三十九条规定，申请执行的期间为二年，从仲裁裁决书裁定的最后一日起算；裁决书裁定分期履行的，从裁定的每次履行期间最后一日起计算；未规定履行期间的，从仲裁裁决书生效之日起计算。申请执行事项的中止、中断，适用法律关于诉讼时效的中止、中断的规定。

3.向有管辖权的法院申请。最高人民法院《关于适用〈中华人民共和国仲裁法〉若干问题的解释》第二十九条规定："当事人申请执行仲裁裁决案件，由被执行人住所地或者被执行财产所在地中级人民法院管辖"，因此，目前申请仲裁裁决的强制执行，无论是国内仲裁还是涉外仲裁，无论涉及的标的额大小，均由被执行人住所地或者被执行财产所在地中级人民法院管辖。

二、申请执行文件

当事人向有管辖权的法院提出强制执行申请应提交下列文件：

1.申请执行书。申请执行书应当写明申请执行的理由、事项、执行标的，以及申请执行人了解的被执行人财产状况。随申请执行书附一份被执行人的财产清单列明被执行人财产状况，以免因被执行人财产随时发生增加，而变更申请执行书又不实际。随着被执行人财产的增减变化，可以进一步补充提交财产线索清单。

2.生效仲裁裁决书的副本和复印件。

3.申请执行人的身份证明。申请执行的公民应当提交身份证复印件;申请执行的法人应当提交企业法人营业执照副本复印件并加盖公章;如果是其他组织申请执行则应提交营业执照副本复印件和主要负责人身份证明。境外个人申请执行则应提交申请人护照;境外机构申请执行的,提交经公证、认证的申请人境外设立及存续的登记证明文件,以及法定代表人的身份证明书。

4.继承人或权利承受人申请执行的,应当提交继承或承受权利的证明文件。

5.申请人委托代理人代理执行程序的,应提交授权委托书。授权委托书应当由委托人签章,并写明代理人权限。委托代理代为变更、放弃民事权利的,或者代为进行执行和解,或代为收取执行款项的,应当有委托人的特别授权。如果授权委托书是境外形成的,需要办理公证、认证手续。

申请强制执行仲裁裁决案

申请人蔡琦、侯力文因与被申请人江苏省宏泰房地产开发有限公司(以下简称宏泰房产公司)商品房买卖合同纠纷一案,宿迁市仲裁委员会于2015年5月11日作出(2015)宿仲裁字第32号仲裁裁决。由于被申请人宏泰房产公司未按照生效裁决约定的期限履行给付义务,申请人蔡琦、侯力文于2015年6月2日向本院申请强制执行仲裁裁决,本院于同日立案受理后,并依法组成合议庭,于2015年7月7日对本案进行了公开听证。本案现已审理终结。

申请人蔡琦、侯力文申请称:2012年10月26日,二申请人与被申请人宏泰房产公司签订了《商品房买卖合同》一份,二申请人购买被申请人开发的位于宿迁市宿豫区江山大道东侧、环城北路北侧尚阳湖畔花园第6—6幢16层×××号房。合同对商品房的基本情况、计价方式和房屋价款、面积、付款方式及期限、逾期付款的违约责任、交房期限、逾期交房的违约责任、接收、产权登记等均作出约定,并约定该商品房总价款782077元,被申请人于2013年12月31日前向二申请人交付符合规定的房屋。合同签订当日,二申请人支付该商品房首付款282077元,并由被申请人开具销售不动产统一发票。2013年10月9日,二申请人就剩余房款500000元办理了银行按揭贷款,该贷款于2013年11月4日汇入被申请人账户。但合同到期后,被申请人未如期交房,也未办理产权登记手续。二申请人依该《商品房买卖合同》中约定的仲裁条款向宿迁市仲裁委员会申请仲裁,后宿迁市仲裁委员会作出(2015)宿仲裁字第32号仲裁裁决书。现仲裁裁决书已生效,但被申请人宏泰房产公司未按照仲裁裁决履行义务,故向本院申请强制执行。

被申请人宏泰房产公司辩称:我方对宿迁市仲裁委员会对本案作出的仲裁裁决没有异议。

本院认为:根据《中华人民共和国民事诉讼法》《中华人民共和国仲裁法》的相关规定,当事人应当履行发生法律效力的仲裁裁决。一方当事人不履行的,对方当事人可以向有管辖权的人民法院申请执行。宿迁市仲裁委员会作出的(2015)宿仲裁字第32号仲裁裁决已经发生法律效力,被申请人宏泰房产公司应当履行该裁决确定的义务。申请人蔡琦、侯力文申请执行该裁决,被申请人宏泰房产公司没有证据证明该仲裁裁决有不予执行的情形，且申请人的申请不损害社会公共利益，故对二申请人申请执行仲裁裁决的请求，本院予以支持。综上，依照《中华人民共和国民事诉讼法》第二百三十七条、《中华人民共和国仲裁法》第六十二条的规定，裁定如下：

申请人蔡琦、侯力文申请强制执行的(2015)宿仲裁字第32号仲裁裁决，本院准许强制执行。[①]

第三节 仲裁裁决的不予执行

人民法院对仲裁裁决的司法审查分为撤销仲裁裁决和仲裁裁决不予执行，其中，仲裁裁决不予执行是指仲裁裁决存在法律规定的特定情形的，当事人可以申请人民法院裁定不予执行该仲裁裁决。

一、不予执行的理由

不予执行的理由根据仲裁是国内仲裁、涉外仲裁还是国际仲裁，分别适用不同的理由。国内仲裁裁决不予执行依照《仲裁法》第六十三条，即“被申请人提出证据证明裁决有民事诉讼法第二百一十七条第二款规定的情形之一的，经人民法院组成合议庭审查核实，裁定不予执行”，修改后的《民事诉讼法》第二百三七条的规定，有下列情形之一的不予执行：

(1)当事人在合同中没有订立仲裁条款或者事后没有达成书面仲裁协议的；

(2)裁决的事项不属于仲裁协议的范围或者仲裁机构无权仲裁的；

(3)仲裁庭的组成或者仲裁的程序违反法定程序的；

(4)裁决所依据的证据是伪造的；

(5)对方当事人向仲裁机构隐瞒了足以影响公正裁决的证据的；

(6)仲裁员在仲裁该案时有贪污受贿、徇私舞弊，枉法裁决行为的。

人民法院认定执行该裁决违背社会公共利益的，裁定不予执行。对于仲裁裁决违背社会公共利益的，无须当事人提出申请，法院可以直接依职权裁定不予执行。

如前所述，由于《仲裁法》设置的双重司法监督制度中申请撤销仲裁裁决和不予执行仲裁裁决有部分事由并不相同，导致实务中同时申请撤销仲裁裁决和申请不予执行仲裁裁决的情形时有发生。2006年9月8日实施《最高人民法院关于适用〈中华人民共和国仲裁法〉若干问题的解释》第二十六条明确不得以相同理由同时提出撤销和不予执行仲裁裁决申请，即当事人先后以相同理由申请撤销仲裁裁决又申请不予执行仲裁裁决的，对不予执行的申请不予受理，不允许同时提出双重请求，以免浪费司法资源。但也有的法院认为，申请撤销裁决的主体既包括申请人也包括被申请人，而申请不予执行的只能是裁决对其不利的被执行人，由于法院内部的分工和审执分立原则，申请撤销仲裁裁决向法院立案庭提出，在立案登记制度下，法院不能拒绝受理撤销申

---

① 参见江苏省宿迁市中级人民法院(2015)宿中商仲审执字第00011号民事裁定书。

请，而裁决不予以执行只有在法院受理执行申请向被申请人送达执行通知后才能提出，不予执行申请只能向执行庭提出无须再经过立案程序。因此，当事人可能隐瞒仲裁裁决不予执行的裁定再行提出撤销仲裁裁决申请。《最高人民法院关于适用〈中华人民共和国仲裁法〉若干问题的解释》第二十六条规定"当事人向人民法院申请撤销仲裁裁决被驳回后，又在执行程序中以相同理由提出不予执行抗辩的，人民法院不予支持"，基于《仲裁法》对申请撤销仲裁裁决和不予执行仲裁裁决的理由有两项不同之处，部分案件仍然会以不同的理由同时提出撤销和不予执行仲裁裁决申请。

修改后的《民事诉讼法》第二百三七条与原《民事诉讼法》第二百一十七条比较，将原民事诉讼法中不予执行的情形第四项"认定事实的主要证据不足的"修改为"裁决所依据的证据是伪造的"，第五项"适用法律有错误的"修改为"对方当事人向仲裁机构隐瞒了足以影响公正裁决的证据的"，两项修改降低了对仲裁裁决不予执行的审查标准，统一了不予执行仲裁裁决和撤销仲裁裁决的标准。统一不予执行和撤销仲裁裁决的标准，意味着不管仲裁裁决的哪一方当事人，只能向法院提出其中一项申请，法院只对其中一项申请进行审查，不能既申请撤销仲裁裁决又申请不予执行仲裁裁决，滥用诉讼权利，影响仲裁裁决的稳定性。

仲裁裁决被人民法院裁定不予执行的，当事人可以根据双方达成的书面仲裁协议重新申请仲裁而不得依原仲裁协议申请仲裁，也可以向人民法院起诉。

申请不予执行仲裁裁决案

本院在执行已经发生法律效力的(2003)深仲裁字第1031号裁决书过程中，港粤公司以仲裁委的裁决书裁决其向中港公司支付工程进度款滞纳金685400元不属仲裁委管辖且证据不足；结算工程款滞纳金861309.18元亦证据不足为由，向本院提出不予执行仲裁裁决申请。本院依法组成合议庭进行了审查，并于2003年12月20日，公开进行了听证，现已审理终结。

仲裁委对本案管辖问题和港粤公司提出异议之工程进度款滞纳金和工程结算滞纳金问题作出如下认定：(1)港粤公司于2002年10月24日向深圳市中级人民法院(以下简称深圳中院)申请确认仲裁条款效力，深圳中院(2002)深中法立裁字第86号裁定书确认双方当事人于2001年8月15日签订的《工程合同》中约定的仲裁条款有效。(2)中港公司从2001年3月28日起计至2002年1月11日止的迟延支付工程进度款滞纳金为人民币1,039,400元。而仲裁委认定中港公司主张的拖欠工程进度款总额中有118万元无拖欠事实，减去该部分滞纳金354,000元后，港粤公司实际应支付中港公司工程进度款滞纳金人民币685400元＝(1039400－354,000)。(3)仲裁委认定增加工程结算总额为人民币1202849元；加上由中国建设银行深圳市分行工程造价咨询中心(以下简称"造价中心")已审定的工程进度款9299898.2元，两项相加，本案完工工程款总造价为人民币10502747.2元，减掉已付工程款人民币946万元，中港公司尚欠结算工程款人民币1042747.2元。所欠该结算款滞纳金应按双方约定的滞纳金计算标准2‰计算从2002年8月29日起计算，截至2003年10月22日共计滞纳金为人民币1042747.2×2‰×413天＝861309.18元。

仲裁委依据其认定的上述事实作出如下裁决：一、港粤公司支付欠中港公司的工程款人民币1042747.2元、延期支付工程进度款滞纳金人民币685400元、延期支付结算工程款滞纳金人民币861309.18元(判项一、二内容略)。

港粤公司不服仲裁委的上述裁决，向本院提出不予执行(2003)深仲裁字第1031号裁决书，理由是：第一，(1)双方签订的《工程合同》及开工日期均为2001年8月15日，该日期前尚未开工，不存在违约金问题。(2)即便该日有开工，但2001年8月15日的合同对之前的开工行为无约束力，故进度款滞纳金部分不属仲裁委管辖；第二、结算工程款1042747元，并非"造价中心"结算，该款是由仲裁委于2003年10月21日结算的，根据合同规定，滞纳金应从该结算日起计算，但对该部分工程款我公司在领取裁决书后即已付清，因此，无迟延支付结算工程款的事实。我公司认为仲裁委对滞纳金的认定，证据不足，且进度款滞纳金不属于仲裁管辖。因此，申请不予执行仲裁裁决书。

本院查明：2003年6月9日，深圳中院(2002)深中法立裁字第86号裁定书对本案《工程合同》中的仲裁条款效力予以确认。

本院认为：中港公司与港粤公司签订的《工程合同》是双方当事人的真实意思表示；开工报告是由监理公司于2000年12月1日批准；《工程竣工验收报告》业经双方当事人及相关部门签字盖章。上述证据均合法有效，可以作为认定本案的事实依据。1.关于管辖问题，业经中院裁定确认归仲裁管辖。本案双方当事人对同一项目签订的两份《工程合同》约定内容相同，由此可见，后一份合同是对前一份合同的取代。因此，根据本案事实，即便如港粤公司所称，前一份合同无效或作废，也不影响2001年8月份所签《工程合同》对之前的开工行为的约束力。因此，港粤公司以后一份合同对之前的开工行为无约束力为由，认为不属仲裁管辖，显属无理。2.双方在合同26.4条、34.2和34.4条中均明确约定，发包方收到承揽方的《竣工结算报告》后28天内进行核实、在收到该报告起63天内无正当理由不结算工程款，则由发包人按日2‰承担迟延付款违约金。港粤公司于2002年2月7日收到中港公司的结算报告，但港粤公司无提供证据证明其在时限内即63天内作出核实并结算，因此，其理应承担举证不能的不利后果。所欠结算工程款违约金应从其违约之日即2002年5月3日起计算，但仲裁裁决书则从2002年8月29日起算，有少算，但中港公司认可。因此，港粤公司称，结算工程款不存在拖欠问题，也与事实不符。港粤公司称2000年12月3日的开工报告是后补的，该辩解证据不足。综上，仲裁委裁决港粤公司承担进度款和结算款违约金，证据确实充分，港粤公司要求不予执行(2003)深仲裁字第1031号裁决书的请求，本院不予支持，应予驳回。依照《中华人民共和国民事诉讼法》第二百一十七条第一款、第一百四十条第一款第(十一)项之规定，裁定如下：

驳回异议人港粤公司不予执行(2003)深仲裁字第1031号裁决书的申请。[①]

---

① 参见深南法执查字(2003)第950号民事裁定书。

第二编

仲裁法实务

第七章

仲裁庭角色思路实训

【本次实训目的】

1.仲裁申请人应具备的条件
2.仲裁被申请人的确定
3.仲裁申请人的庭审思路与技巧
4.被申请人的答辩思路与技巧
5.仲裁庭审理的思路与法律适用

一、案情简介

申请人:甘某某,身份证:××××××××,住址:广东省××市××区××路××号1栋2104房

郭某晨,身份证:××××××××,住址:同上

郭某平,身份证:××××××××,住址:广东省××县××镇幸福路102号

赖某某,身份证:××××××××,住址:同上

被申请人:中国人民财产保险股份有限公司××市××支公司某营销服务部

住所:××市××区××南路1036号1栋2单元101室

负责人:×××

2009年7月9日,被保险人郭某辉与被申请人中国人民财产保险股份有限公司××市××支公司某营销服务部签订机动车保险合同及保单,被保险人郭某辉投保了责任限额为34万元的车辆损失险、50万元的第三者责任险、驾驶员及车上人员责任险、盗抢险、交强险等险种,并投保了不计免赔险,保险期间自2009年7月10日零时至2010年7月9日24时止。

2010年3月6日,廖某龙无证驾驶转向、制动不符合技术标准的粤FY0229号中型自卸货车,自广州向新丰县城方向行驶,在G105线2401KM+200M地点转弯处,因操作失误越过中间隔离设施与在本车道正常行驶的郭某辉粤C86×××号小型越野车发生碰撞,造成两车不同程度损坏和被保险人当场死亡的重大交通事故。经新丰县公安局交警大队认定,被保险人郭某辉不承担本次交通事故责任。事故发生后,申请人作为被保险人郭某辉的法定继承人多次请求被申请人对粤C86×××投保车辆理赔,被申请人均拒绝。申请人请求仲裁:1.裁决被申请人支付保险车辆损失赔偿金约25万元;2.裁决被申请人支付保险车上人员责任险(司机)赔偿金1万元;3.裁决被

申请人承担本案仲裁费用。

申请人提交了如下证据:证据一:户口簿,证明申请人是被保险人的法定继承人。甘某某、郭某晨分别是郭某辉的妻、子,郭某平、赖某某分别是郭某辉的父、母。证据二:交通事故认定书,证明被保险人当场死亡和车辆损害,被保险人的投保单位是被申请人。第三人负全责。证据三:法医学尸体检验报告书,证明被保险人当场死亡的事实。证据四:火化证明,证明被保险人当场死亡的事实。证据五:保险单、保险条款,证明被保险人在被申请人处投保了车辆损失险,第三人责任险等。在保险期限内发生的保险事故。证据六:机动车行驶证、驾驶证、保险证,证明被保险人是合格的驾驶人。证据七:保险业专用发票,证明被保险人缴纳了保险费。证据八:收据,证明 C86×××的维修费用、抢救费等。

被申请人答辩称:被保险人郭某辉(受害人)属于车上乘客,不属于交强险赔偿的范围,被保险人在本次事故中无责任,被申请人不需承担任何保险责任。各申请人应当向承保对方车辆交强险的保险公司主张交强险赔偿,超过交强险限额的部分,应当由肇事车辆的所有人和驾驶人承担赔偿责任。各申请人直接向被申请人索赔没有法律依据。投保人连续 3 年在本公司投保交强险、第三者责任商业保险、车上人员责任险、不计免赔特约险,被申请人对保险险种、金额、承保范围和免责条款予以口头说明,投保人在同一保险公司多次就同一标的投保,不能以保险人就某些条款未说明为由主张保险人应当承担责任。

二、实训内容

(一)实体法

1.了解交强险和商业保险合同的一般原理。机动车交通事故责任强制保险,是指由保险公司对被保险机动车发生道路交通事故造成本车人员、被保险人以外的受害人的人身伤亡、财产损失,在责任限额内予以赔偿的强制性责任保险。机动车交通事故责任强制保险实行统一的保险条款和基础保险费率。机动车交通事故责任强制保险在全国范围内实行统一的责任限额。责任限额分为死亡伤残赔偿限额、医疗费用赔偿限额、财产损失赔偿限额以及被保险人在道路交通事故中无责任的赔偿限额。《机动车交通事故责任强制保险条款》第八条规定了赔偿限额,在中华人民共和国境内(不含港、澳、台地区),被保险人在使用被保险机动车过程中发生交通事故,致使受害人遭受人身伤亡或者财产损失,依法应当由被保险人承担的损害赔偿责任,保险人按照交强险合同的约定对每次事故在下列赔偿限额内负责赔偿:死亡伤残赔偿限额为 110000 元;医疗费用赔偿限额为 10000 元;财产损失赔偿限额为 2000 元;被保险人无责任时,无责任死亡伤残赔偿限额为 11000 元;无责任医疗费用赔偿限额为 1000 元;无责任财产损失赔偿限额为 100 元。

死亡伤残赔偿限额和无责任死亡伤残赔偿限额项下负责赔偿丧葬费、死亡补偿费、受害人亲属办理丧葬事宜支出的交通费用、残疾赔偿金、残疾辅助器具费、护理费、康复费、交通费、被扶养人生活费、住宿费、误工费,被保险人依照法院判决或者调解承担的精神损害抚慰金。

医疗费用赔偿限额和无责任医疗费用赔偿限额项下负责赔偿医药费、诊疗费、住院费、住院伙食补助费，必要的、合理的后续治疗费、整容费、营养费。

国家设立道路交通事故社会救助基金（以下简称救助基金）。该基金主要用于支付尚未参加保险的机动车造成的交通事故和肇事逃逸机动车造成交通事故受害人的抢救费用、肇事车辆参加机动车第三者责任强制保险的，由保险公司在责任范围内支付抢救费用；抢救费用超过责任限额的，未参加机动车第三者责任强制保险或者肇事后逃逸的，由道路交通事故社会救助基金先行垫付部分或者全部抢救费用，道路交通事故社会救助基金管理机构有权向交通事故责任人追偿。

有下列情形之一的，保险公司在机动车交通事故责任强制保险责任限额范围内垫付抢救费用，并有权向致害人追偿：(1)驾驶人未取得驾驶资格或者醉酒的；(2)被保险机动车被盗抢期间肇事的；(3)被保险人故意制造道路交通事故的。

有前款所列情形之一，发生道路交通事故的，造成受害人的财产损失，保险公司不承担赔偿责任。

由于机动车交通事故责任强制保险的保额有限，机动车主可另行投保机动车第三者责任保险，与有关保险公司签订机动车第三者责任保险合同，通过保险分散因交通事故责任强制保险不足部分带来的风险。当投保人或其允许的合格驾驶员在使用保险车辆过程中发生意外事故，致第三者遭受人身伤亡或财产直接毁损时，依法应当由投保人支付的赔偿金额，由保险人依照保险合同约定予以赔偿。机动车第三者责任保险限额从 20 万元至 100 万元不等，保险合同约定了保险险种，投保人可以自行选择。合同约定的保险事故发生后，依保险合同和保单载明的责任限额由保险公司予以赔付。保险事故发生后，被保险人有权就其损失选择向被申请人或向事故相对方及其保险公司主张赔偿。依照《中华人民共和国保险法》第四十五条规定，因第三者对保险标的的损害而造成保险事故的，本案被申请人承担赔偿责任后，可以在赔偿金额范围内代位行使被保险人对第三者请求赔偿的权利。

2.明确继承法中继承人的范围和顺序

《继承法》第十条和第十二条规定：第一顺序的继承人为配偶、父母、子女。第二顺序的继承人为兄弟姐妹、祖父母、外祖父母。继承开始后，由第一顺序继承人继承，没有第一顺序继承人继承的，由第二顺序继承人继承。“丧偶儿媳对公婆、丧偶女婿对岳父、岳母尽了主要赡养义务的，作为第一顺序继承人。”根据《中华人民共和国继承法》的规定，上述四申请人均为郭某辉的法定继承人，且为第一顺序的继承人。投保人郭某辉死亡后，其在保险合同中的财产权利未指定受益人，依法应由法定继承人即四申请人继承其在保险合同中的财产权利。

3.掌握合同法关于格式条款效力的规定

投保人与被申请人签订的《家庭自用汽车损失保险条款》属被申请人使用的格式条款，提供格式条款的一方应当遵循公平原则确定当事人之间的权利和义务，并采取合理方式提请对方注意免责或者限制责任的条款。被申请人主张对免责条款予以口头说明证据不充分。《家庭自用汽车损失保险条款》第二十五条，关于保险人依据被保险机动车驾驶人在事故中所负的事故责任比例承担相应赔偿责任的内容,如果认可该条款的效力,在投保不计免赔特约险后,则会导致如下后果:投保人对道路交通事故发生负全部责任的,保险公司予以全部赔偿;投保人对道路交通事故的发生负同等责任或者主次责任的,则按照投保人在事故中承担的责任比例,由保险公司予以对等比例的赔偿;投保人在道路交通事故中不负责任的,则保险公司不予赔付。这既不符合投保人缔约的目的,也有违公平原则,与鼓励投保人遵守道路交通安全法的价值理念相悖。该格式条款客观上免除了保险人的主要责任,排除了被保险人在合同中依法获得赔偿的主要权利,违背了保险法的公平互利原则。根据《中华人民共和国合同法》第四十条及《中华人民共和国保险法》第十八条的规定,该条款为无效条款。在保险合同有效期限内,投保人的被保险车辆发生交通事故造成损失,被申请人应承担赔偿责任。

(二)程序法

1.仲裁当事人的权利和义务

根据《仲裁法》规定,仲裁案件的当事人享有以下权利:

(1)选定或者委托仲裁委员会主任指定仲裁员的权利。《仲裁法》第三十一条规定,当事人约定由三名仲裁员组成仲裁庭的,应当各自选定或者各自委托仲裁委员会主任指定一名仲裁员,第三名仲裁员由当事人共同选定或者共同委托仲裁委员会主任指定。第三名仲裁员是首席仲裁员。

(2)申请回避的权利。《仲裁法》第三十四条规定,仲裁员具备法定事由,可能会影响案件公正审理的,当事人有权在首次开庭前提出回避申请并说明理由。如果回避理由是首次开庭后知道的,可以在最后一次开庭终结前提出。

(3)放弃和变更仲裁请求、承认仲裁请求和提出反请求的权利。申请人可以在仲裁中处分自己的权利,放弃、变更仲裁请求。被申请人可以承认申请人的仲裁请求,也可以针对申请人的请求提出反请求,以此对抗申请人的请求,抵消、削弱申请人的请求或者要求对方承担义务的独立请求。

(4)申请证据保全、财产保全的权利。《仲裁法》第四十六条规定,在证据可能灭失或者以后难以取得的情况下,当事人可以申请证据保全。为防止有关当事人隐藏、转移、变卖财产,使得胜诉方当事人能够根据生效的仲裁裁决获得其应得的利益,一方当事人可以申请对对方当事人特定的财产采取保全措施,包括查封、扣押、冻结财产等。

(5)申请鉴定或者勘验的权利。对某一行业或领域的专门性问题需要进行鉴别、研究和判断,并作出判断性书面鉴定结论的,当事人可以向仲裁庭提出鉴定申请,由仲裁庭指定的鉴定机构进行鉴定。需要对现场、物品或者物体进行勘验的,当事人可申请仲裁庭亲自进行查验、拍照、测量,也可以由仲裁庭指定有关人员进行查验、拍照、测量。

(6)自行和解的权利。当事人申请仲裁后,有权自行和解。对达成的仲裁和解协议或者撤回仲裁申请后反悔的,可以根据仲裁协议申请仲裁。

仲裁当事人在仲裁中承担以下义务:

(1)依法行使仲裁权利。尊重仲裁庭,尊重对方当事人和其他仲裁参与人员行使仲裁权利。

(2)按时参加仲裁庭审活动,遵守仲裁纪律。

(3)自觉履行发生法律效力的仲裁裁决书和调解书。

2.准备仲裁所需的各种法律文书——仲裁申请书与仲裁反请求申请书、答辩状、整理证据并制作证据清单、准备庭审质证意见、辩论意见等文书

三、分析思路和技巧

(一)申请人的思路和技巧

1.申请仲裁的条件:保险合同有仲裁条款或者书面仲裁协议是向仲裁机构提出仲裁请求的前提条件,是排除法院对案件的管辖权和仲裁机构取得案件管辖权的依据。

2.申请仲裁的主体:被申请人的主体资格是否适格。从保险合同法律关系看被申请人是否为合同当事人。根据《中华人民共和国民事诉讼法》第四十八条规定,保险公司设立在各地的分支机构虽不具备法人资格,但属于“其他组织”,具有诉讼主体资格,可以作为民事诉讼当事人参加诉讼,其分支机构与其他公民、法人或其他组织发生纠纷引起民事诉讼的,应以分支机构作为诉讼主体。其承担民事责任不以总公司授权其经营管理的财产为限,如果其经营管理的财产不足以承担民事责任,超过部分由分公司直至总公司承担。保险合同的保险方可以是总公司也可以是个分支机构,保险公司营销服务部是经保监办批准,在工商行政管理机关登记注册,由保险公司或者保险公司分支机构设立的提供保险服务的机构,是中国人民财产保险股份有限公司××市××支公司的分支机构,属于民事诉讼法上的“其他组织”,因保险合同发生纠纷的可以保险合同的签订方为被申请人。

3.仲裁请求的确定:可仲裁事项的范围,本案依据第三者责任险合同提出仲裁请求,并且只提出请求保险人承担财产损失部分的赔偿责任,区分交通事故责任方的交强险和申请人方提请仲裁的商业险合同,分别属于不同法律关系和不同责任主体。

4.仲裁需要准备的证据:收集和整理证据并制作证据清单。

6.准备质证意见:对被申请人的质证意见予以回应。

(二)被申请人的思路和技巧

1.申请人主体资格是否适格:是否为仲裁协议的主体,本案当事人非保险合同主体和仲裁协议的表面签字人,能否成为仲裁申请人,仲裁法并未明确规定,本案申请人主体资格涉及仲裁协议对未签字人的效力判断。

2.被保险人是否适用车内人员责任险:与请求权基础相关的拓展问题——法律适用。本案申请人请求依照保险合同由保险公司承担赔付责任,交强险和第三者责任险中关于人身损害赔偿免除了对被保险人的赔偿责任,除非被保险人投保司乘人员座位险。

3.被保险人在交通事故中无责任时,保险人是否应当承担保险赔偿责任:《机动车交通事故责任强制保险条款》第八条第四项规定:被保险人无责任时,无责任死亡伤残

赔偿限额为11000元;无责任医疗费用赔偿限额为1000元;无责任财产损失赔偿限额为100元。

4.保险合同中免责条款是否具有效力:证明对免责条款尽了合理提示义务,该条款已经订入合同,适用合同法对格式条款中免责条款效力的判断与解释。

(三)仲裁庭思路和技巧

1.确认仲裁当事人的主体资格:非仲裁协议表面签字人能否成为仲裁申请人。根据《中华人民共和国继承法》的规定,本案四申请人均为郭某辉的法定继承人,投保人郭某辉死亡后,其在保险合同中的财产权利未指定受益人,依法应由法定继承人即四申请人继承其在保险合同中的财产权利,申请人通过继承法、保险法规定成为仲裁协议的当事人。

2.证据的审核与认定:确认证据的效力与采纳理由。

3.保险合同免责条款的效力认定:免责条款是否成为合同条款,格式条款使用人是否尽提示义务,进而对免责条款效力和投保人订立保险合同目的进行判断。

4.车辆损失价格鉴定书的认定:鉴定程序是否合法,是否为法定鉴定机构,对鉴定车辆损失价格的确认。

5.被保险人对交通事故的发生无责任时保险公司是否对投保人承担赔偿责任:争议与说理。本案是依照当事人之间签订的机动车商业保险合同提出的仲裁请求,并非依照双方之间的交强险合同提出仲裁请求。仲裁庭通过对《机动车交通事故责任强制保险条款》第八条第四项规定予以法理上分析,从法律政策取向上看,与《道路交通安全法》的精神相冲突,两者的价值取向不同。被申请人与投保人签订的《家庭自用汽车损失保险条款》属被申请人使用的格式条款,提供格式条款的一方应当遵循公平原则确定当事人之间的权利和义务,并采取合理方式提请对方注意免责或者限制责任的条款。被申请人主张对免责条款予以口头说明证据不充分。《家庭自用汽车损失保险条款》第二十五条关于保险人依据被保险机动车驾驶人在事故中所负的事故责任比例承担相应赔偿责任的内容,既不符合投保人缔约的目的,也有违公平原则,与鼓励被保险人遵守交通法规的价值理念相悖。该格式条款客观上免除了保险人的主要责任,排除了被保险人在合同中依法获得赔偿的主要权利,违背了保险法的公平互利原则。根据《中华人民共和国合同法》第四十条及《中华人民共和国保险法》第十八条的规定,该条款为无效条款。在保险合同有效期限内,投保人的被保险车辆发生保险事故造成损失,被申请人应承担赔偿责任。

【实训案例】借款合同纠纷案[①]

一、案情简介

申请人一：倪托尼(TONYNI)，美籍华人。

申请人二：郑维仙。

被申请人一：朱乃杭。

被申请人二：林瑞斌。

被申请人三：徐丽芳。

申请人诉称，2013年5月29日，倪托尼(TONYNI)与被申请人朱乃杭订立一份《协议书》，约定：倪托尼向朱乃杭出借共计2000万元人民币借款，用于昆明滇池国家旅游度假区大渔片区21号路BT融资建设项目；借款利息共计1300万元；朱乃杭返还与支付全部借款本息的时间不应迟于原告倪托尼出借首笔款项之日起二年；朱乃杭提供位于昆明市新亚洲体育城星都总部基地049栋1—6层房产作为担保；倪托尼因催讨借款本息、违约金等款项产生的诉讼费、律师费、差旅费等全部费用由朱乃杭承担；发生纠纷，双方无法协商解决的，可向倪托尼现住地××省××市的仲裁委员会申请仲裁等。

上述《协议书》订立前后，倪托尼于2013年3月27日至2013年8月4日，先后向被申请人朱乃杭的银行账户汇付共计2070万元的借款。同时，鉴于申请人倪托尼、郑维仙系夫妻关系，两申请人与三被申请人于2013年5月28日订立一份《借款(抵押)合同》，约定三被申请人提供位于昆明市官渡区星都总部基地049幢1单元1—6层写字楼49室作为借款抵押担保。该合同由昆明市国信公证处予以公证。2013年5月29日，各方当事人就三被申请人提供抵押的房产办理了抵押登记手续，申请人倪托尼取得昆明市住房和城乡建设局颁发的《房屋他项权证》。

借款期间，被申请人朱乃杭向申请人支付了部分借款利息，但自2013年7月始，几经催讨，仅支付306000元利息，对其余借款本息不再支付。经双方协商，被申请人朱乃杭、林瑞斌于2013年10月15日出具一份《借条》，确认申请人提供的借款本金总额为2070万元人民币，截至2013年10月15日已有3个月未付利息等事实，并承诺：将于2013年10月20日前还清尚欠利息，并在2013年11月30日前归还借款本金2070万元人民币及利息、违约金，否则承担人民币250万元作为违约金，并承担相关费用等。但被申请人朱乃杭承诺的还款期限届满后，其仍未向申请人返还借款及支付利息。申请人认为，其与朱乃杭关于借款　事订立的《协议书》《借款(抵押)合同》、朱乃杭、林瑞斌出具的《借条》合法有效，申请人已将借款出借予朱乃杭，但朱乃杭未按约返还借款本息，申请人有权要求其返还全部借款本息；三被申请人提供的抵押房产已依法办理抵押登记手续，申请人依法对该房产享有优先受偿权。请求裁决：(1)朱乃杭

① 本案例根据中国裁判文书网，福建省高级人民法院民事判决书(2014)闽民初字第28号改编。

偿还申请人借款本金人民币 2070 万元，并支付利息（截至 2013 年 10 月 15 日的利息为 1214000 元，2013 年 10 月 15 日起以 2070 万元为基数，按月息 2%计算，计至还清之日止，扣除已付利息 306000 元）。(2)朱乃杭向申请人支付违约金 250 万元。(3)确认申请人对三被申请人所提供的坐落于昆明市官渡区星都总部基地 049 幢 1 单元 1—6 层写字楼 49 室的抵押房产享有优先受偿权。(4)裁决被申请人承担本案全部仲裁费用与律师费用 10 万元。

被申请人朱乃杭、林瑞斌、徐丽芳共同答辩称，对借款的事实没有异议，未还款的原因是将款项用于 BT 项目后，发包方的款项没有回来，无力偿还。关于抵押的事实也没有异议，林瑞斌、徐丽芳只是提供了抵押担保，二者并不是借款人。

二、证据提交情况

申请人为证明其主张，向仲裁庭提交了以下证据：

1.《协议书》，证明申请人倪托尼与被申请人朱乃杭约定出借 2000 万元人民币，朱乃杭提供位于昆明市新亚洲体育城星都总部基地 049 栋 1—6 层房产作为担保。

2.《公证书》，证明双方订立《借款（抵押）合同》，约定被申请人提供位于昆明市官渡区星都总部基地 049 幢 1 单元 1—6 层写字楼 49 室作为借款抵押担保，该合同由昆明市国信公证处予以公证。

3.《房屋他项权证》，证明 2013 年 5 月 29 日，各方当事人就提供抵押的房产办理了抵押登记手续。

4.银行凭证及流水清单，证明 2013 年 3 月 27 日至 2013 年 8 月 4 日，申请人先后向被申请人朱乃杭的银行账户汇付共计 2070 万元。

5.《借条》，证明被申请人朱乃杭、林瑞斌于 2013 年 10 月 15 日出具一份《借条》，确认申请人提供的借款本金总额为 2070 万元人民币，截至 2013 年 10 月 15 日已有三个月未付利息等事实，并承诺将于 2013 年 11 月 30 日前归还借款本金及利息、违约金，否则承担人民币 250 万元作为违约金，并承担相关费用等。

6.《委托代理合同》、福建增值税普通发票、中国建设银行客户回单，证明申请人因本案诉讼产生律师委托代理费 10 万元。

7.各被申请人身份证，证明被申请人身份情况。

8.建设银行 DCC 历史流水清单，证明朱乃杭于 2013 年 10 月 30 日、31 日分别向申请人支付了 156000 元、150000 元利息的事实。

被申请人朱乃杭、林瑞斌、徐丽芳均未提供证据。

【实训组织】

1.每 8 人一组，分别担任当事人、仲裁员、仲裁秘书，每组成员就模拟仲裁角色，通过讨论形成各自的思路和技巧，各组角色依次进行发言，其他小组随即进行评价，教师最后进行总结点评。

2.要求各小组成员认真阅读案例，掌握案件事实，分析法律关系，检索相关法律和司法解释。

3.形成申请人思路与技巧模拟的书面分析报告。

4.形成被申请人思路与技巧模拟的书面分析报告。

5.模拟仲裁庭裁决思路的书面分析报告。

【延伸训练】借款合同纠纷案[①]

一、案情简介

申请人：熊某

被申请人一：广州某建筑装饰工程有限公司

被申请人二：杨某，该公司法定代表人

被申请人三：梁某

2010年12月21日，被申请人一因承接哈尔滨商场装修工程缺乏资金，向申请人借款。

申请人（出借方）与被申请人一（借款方）、被申请人二（担保方）签订《借款合同》，合同约定：被申请人一向申请人借款490万元，申请人根据被申请人一的要求通过银行转账和现金支付方式支付给被申请人一。申请人根据被申请人一的施工进度分次支付借款，约分三次支付。第一期为2010年12月26日前支付150万元，第二期为2011年2月20日前支付150万元，第三期为2011年3月30日前支付172万元。实际利息以每笔支付时间起算，并且借款额度可以低于但不能高于490万元。每次支付被申请人一必须向申请人出具借款收据。钱款期限为8个月，从2010年12月23日起至2011年7月22日止，2011年5月被申请人一必须偿还申请人100万元，6月偿还100万元，7月偿还200万元，8月余款一次还清。被申请人一同意借款月利息2%，到期后本息一次归还。被申请人一要协助申请人将该项目装修工程承包人之一被申请人三应分得的利润大约200万元直接支付给申请人。被申请人一同意以广州市越秀区吉祥路的房产抵押给申请人作担保，房产证原件交申请人保管。被申请人二、三为被申请人一的担保人，若被申请人一不能还款，承担连带清偿责任。被申请人一同意申请人派出一名财务人员担任被申请人一的出纳，负责保管银行印章一枚，负责收取工程款，负责项目银行存款、现金的收支。申请人派出的财务人员每月工资3000元，报销来往交通费。申请人派出的财务人员要服从被申请人一的领导，不能干预公司资金运作。申请人、被申请人一、二在该合同上签名盖章。被申请人二作为被申请人一的法定代表人，被申请人三在《借款合同》首部是作为担保方之一，但并未在《借款合同》上签名。

被申请人三于2010年12月23日向申请人出具《担保函》，承诺为了归还申请人借款，同意对被申请人一的上述《借款合同》的借款承担连带清偿责任。如果被申请人一不能偿还申请人的本息时，被申请人三承担连带清偿责任。

---

① 广州仲裁委员会：《金融仲裁案例选编》，法律出版社2013年版，第125～126页。

《借款合同》签订后，申请人分期向被申请人一支付借款490万元，被申请人一均开具等额收据。

申请人认为按双方约定，被申请人一应在2011年8月份还清全部借款，但被申请人一至今尚拖欠借款本金3013799.5元及利息。申请人依《借款合同》中的仲裁条款向广州仲裁委员会提请仲裁，请求：1.裁决被申请人一向申请人归还本金3464000元及利息120万元(暂计至2012年6月30日)，实际计算至清偿之日止；2.裁决被申请人二、被申请人三对上述款项承担连带清偿责任；3.裁决由三被申请人承担本案仲裁费及财产保全费5000元。

二、争议焦点

(一)关于借款数额

申请人主张已将合同约定的490万元全部支付给被申请人一，被申请人一则主张申请人实际提供的借款仅有400万元，申请人提供的收款收据所载明的现金借款90万元实际上是利息，该笔借款并未实际支付。

(二)关于已还款数额

申请人主张被申请人一的还款金额共为1436200元，尚欠3464000元。申请人确认被申请人一以下还款：1.2011年7月10日还款336200.50元；2.2011年8月25日还款200000元；3.2011年9月1日还款150000元；4.2011年9月15日还款20000元；5.2011年9月23日还款200000元；6.2012年1月14日还款130000元；7.2012年3月23日还款450000元；但其中50000元于2012年4月5日、100000元于2012年4月13日再次出借给被申请人一；8.2012年5月31日还款100000元。上述还款均由邓某汇给黎某账户。

被申请人主张还款3686200.50元，两者相差2250000元。

(三)关于被申请人二、三的保证责任的承担

申请人要求被申请人二、三对被申请人一的债务承担连带担保清偿责任。三被申请人主张，《借款合同》未约定保证期间，按照《担保法》规定，保证期间届满，被申请人二、三无须承担连带清偿责任。

根据上述案情和争议焦点，模拟仲裁庭对案件的事实认定和裁决思路。

第八章

仲裁管辖权异议实训

【本次实训目的】

1.仲裁管辖权的取得
2.仲裁管辖权异议的提出
3.仲裁管辖权的确定
4.仲裁管辖权异议决定书

一、案情简介

申请人：××市嘉业物业管理有限公司
法定代表人：叶××
地址：××市××南路××号第××号
被申请人：××市越富有限公司
法定代表人：胡××
地址：××市××大道玫瑰山庄别墅 A4

2007 年 9 月 3 日，案外人××投资有限公司作为房屋所有权人和出租人(甲方)，与被申请人作为承租人(乙方)签订《租赁合同书》，将××市××路 9 号厂房楼(以下称“涉案房屋”)租赁给被申请人。该《租赁合同书》约定内容如下：甲方将位于××工业区工业楼主楼建筑面积 8900 平方米、实用面积 8900 平方米及门前空地租给乙方使用，租期五年，从 2008 年 9 月 1 日至 2013 年 8 月 31 日止；租金在每月的五日前缴交，可转账或现金支付，迟交租金 10 天按 5%加收滞纳金，迟交租金 20 天甲方有权单方终止合约；第一年至第三年每月租金按 8900 平方米，7.5 元/平方米＝66750 元，第四年至第五年每月的租金按 8900 平方米，8.5 元/平方米＝75650 元；租赁期满乙方在同等条件下有优先租用权。

2011 年 1 月 29 日，就涉案房屋的买卖，申请人与××投资有限公司经公证签订了《房地产买卖合同》并办理了相关的物权变更登记手续，申请人于 2011 年 2 月 16 日取得涉案房屋的房地产权证，证号为：×房地权证×字第××××××62 号，申请人成为工业楼厂房新的所有权人。申请人和××投资有限公司多次通知被申请人，告知其房屋转让事宜，要求其按约支付租金给申请人。2011 年 7 月 15 日，被申请人复函确认已经收到申请人和××投资有限公司的通知。被申请人拖欠 2012 年 11 月起计的租金未付，截止仲裁庭开庭之日，被申请人仍然占有涉案房屋并将房屋分租给多名租户使用，逾期支付租金已经达六个月之久。

申请人提出如下仲裁请求：(1)解除2007年9月3日签订的《租赁合同书》，被申请人腾退场地，交还××市××路9号房产给申请人；(2)被申请人支付截止至2013年7月31日拖欠的租金680850元，滞纳金517446元；(3)被申请人从2013年8月1日起，按照每月75650元的标准计算至其实际腾退房屋之日止的租金，并按照实际拖欠租金数额及天数，按每日千分之五的比例支付滞纳金。(4)由被申请人承担本案全部仲裁费用。

被申请人辩称：申请人作为涉案厂房受让人，其购买厂房是以欺骗手段(称该房为空置房)在房产登记中心办理登记所取得，被申请人不承认这次交易，所以对申请人提出的租金或者滞纳金请求不予答复。被申请人与申请人没有签订任何合同，如果要算租金请原出租人与被申请人进行结算。经被申请人通知后，原出租人不来向被申请人收取租金，而且将被申请人汇去的部分租金退了回来，以致被申请人无法支付租金。被申请人已在××××报刊登声明，将应交的租金按原签订的合同每月五日前存入××市××有限公司的银行账号，并将该报纸邮寄至原出租人。××市××有限公司是被申请人法定代表人胡××新注册的公司，该公司的法定代表人为胡××。由于被申请人未与申请人签订任何协议，如果造成申请人的损失，申请人完全可以向其买卖合约相对方申请赔偿或者主张他们的权利。被申请人请求仲裁庭驳回申请人的所有仲裁请求。

2013年8月26日，被申请人向仲裁委员会提交了仲裁管辖异议申请书，认为仲裁委员会对其与嘉业物业管理有限公司租赁合同纠纷一案没有管辖权，请求本会驳回嘉业物业管理有限公司的仲裁申请，被申请人的主要理由是：(1)越富有限公司与嘉业物业管理有限公司之间无仲裁协议；(2)嘉业物业管理有限公司隐瞒真实情况获得房地产权的诉讼纠纷案件正在进行之中。

二、实训内容

(一)确认仲裁协议效力

本案涉及仲裁协议对非仲裁协议表面签字人是否有效的问题。最高人民法院《关于适用〈中华人民共和国民事诉讼法〉若干问题的意见》第五十条对法人分立合并后诉讼当事人有明确规定，由承受分立合并前企业权利义务的企业承担。《中华人民共和国仲裁法》第十九条明确了仲裁协议的效力不因合同变更、解除、终止或者无效而发生影响，但对合同转让、物权变动等情形下仲裁协议的效力如何并无明确规定。2006年9月8日最高人民法院《关于适用〈中华人民共和国仲裁法〉若干问题的解释》第八条规定："当事人订立仲裁协议后合并、分立的，仲裁协议对其权利义务的继受人有效。当事人订立仲裁协议后死亡的，仲裁协议对承继其仲裁事项中的权利义务的继承人有效，前两款规定的情形，当事人订立仲裁协议时另有约定的除外。"该司法解释表明，仲裁协议的效力已经不仅仅局限于在仲裁协议上签字盖章的当事人，在合同权利义务发生承继或者债权债务全部或者部分转移时，其权利、义务的继受者未与原仲裁协议相对方达成新的仲裁协议或未达成放弃仲裁协议时，原仲裁协议对权利义务的继受者具有约束力，各方当事人应当按照原仲裁协议，通过仲裁解决争议。

（二）提出仲裁管辖异议

仲裁管辖异议是当事人主张没有仲裁协议、仲裁协议无效或者争议事项不属于仲裁协议下的事项，认为仲裁委员会对争议事项没有管辖权的异议。根据《仲裁法》第二十条第二款规定："对仲裁协议的效力有异议的，应当在仲裁庭首次开庭前提出。"《仲裁法》并没有规定仲裁管辖异议应以书面形式提出，但各地仲裁委员会规则都规定了以书面形式提出管辖异议。

《仲裁法》只规定了对仲裁协议的效力提出异议，对不存在仲裁协议和仲裁案件管辖权的异议没有规定。实务中，各地仲裁委员会规则规定了明确的可以提出仲裁管辖异议的情形，仲裁规则对不存在仲裁协议和仲裁案件管辖权也可以提出仲裁管辖异议。各地仲裁委员会仲裁规则都规定，对仲裁案件管辖权提出异议的，当事人应在首次开庭前以书面形式提出。书面审理的案件，应当在第一次实体答辩期届满前提出。仲裁机构对管辖权异议的审理，侧重两个方面，一是对管辖异议应符合仲裁规则关于时限的要求，在首次开庭前提出。如果仲裁庭宣布开庭，核对当事人基本情况、代理人委托权限、是否到庭、告知仲裁当事人权利和义务，进入仲裁庭调查后提出管辖异议的，则不符合仲裁规则要求。二是对管辖权异议应符合仲裁规则关于形式要件的要求，以书面形式提出管辖异议。仲裁委员会或仲裁庭依授权对管辖权异议作出决定时，审查当事人提出管辖权异议是否以书面形式提出。如果当事人是以口头形式提出管辖权异议的，则不符合仲裁规则要求。管辖权异议是否成立，取决于是否同时具备仲裁规则关于时限和形式的要求。

（三）仲裁管辖权的确定

《仲裁法》将仲裁管辖异议的决定权赋予仲裁委员会，各地仲裁规则也作了类似的规定。仲裁规则规定除了仲裁委员会对仲裁协议的存在、仲裁协议的效力和仲裁案件的管辖权作出决定外，还规定仲裁委员会在必要时可以授权仲裁庭对管辖异议作出决定。

本案××投资有限公司与被申请人签订的《租赁合同书》约定，双方发生争议的，在××市仲裁委员会进行仲裁。虽然该约定所选定的仲裁机构名称不准确，但在××市仅存在一家仲裁机构的情形下，根据最高人民法院《关于适用〈中华人民共和国仲裁法〉若干问题的解释》第三条和第六条的规定，可以确定双方当事人选定的仲裁机构为××仲裁委员会。××仲裁委员会应视为××投资有限公司与被申请人在《租赁合同书》约定的仲裁机构。

申请人已于2011年2月16日取得涉案房屋的房地产权证，对由此产生的物权公示对抗效力，仲裁庭认可涉案房屋的无权变动事实，并以此作为管辖权异议决定作出的前提条件。

本案的关键问题是：在涉案房屋租赁协议的出租人主体发生变更后，租赁协议中的仲裁条款是否应适用于新的出租人主体(即本案申请人)与承租人(即本案被申请人)。

《中华人民共和国合同法》第二百二十九条的规定,租赁物在租赁期间发生所有权变动的,不影响租赁合同的效力。这是合同相对性原则的法定例外(即法律直接赋予合同缔结方以外的人得依据合同享有权利的主体地位),是现代合同法由个人本位向社会本位发展的体现。鉴于申请人已取得了涉案房屋的所有权,《租赁协议书》对申请人与被申请人产生约束力,并非是因为他们之间经协商签订了《租赁协议书》,而是源于《中华人民共和国合同法》第二百二十九条的法律规定。××投资有限公司与被申请人签订的《租赁协议书》继续有效,对申请人和被申请人具有约束力。《租赁协议书》所约定的仲裁条款作为合同的组成部分,除非存在法律规定的无效情形,自然也应对申请人和被申请人具有约束力。申请人虽然未在《租赁协议书》上签字,但其是基于法律的规定而成为《租赁协议书》的主体,并不影响其在依法取代××投资有限公司成为《租赁协议书》的当事人后,承继××投资有限公司依据《租赁协议书》所享有的通过仲裁解决纠纷的权利。如仅以申请人未在《租赁协议书》上签字就认定该仲裁条款对申请人与被申请人之间的纠纷不具有约束力,背离了立法本意。

《中华人民共和国合同法》规定了合同中争端解决条款的独立性,但该等独立性规范的立法目的是要尽量认定争端解决条款的有效性而不是相反。如果以仲裁条款的"独立性"为理由,认为合同虽然有效,但合同中的仲裁条款对申请人与被申请人没有约束力,这样的法律解释结果背离了立法本意,不应予接受。

最高人民法院《关于适用〈中华人民共和国仲裁法〉若干问题的解释》第八条表明,仲裁协议的效力已经不仅仅局限于在仲裁协议上签字盖章的当事人,在合同权利义务发生承继或者债权债务全部或者部分转移时,其权利、义务的继受者未与原仲裁协议相对方达成新的仲裁协议或未达成放弃仲裁协议时,原仲裁协议对权利义务的继受者具有约束力,各方当事人应当按照原仲裁协议,通过仲裁解决争议。

三、分析思路与技巧

当事人对仲裁管辖权提出异议的主要理由有三大类:不存在仲裁协议;仲裁协议无效;提请仲裁解决的争议事项不属于仲裁协议下的事项。其中对仲裁协议效力有异议的,处理程序比较特殊,对仲裁协议效力的认定可以由仲裁机构认定,也可以由法院认定,而且法院对仲裁协议效力的认定具有优先性。其他两类管辖异议均由仲裁机构或仲裁机构授权仲裁庭作出处理决定。

(一)申请人的思路和技巧

1.审查有无仲裁协议、仲裁协议的效力及争议事项的可仲裁性;

2.检索《仲裁法》、仲裁委员会仲裁规则中管辖权异议的相关规定;

3.针对被申请人的管辖权异议申请是否采用书面形式,是否在仲裁庭首次开庭前提出准备好反驳申请人提出管辖权异议理由。

(二)被申请人的思路和技巧

1.对仲裁协议的存在、仲裁协议的有效和争议事项的可仲裁性提出答辩意见；

2.检索《仲裁法》、仲裁委员会仲裁规则中管辖权异议的相关规定；

3.在《仲裁法》及受理案件的仲裁委员会仲裁规则规定的时限内,用书面形式提出管辖权异议；

4.明确逾期提出仲裁管辖异议的法律后果。

(三)仲裁庭思路和技巧

1.审查仲裁协议及其效力,对当事人自愿仲裁的意思表示、选定的仲裁委员会和仲裁协议法定的形式要件——书面协议进行认定和判断；

2.对争议事项的可仲裁性,结合《仲裁法》、最高人民法院司法解释和相关仲裁规则进行认定和判断。

3.对管辖权异议提出的形式和时限进行审查和判断；

4.确定管辖权异议是否成立,阐释仲裁庭决定的理由。

5.检索本案相关的法律、司法解释和仲裁规则

(1)仲裁法第二条:平等主体的公民、法人和其他组织之间发生的合同纠纷和其他财产权益纠纷,可以仲裁。

仲裁法第三条:下列纠纷不能仲裁

(一)婚姻、收养、监护、扶养、继承纠纷；

(二)依法应当由行政机关处理的行政争议。

(2)《仲裁法》第六十五条:涉外经济贸易、运输和海事中发生的纠纷的仲裁,适用本章规定。本章没有规定的,适用其他法律规定。

(3)1958年加入《纽约公约》时声明凡依我国法律属于商事法律关系所引起的争议,无论是契约性的还是非契约性的,均适用该公约。

(4)本案提交仲裁的仲裁委员会规则关于案件受理范围的规定。

(5)《仲裁法》第十九条、第二十条、《合同法》第二百二十九条、最高人民法院关于仲裁法司法解释第八条、第十二条。

(6)受理案件的仲裁委员会规则。

【实训案例】仲裁管辖异议案

一、案情简介

申请人:广东电网有限责任公司××供电局,地址:××市××区××路×××号

法定代表人:郑××

被申请人:××房地产营销顾问有限公司,地址:××市××路××号

法定代表人:陈××

××物业发展有限公司原报装有500kVA、400kVA两台变压器,其中500kVA

的变压器CT倍率为120倍,400kVA变压器的CT倍率为80倍,后500kVA变压器已报停。2003年,被申请人申请将上述××公司的两台变压器用户变更为被申请人。2010年7月6日,被申请人申请并户减容,拆除一台500kVA变压器。2010年8月26日,申请人与被申请人重新签订了《供用电合同》,合同约定双方争议解决方式为向××仲裁委员会申请仲裁。2014年3月,申请人接到举报,被申请人收费计量倍率80倍与实际倍率120倍不一致。经申请人工作人员现场检查发现,现场运行CT名牌标注的倍率确实为120倍,与系统中记录的80倍不一致,申请人工作人员告知被申请人需按实际倍率补缴电费,但被申请人对该CT实际倍率是否为120倍提出质疑,要求对该CT的实际倍率进行测定。2014年4月28日,被申请人与申请人下属单位某供电局签订了《关于××房地产顾问有限公司申请校验电流互感器倍率的协议》,约定CT的实际倍率以质监所的检验报告为准。2014年5月4日,在双方人员在场见证下,申请人将该CT拆下,并重新装上新的CT,此后电费按照新装CT计量。拆下的CT送××市质量计量监督检测所检测,检测结果为该互感器合格,倍率确实为120倍。经申请人调查,出现上述差错的原因为:2010年6月,因被申请人的400kVA变压器的用电量过大,申请人将其400kVA变压器的原80倍CT更换成120倍CT,该CT资产编号为A相ZC000069561,B相ZC000069555,C相ZC000069564,2010年7月,被申请人申请并户减容拆除500kVA变压器;2010年10月,在500kVA变压器拆除过程中,现场拆除的CT是500kVA变压器对应的CT,但《装拆表工作单》中却错误记录拆除该120倍CT(对应400kVA变压器),工作人员拆除时未就拆除CT的资产编号与《装拆表工作单》上记录的CT编号进行核对。这导致该《装拆表工作单》于2010年11月归档后,营销系统显示拆除了该120倍CT,则400kVA变压器对应的CT还原到原来的80倍,系统自动按照80倍计量用电量,但实际该120倍CT仍在现场运行至2014年5月6日。即从2011年10月至2014年5月期间被申请人的用电量实际应为120倍,而营销系统中按80倍计量是错误的。经申请人核算,从2010年11月至2014年6月期间,因倍率差错导致的被申请人少交的电费合计人民币668602元。申请人曾就追补电费问题多次上门通知被申请人,并于2015年5月19日向被申请人发出《关于××房地产营销顾问有限公司计量差错电费追缴的通知》,要求被申请人自收到通知之日起5个工作日内补交电费,但被申请人于2015年5月20日向申请人发出《投诉信》,对电量计量错误不予认可,拒绝补交电费。申请人根据《民法通则》第九十二条和《最高人民法院关于贯彻执行〈中华人民共和国民法通则〉若干问题的意见(试行)》第一百三十一条关于不当得利和返还不当得利原物和原物所生孳息的规定,以及双方签订的《供用电合同》第5.2.4条约定因计量装置不准导致少计电量时可向用电方补收电费,补收电费的数额依照《供电营业规则》第八十条、第八十一条的规定确定,提出以下仲裁请求:1.请求被申请人补交2011年11月至2014年6月期间少缴的电费668602元以及违约金(违约金以668602元为基数,从2015年5月27日起按《供用电合同》的约定计算,请求裁决至付清之日止)。2.被申请人承担本案全部仲裁费用。

被申请人认为申请人以合同纠纷名义申请仲裁,本案实际上是不当得利法定之债，不当得利之债不在仲裁协议的范围，因而提出管辖异议，认为××仲裁委员会对本案没有管辖权。

【实训组织】

将学生分为三组，分别以申请人、被申请人和仲裁员的角色，每组成员就各自担任的角色，通过讨论形成各自的仲裁思路和技巧，老师对每组成员分别进行引导，组织学生讨论问题，形成本小组共同认可的观点，并完成各自的实训任务：

1.以被申请人的名义提出管辖异议，撰写管辖异议书，准备质证与辩论意见

2.以申请人的名义撰写管辖异议答辩书，准备质证与答辩意见

3.担任仲裁员角色的学生应掌握管辖异议的审理程序，对本案管辖权发表合议意见，将合议结果记录下来，并撰写管辖权异议决定书

【延伸训练】申请确认仲裁协议效力纠纷案①

申请人：杭州步升贸易有限公司

法定代表人：谢素琴

委托代理人：陶军锋

被申请人：中国工商银行股份有限公司杭州江南支行

诉讼代表人：高洁

委托代理人：汤冷

委托代理人：凌芳

申请人步升公司申请称：申请人与被申请人于 2014 年 3 月 31 日签订《仲裁协议书》约定：各方在履行合同过程中所发生的争议，协商不成的，则将该争议提交杭州金融仲裁院进行仲裁。申请人与被申请人于 2014 年 6 月 27 日签订的《小企业借款合同》，第一部分基本约定第八条约定：将争议提交杭州金融仲裁院仲裁委员会，按提交仲裁申请时该会有效之仲裁规则，在杭州进行仲裁，仲裁裁决是终局性的，对双方都有约束力。申请人认为双方之间签订的仲裁协议无效，理由如下：一、《仲裁协议书》系被申请人与担保人之间的仲裁管辖约定，不应当对申请人发生约束力。二、《仲裁协议书》所涉主合同 2013(江南)字第 0369 号《网贷通循环借款合同》中已经明确约定争议解决方式为在贷款人所在地人民法院通过诉讼方式解决。《仲裁协议书》约定内容与主合同冲突，应当以主合同为主。三、《小企业借款合同》中约定的仲裁机构为“杭州金融仲裁院仲裁委员会”，该名称的仲裁委员会根本不存在，视为约定仲裁机构不明，仲裁约定无效。杭州金融仲裁院作为杭州仲裁委员会的一个机构，并非仲裁委员会，《仲裁法》第十六条规定要求“选定的仲裁委员会”，因此约定由杭州金融仲裁院管辖违反了《仲裁法》的要求，应属无效。四、即使《仲裁协议书》与《小企业借款合同》约定明确，不存在冲突的情况下，这些合同均为被申请人提供的格式合同，在未对被申请人明确

---

① 本案例根据北大法宝网司法案例库案例改编，网址 http://www.pkulaw.cn/case，最后访问日期：2016 年 10 月 2 日。

解释阐明的情况下，不对申请人发生法律效力。五、上述仲裁管辖的约定均系申请人处于经济状况困难，受到金融机构缩贷、压贷的压力下所签订，并非申请人的真实意思表示。综上，请求裁定申请人与被申请人于2014年3月31日签订的《仲裁协议书》及2014年6月27日签订的《小企业借款合同》第一部分基本约定第八条的仲裁协议无效。

被申请人工行江南支行公司答辩称：被申请人认为双方之间签订的仲裁协议是有效的。一、2014年3月31日签订的《仲裁协议书》为申请人、被申请人、保证人三方签订的协议，协议中明确约定将2013年江南(保)字1362190号的《最高额保证合同》，以及2013年(江南)字0504号《国内预付款融资合同》、2013年(江南)字0369号《网贷通循环借款合同》三份合同的争议解决方式修改成提交杭州金融仲裁院仲裁。因此应对申请人步升公司产生约束力，对2013年(江南)字0369号《网贷通循环借款合同》的争议应递交杭州金融仲裁院仲裁。二、2014年3月31日签订的《仲裁协议书》为对2013年(江南)字0369号《网贷通循环借款合同》的有效补充，2013年(江南)字0369号《网贷通循环借款合同》签订在前，后双方通过协商一致达成意见并签订《仲裁协议书》，因此对2013年(江南)字0369号《网贷通循环借款合同》的争议解决应按照仲裁协议书的约定递交杭州金融仲裁院仲裁。三、杭州金融仲裁院是杭州仲裁委员会设立的承办金融争议仲裁案件的专门机构，是确定且唯一的。根据《最高人民法院关于适用〈中华人民共和国仲裁法〉若干问题的解释》(法释[2006]7号)第三条的规定："仲裁协议约定的仲裁机构名称不准确，但能够确定具体的仲裁机构的，应当认定选定了仲裁机构。"因此双方对将纠纷递交杭州仲裁委员会仲裁的约定是明确有效的。综上，请求法院驳回步升公司的申请。

申请人步升公司向本院提交了如下证据：

1.《网贷通循环借款合同》1份。

2.《仲裁协议书》4份。

以上证据共同证明：仲裁约定为格式合同，相关约定互相冲突，《仲裁协议书》系被申请人和担保人之间的约定。

3.《小企业借款合同》1份。证明：仲裁约定为格式合同，约定的仲裁机构名称错误。

被申请人工行江南支行未向本院提交证据。其对申请人提交的证据的真实性、合法性、关联性均无异议。并针对申请人提交的证据提供了自身保管的原件，经法庭组织核对，申请人确认与其提交的证据复印件一致。经审查，本院认为，申请人提交的证据均真实、合法，与本案具有关联，依法予以采信。

根据双方当事人的庭审陈述和有效证据，杭州市中级人民法院认定事实如下：

2013年8月22日，工行江南支行作为贷款人，步升公司作为借款人，双方签订2013年(江南)字0369号《网贷通循环借款合同》。其中第一部分"基本约定"第九条规定：本合同项下争议解决方式为________：(1)将争议提交仲裁委员会，按提交仲裁申请时该会有效之仲裁规则，在(仲裁地点)进行仲裁。仲裁裁决是终局性的，对双方均有约束力。(2)在贷款人所在地法院通过诉讼方式解决。

2014 年 3 月 31 日，工行江南支行作为“甲方”，担保人葛建飞、陆亚珍作为“乙方”，借款人步升公司作为“丙方”，三方签订《仲裁协议书》。约定：甲乙双方于 2013 年 8 月 21 日签订的编号为 2013 年江南(保)字第 1362190 号的《最高额保证合同》，甲丙双方签订的日期、编号、种类分别为 2013 年 10 月 17 日 2013 年(江南)字 0504 号《国内预付款融资合同》、2013 年 8 月 22 日 2013 年(江南)字 0369 号《网贷通循环借款合同》(注：此处按照借款合同份数将日期、编号、种类一一罗列)，现经各方协商一致，同意就上述合同中合同争议解决方式修改为达成如下协议：各方在履行合同过程中所发生的争议，首先由合同各方协商解决；协商解决不成的，则将该争议提交杭州金融仲裁院进行仲裁。仲裁裁决是终局性的，对各方均有约束力。同日，工行江南支行作为“甲方”，借款人步升公司作为“丙方”，担保人谢素琴和杨其泉、杭州萧山国际物流有限公司、浙江格勒卫浴科技有限公司分别作为“乙方”，签订 3 份《仲裁协议书》，约定内容与前述《仲裁协议书》一致。甲丙双方约定所涉及的合同均为 2013 年 10 月 17 日 2013 年(江南)字 0504 号《国内预付款融资合同》、2013 年 8 月 22 日 2013 年(江南)字 0369 号《网贷通循环借款合同》。

2014 年 6 月 27 日，工行江南支行作为贷款人，步升公司作为借款人，双方签订 2014 年(江南)字 0363 号《小企业借款合同》。其中第一部分“基本约定”第八条规定：本合同项下争议解决方式为(1)：(1)将争议提交杭州金融仲裁院仲裁委员会，按提交仲裁申请时该会有效之仲裁规则，在杭州(仲裁地点)进行仲裁。仲裁裁决是终局性的，对双方均有约束力。(2)在贷款人所在地法院通过诉讼方式解决。根据上述案情，讨论本案争议的仲裁条款是否无效？

第九章

仲裁时效实训

【本次实训目的】

1.仲裁时效的规定
2.仲裁时效抗辩
3.仲裁时效的计算

一、案情简介

申请人:广东电网公司××供电局
住所:××市××路×××号
法定代表人:××
被申请人:××国际物流有限公司
住所:××市××科技工业园××路一号
法定代表人:×××

申请人称,被申请人在××科技工业园厂房内有一台300kVA变压器,计量方式为高供高计。根据高供高计计量装置的案情技术要求,现场计量装置的检查必须在用户停电的情况下才能进行。2010年8月申请人开展客户计量电流、电压互感器专项检查工作,在征得被申请人工程部技术人员停电配合下,于2010年8月22日对被申请人的计量装置进行检查,发现现场电流互感器(CT)变比为15/5(即3倍),电压互感器(PT)变比为100倍,电量计算综合倍率应为300倍,而不是电脑记录的80倍。申请人查知,上述倍率差异是在1998年被申请人申请由临时用电改为永久用电时,申请人工作人员在现场为被申请人进行了CT、PT更换,而申请人的电脑操作人员操作失误造成的。因为需要停电才能到现场检查计量装置等原因导致直到2010年8月才发现综合倍率现场与电脑记录不符。经与被申请人现场确认,2010年9月7日申请人通知被申请人更正差错倍率,被申请人自2010年10月起即按更正后的正确倍率300倍交纳电费。经申请人核算,1998年8月到2010年8月期间正确倍率与错误被倍率之间的差额部分,被申请人少交电费合计2221206.69元人民币。2010年10月26日申请人给被申请人发出《关于确认计量差错追补电量电费的通知》,要求被申请人于11月5日前派人确认追补少交的电费并予以补交,经多次协商未能与被申请人就补交事宜达成一致,被申请人一直未予补交。根据《供用电合同》第五条第二款第四项的约定:"供电方发现计量装置记录不准导致少计电量时,可向用电方补收电费。"补收电费的数额依照《供电营业规则》第八十条和第八十一条的规定确定："用电方逾期缴纳供电方应补收的电费的，按拖欠电费处理。"《供电营业规则》第八十一条规定："计算电量的倍率或者铭牌与实际不符的，以实际倍率为基准，按照正确与错误倍率的差值退补电量，退补时间以抄表记录为准确定。"另一方面，本案倍率的差错是因申请人方的工作人员录入电脑数据错误而造成少收电费，被申请人因此少支付电费的行为构成不当得利。申请人提出如下仲裁请求：1.裁决被申请人补交 1998 年 8 月到 2010 年 8 月期间电费人民币 2221206.69 元以及违约金 668583.02 元（违约金从 2010 年 11 月 6 日起算，暂计至 2011 年 3 月 4 日，请求计至实际付清日止）；2.裁决被申请人承担本案的全部仲裁费用。

被申请人答辩称，2010 年 10 月 26 日，申请人向我公司发送了《关于确认差错追补电量电费的通知》，主要内容是：因申请人工作人员失误，导致对我公司的电量计算方式发生错误，申请人要求我公司补缴 1998 年 8 月起至 2010 年 9 月止的 12 年间计量差错部分的电费。由于答辩人的电量计量设施由申请人全权负责设计、安装与管理的，因此电量计量方式是否有错、何时出现差错均应由申请人提供充分的证据予以说明。申请人自始至终均未对此提供明确、令人信服的证据说明。答辩人认为申请人要求补缴电费，缺乏充分的事实依据。退一步而言，即使申请人所述事实属实，答辩人确实构成不当得利，由于申请人工作失误及长期疏于管理，未履行法定职责，致使计量错误发生，且在错误发生后未及时发现，时隔 12 年，早已过了诉讼时效。申请人未按《供电营业规则》、《电能计量装置技术管理规程》的规定定期检验计量装置，其早应知道而未能知道，应自行承担不利后果，对于该部分超出诉讼时效的电费依法不予保护。如上所述，因其所谓不当得利之债本金部分超过诉讼时效而不予保护，其所谓违约金的请求也不应得到支持。

关于本案仲裁请求，仲裁庭提请申请人予以明确后，申请人变更仲裁请求为请求被申请人返还不当得利。具体仲裁请求为：1.请求被申请人返还从 1998 年 8 月至 2010 年 9 月少交电费共计人民币 2221206.69 元；2.请求被申请人支付滞纳金，自 2010 年 11 月以后开始计算。被申请人主张申请人不当得利返还请求已经超过了法定的诉讼时效，请求仲裁庭驳回申请人超出仲裁时效部分的仲裁请求。

二、实训内容

（一）仲裁时效起算

值得注意的是，本案审理时《民法总则》尚未出台，应适用《民法通则》关于诉讼时效的有关规定。《民法通则》第一百三十五条规定，向人民法院请求保护民事权利的诉讼时效期间为二年，法律另有规定的除外。

2017 年 10 月 1 日生效的《民法总则》第一百八十八条规定，向人民法院请求保护其民事权利的诉讼时效期间为三年，法律另有规定的，依其规定。同时规定，诉讼时效自权利人知道或者应当知道权利受到损害一级义务人之日起计算。但是，自权利受到损害之日起超过二十年的，人民法院不予保护。有特殊情况的，人民法院可以根据权利人的申请决定延长。具体计算如下：

1.当事人约定同一债务分期履行的，仲裁时效期间从最后一期履行期限届满之日起计算；

2.未约定履行期限的合同，依照合同法第六十一条、第六十二条的规定，可以确定履行期限的，诉讼时效期间从履行期限届满之日起计算；不能确定履行期限的，诉讼时效期间从债权人要求债务人履行义务的宽限期届满之日起计算，但债务人在债权人第一次向其主张权利之时明确表示不履行义务的，仲裁时效期间从债务人明确表示不履行义务之日起计算。

3.返还不当得利请求权的仲裁时效期间，从当事人一方知道或者应当知道不当得利事实及对方当事人之日起计算。

4.管理人因无因管理行为产生的给付必要管理费用、赔偿损失请求权的仲裁时效期间，从无因管理行为结束并且管理人知道或者应当知道本人之日起计算。

本人因不当无因管理行为产生的赔偿损失请求权的仲裁时效期间，从其知道或者应当知道管理人及损害事实之日起计算。

(二)仲裁时效的中止、中断

根据《民法总则》第一百九十四条的规定，诉讼时效的最后 6 个月，当事人因不可抗力或者其他障碍不能行使诉讼请求权时，诉讼期间暂停计算。仲裁时效中止的事由可适用该规定，在仲裁时效最后 6 个月因不可抗力或者其他障碍不能行使仲裁权利的，仲裁时效期间暂停计算。

根据《民法总则》第一百九十五条的规定，诉讼时效因提起诉讼、当事人一方提出要求或者同意履行债务而中断。由此可知，仲裁时效中断的事由有四：一是权利人请求义务人履行义务，权利人对同一债权中的部分债权主张权利，仲裁时效中断的效力及于剩余的债权，权利人明确表示放弃剩余债权的除外；二是义务人同意履行义务，如义务人有作出分期履行、部分履行、提供担保、请求延期履行、制定清偿债务计划等承诺或行为；三是权利人依法向仲裁机构提起仲裁或者向人民法院提起诉讼；四是与提起诉讼或申请仲裁具有同等效力的其他情形。

(三)超过仲裁时效的法律后果

仲裁时效届满，并不影响当事人向仲裁机构申请仲裁的权利，但当事人因此丧失了要求法律强制保护的权利，即丧失胜诉权。仲裁时效届满，当事人的实体权利并没有消灭，义务人自愿履行的，权利人仍然可以受领，并且义务人履行义务后不得以不知时效已过为由主张返还已经履行的债务。

三、分析思路与技巧

(一)申请人思路和技巧

1.2010 年 8 月 22 日发现综合倍率现场与电脑记录不符，本案的时效应当从申请人知道被申请人少交电费时起算，即 2010 年 8 月 22 日起算诉讼时效。

2.设施设备检查与倍率错误没有必然联系，倍率错误发生在电脑计费系统，而不是现场计量装置上，非检查设施设备所能够发现。

（二）被申请人的思路和技巧

1.虽然申请人是 2010 年 8 月 22 日发现错误，但依申请人负有的法定义务，其早就应当知道倍率出现了错误。

2.本案有几种情况表明申请人应当知道，第一是法定义务，第二是约定义务，第三是职责所在。

《供用电营业规则》第七十九条规定，申请人必须定期对电表进行检查。电表就是计费装置，虽然装在被申请人的营业场所，但是一切管理责任全部都是由供电方即申请人负责。《电能计量装置管理规程》第七条第三款、第四款明确规定了申请人对各类高压电能计量装置检验的时间，申请人未能举证证明已经履行了上述法定义务，事实上申请人也从未通知过被申请人要进行检查，直到 2010 年 8 月。该管理规程还规定了供用电企业工作人员的相关工作职责，要求建立电能计量装置运行档案。双方签订的供用电合同第四条约定供电方负责管理计量装置的一切事务。

3.申请人应当知道的时间是在临时用电转为正式用电 1 个月之内。即使 1 个月内不知道，《电能计量装置管理规程》对申请人有每年检查计量装置的要求，对应被申请人使用的电能计量装置类型也要求 4～6 年更换设备，申请人任何一次按照规定规程去检查就应当发现这个错误。从应当知道倍率错误时起算，本案已超过法定诉讼时效。

（三）仲裁庭的思路和技巧

《中华人民共和国民法通则》第一百三十七条规定："诉讼时效期间从知道或者应当知道权利被侵害时起计算。"由此可见，诉讼时效期间应以权利人主观上知道或者应当知道自己权利受损这一事实状态的时间作为起算标准。本案申请人在 2010 年 8 月 22 日对计量装置检查以前，对合同履行发生错误的事实不知情，对不当得利的事实未发现，诉讼时效应当从其发现不当得利的确切事实后、可以行使仲裁权利起开始计算。被申请人不能证明申请人怠于行使仲裁权利，根据《最高人民法院关于审理民事案件适用诉讼时效制度若干问题的规定》第八条规定，返还不当得利请求权的诉讼时效期间，从当事人一方知道或者应当知道不当得利事实及对方当事人之日起计算。

【实训案例】加工合同纠纷[①]

一、案情简介

申请人:南通力神热处理有限公司

法定代表人宋嘉明,该公司总经理

被申请人:苏州世工机械有限公司

法定代表人张明信,该公司总经理

申请人南通力神公司一审诉称,南通力神公司在2010年6月至2011年5月期间一直为苏州世工公司提供破碎锤钎杆热处理加工业务,双方之间未签订书面合同,也未约定付款的时间。截止仲裁之日,苏州世工公司尚欠南通力神公司加工费104859元。苏州世工公司以南通力神公司加工的产品存在质量问题为由拒不支付,要求先解决质量问题再行支付,双方至今未能达成一致意见。2014年9月24日,申请人向某仲裁委员会提起仲裁,要求裁决苏州世工公司立即给付加工费104859元及该款自仲裁申请之日至判决之日止的利息,并承担本案的仲裁费用。

苏州世工公司答辩称,对于加工合同关系及其结欠加工费的事实无异议,但南通力神公司加工产品存在质量问题;部分加工材料未交付苏州世工公司;双方之间的加工费采用次月结清方式支付,自2011年7月以后双方再无联系,南通力神公司的仲裁请求已超过仲裁时效,请求驳回其仲裁请求。

苏州世工公司对于结欠南通力神公司104859元加工费无异议,但对南通力神公司交付全部加工物的事实有异议。南通力神公司提供了相关交付手续,苏州世工公司对交付手续上的人员签名虽不予认可,但该人员的签名在双方确认的截至2011年2月加工费结清之前的交付手续中均有体现。本案的争议焦点在于南通力神公司的主张有无超过仲裁时效?

双方之间存在次月结清上月加工费的交易习惯。从苏州世工公司提供的应付明细汇总与付款明细汇总分析,双方之间加工费采取的是按月结算,次月结清的方式进行,该事实与苏州世工公司提供的付款凭证及南通力神公司所提供的对账单、加工费明细相吻合,足以认定双方之间存在按月结算,次月结清的交易习惯。苏州世工公司于2011年6月份提出质量异议后,双方就加工费问题进行过磋商,其表示愿意在加工费数额上作出一定的让步,以便尽快拿到加工费,故其已向苏州世工公司主张过加工费用,此时在合理的期限内苏州世工公司应当履行,苏州世工公司发给南通力神公司的传真内容可以推定其明确表示加工产品存在质量问题拒绝付款,其亦当庭表示双方协商至2011年7月,此后双方没有任何联系。

南通力神公司提交了2010年6月30日至2011年6月30日对账单,并作为其主张苏州世工公司结欠加工费的证据之一,苏州世工公司提交了其支付加工费的凭证及

① 本案例根据北大法宝网司法案例库(2015)通中商终字第00175号案判决书编写,网址http://www.pkulaw.cn/Case,最后访问日期:2016年10月4日。

其制作的清单。双方对 2011 年 2 月 28 日前的加工费金额及已全部结清的事实不持异议。从对账单所载内容看，落款日期均是当月月底，所记往来项目系当月往来或仅包含少部分上月往来。苏州世工公司所支付的加工费金额与对账单金额能够逐笔对应，付款日期为对账单出具后的一到二个月内。2011 年 6 月，苏州世工公司为质量问题以及加工款支付的问题拟订鉴定协议并传真给南通力神公司，但此后双方并未履行该鉴定协议。苏州世工公司表示双方协商至 2011 年 7 月份，此后双方没有任何联系。南通力神公司认为双方此后一直在进行协商，但未能举证。

【实训组织】

将学生分为三组，分别以申请人、被申请人和仲裁员的角色，每组成员就各自担任的角色，通过讨论形成各自的仲裁思路和技巧，老师对每组成员分别进行引导，组织学生讨论问题，形成本小组共同认可的观点，并完成各自的实训任务：

1.申请人的思路和技巧，本案是否具备仲裁时效中断的事由。

2.被申请人的答辩思路和技巧，确定仲裁时效的起算和截止时间点。

3.仲裁庭的思路和技巧，通过庭审调查，对相关事实和证据进行分析判断，确认本案仲裁时效起算时间点。

【延伸训练】深圳粤源装饰工程有限公司与永州市鑫盈建材有限公司买卖合同纠纷案①

申请人：永州市鑫盈建材有限公司

法定代表人：吕丽华，董事长

被申请人：深圳粤源装饰工程有限公司

法定代表人：刘汝权，董事长

2004 年 7 月 30 日，粤源公司与株洲汇亚房地产开发公司签订一份《中南(国际)服装交易广场室内外装饰装修工程合同》。2004 年 8 月 28 日，粤源公司与刘卫彬就该工程签订工程分项联营承包协议。2004 年 9 月 25 日，鑫盈公司为供方，粤源公司项目三部为需方，双方签订一份《铝塑板供需合同》，就双方权利义务进行了书面约定。2005 年 3 月 23 日，粤源公司与刘卫彬又签订《中国(国际)服饰交易广场装修承包协议》，协议载明：粤源公司委托刘卫彬成立项目部；项目部全面负责本工程的施工管理，项目预结算；组织设计人员进行深化设计，调配施工队伍；刘卫彬无权以项目部对外签订购销合同，刘卫彬对外发生的债权债务与粤源公司无关；本协议签订之日起双方于 2004 年 8 月 28 日签订的本工程分项联营承包协议同时废止。2005 年 12 月 16 日，粤源公司项目三部负责人刘卫彬与鑫盈公司财务人员对账，核实项目三部实欠申请人货款 192422.94 元。2006 年 1 月 12 日，刘卫彬向鑫盈公司出具一份书面承诺，承诺在 2006 年 1 月 26 日前付清。此后，经鑫盈公司多次催告未果，遂酿成纠纷。鑫盈公司

① 案例引自北大法宝司法案例库，(2010)株中法民特字第 29 号，网址 http://www.pkulaw.cn/case，最后访问日期：2016 年 10 月 13 日。

于 2007 年 8 月 20 日向湖南省永州市冷水滩区人民法院提起诉讼。一审判决后，鑫盈公司不服向湖南省永州市中级人民法院上诉。2008 年 5 月 5 日，湖南省永州市中级人民法院作出二审判决。鑫盈公司不服向湖南省高级人民法院（以下简称省高院）申请再审，省高院于 2009 年 12 月 15 日作出终审判决。鑫盈公司起诉虽然依据的是 2005 年 8 月 2 日签订的供需合同，但该合同并未实际履行，与 2004 年 9 月 25 日签订的供需合同属于两个不同的法律关系，且鑫盈公司诉讼请求内容是 2004 年 9 月 25 日签订的合同所涉货款。2010 年鑫盈公司向株洲仲裁委员会提起仲裁，粤源公司主张此案超过仲裁时效，仲裁庭应驳回申请人的仲裁请求。

根据上述案情讨论，本案是否超过仲裁时效？

第十章

仲裁当事人实训

【本次实训的目的】

1.仲裁申请人和被申请人资格适格性

2.仲裁案件中能否有第三人

一、案情简介[①]

申请人:付少林

委托代理人:何芳斌

被申请人:许妮霞

委托代理人:杨艳龙

被申请人:湖南舜皇米业有限公司

法定代表人:陈运新

被申请人:陈运新

被申请人:邓金祝,系陈运新之妻

以上三被申请人共同委托代理人李兴华。

申请人付少林与被申请人许妮霞、湖南舜皇米业有限公司(以下简称舜皇米业)、陈运新、邓金祝申请撤销仲裁裁决一案,申请人付少林于 2014 年 4 月 24 日向本院湖南省永州市中级人民法院提起申请,申请撤销仲裁裁决。

申请人付少林申请称:1.对于借款合同,我与被申请人之间没有签订仲裁协议,我作为担保人不受被申请人之间仲裁协议的约束,不适用仲裁范围。2.……;3.……。根据《仲裁法》第五十八条第一、三项的规定,请求撤销 2014 年 3 月 14 日,永州仲裁委员会作出的永仲决字(2014)第 01 号裁决书。

被申请人许妮霞在庭审中辩称:1.申请人付少林向被申请人许妮霞出具的担保书上明确约定了舜皇米业与许妮霞的借款合同提供无限连带责任担保,根据这一约定借款合同的各项约定均应当适用担保人付少林。2.担保合同是从合同,借款合同是主合同,从合同的管辖约定与主合同的管辖约定不一致的话,应当以主合同的管辖约定为主。3.申请人付少林是连带担保人,连带担保人是必要的共同诉讼人,应当一并审理。

① 本案例根据北大法宝司法案例库(2014)永中法民二初字第 18 号裁定书编写,网址:http://www.pkulaw.cn/case,最后访问日期:2016 年 10 月 2 日。

4.……;5.……。综上,请求法庭驳回申请人的请求事项,维持仲裁裁决。

申请人付少林为支持其申请主张,提供了以下证据:

1.2013 年 6 月 23 日的借款合同。证明申请人没有在借款合同中签字,表示没有认可该合同的条款,没有认可仲裁条款。

2.2013 年 6 月 23 日的担保书。证明这是许妮霞提供的格式担保书,该担保书对合同没有全部担保,只专门约定借款 400 万元,借期一个月,只对借款债务进行特别约定担保,证明付少林不认可仲裁条款,没对仲裁条款进行担保。

此外,申请人还提交了其他证据证明其他事项。

被申请人许妮霞没有提交证据。

被申请人舜皇米业、陈运新、邓金祝一方没有提交证据。

经庭审质证,被申请人许妮霞对申请人付少林提供的证据 1、2 的真实性无异议,但对证明目的有异议。证据 1,借款合同担保人付少林虽然没签字,但是借款合同是在担保合同前签订的,担保人明知该借款合同的存在,并且愿意对该借款合同进行担保,因而合同的各项约定均适用于担保人。证据 2,不是格式担保书,同样说明担保人明知借款合同的存在,应当视为借款合同的各项约定对申请人有约束力。

经永州市中级人民法院审理查明:2013 年 6 月 23 日,被申请人许妮霞与被申请人舜皇米业及陈运新签订《借款合同》,约定舜皇米业向许妮霞借款 400 万元,用于农发行转贷,借期一个月,月息 2%,先还息再还本,利息计算到本金全部归还止。该《借款合同》第八条约定:争议解决"本合同项下争议首先应协商解决,协商不成,应向永州仲裁委员会提起仲裁"。同日,申请人付少林出具《担保书》"本人自愿为舜皇米业与许妮霞 2013 年 6 月 23 日签订的《借款合同》(借款 400 万元,借期一个月,月息 2%)提供无限连带责任担保,如舜皇米业到期债务不能偿还,可直接向本人追偿"。舜皇米业到期未还款,被申请人许妮霞即向永州仲裁委员申请仲裁。仲裁过程中,经永州仲裁委员通知,申请人付少林未参与仲裁过程。2014 年 3 月 14 日,永州仲裁委员会作出永仲决字(2014)第 01 号裁决:由舜皇米业支付许妮霞借款 400 万元及相应利息、违约金等,并由舜皇米业、陈运新、邓金祝、付少林对以上债务承担连带清偿责任。付少林对永州仲裁委员会的仲裁不服,向永州市中级人民法院申请撤销仲裁裁决。

二、实训内容

(一)付少林能否成为本案合格主体

主合同中关于仲裁条款的约定是否及于担保合同是仲裁实务中困扰仲裁庭和申请人的一个法律问题。主合同和从合同并不必然共同约定同一仲裁条款进行仲裁,主合同约定仲裁条款而从合同约定仲裁条款或者不约定争议解决方式,甚至约定其他争议解决方式如诉讼等情形均有存在。仲裁实务中主合同仲裁条款是否适用于担保合同,担保人是否受主合同仲裁条款的约束,各地处理并不一致。对于担保合同约定其他争议解决条款,主合同也并未明确约定仲裁条款适用于从合同的情形下,最高人民法院对惠州某房产有限公司与惠州市政府之间《履约确认书》担保合同是否适用主合同仲裁条款作出认定,《履约确认书》中并未约定仲裁条款,与惠州某房产有限公司和××公司之间的承包工程合同纠纷系两个不同的民事关系。惠州某房产有限公司与惠州市政府之间形成的履约担保民事关系不受惠州某房产有限公司与××公司承包合同中约定的仲裁条款的约束。最高人民法院也曾就其他类似主合同与担保合同仲裁条款效力问题作出批复[①],认为担保合同没有约定仲裁条款,根据主合同仲裁条款受理担保合同纠纷,仲裁裁决超出了仲裁协议范围,这种分开处理的态度甚为明确。在2013年3月20日《最高人民法院关于成都优帮文具有限公司、王国建申请撤销深圳仲裁委员会(2011)深仲裁字第601号仲裁裁决一案的请求的复函》中,也持分开处理立场,认为担保合同没有约定仲裁条款,关于担保合同作为从合同应受主合同仲裁条款约束的意见缺乏法律依据。

显然,本案的处理与上述案件的处理不同,将主合同和担保合同一并合并审理,仲裁庭和法院均推定当事人无相反的意思表示时,其应知悉主合同仲裁条款,依照主合同从合同管辖一致的原则,应当认为同意主合同约定的管辖。合并审理的依据是最高人民法院《担保法司法解释》第一百二十九条规定,该司法解释第一款规定:"主合同和担保合同发生纠纷提起诉讼的,应当根据主合同确定合同管辖。"第二款规定:"主合同与担保合同选择的管辖法院不一致的,应当根据主合同确定合同管辖。"可以看出,法院根据诉讼中主合同和担保合同管辖原则来推定仲裁中从合同纠纷解决方式随主合同仲裁条款。

永州市中级人民法院认为,从申请人付少林出具的《担保书》内容看,"本人自愿为舜皇米业与许妮霞2013年6月23日签订的《借款合同》(借款400万元,借期一个月,月息2%)提供无限连带责任担保,如舜皇米业到期债务不能偿还,可直接向本人追偿"。由此可见,该担保书是连带保证担保合同。在签订担保合同时《借款合同》已实际存在,并在《借款合同》第八条约定:争议解决"本合同项下争议首先应协商解决,协商不成,应向永州仲裁委员会提起仲裁",申请人付少林对此约定是明知的。而在连带保证担保合同中,主合同有仲裁条款,保证担保合同没有仲裁条款,主合同仲裁条款对保证担保合同的当事人同样具有约束力。因为保证人愿意承担连带的保证担保责任,应视为知道或者理应知道主合同中的仲裁条款,并且愿意受仲裁条款的约束。如果保证人不受主合同的仲裁条款的约束,则仲裁庭只能裁决主合同的债务人承担责任,而不能越权裁决保证人承担责任,所谓的连带保证责任就会变成一句空话,这明显违背当事人各方的立约原意。因此,永州仲裁委员会受理主合同纠纷时,许妮霞同时向连带责任保证担保人付少林主张权利,永州仲裁委员会可以一并裁决。

主合同和从合同分开审理的理论建立在仲裁协议的自愿性和独立性。仲裁是建立在当事人有真实有效的仲裁协议基础上的,只有经过当事人的明确授权,仲裁庭才取得处理纠纷审理案件的权力。且仲裁协议要求书面形式,在主合同有仲裁条款而担保合同没有仲裁条款的情形下,从仲裁协议必须采用明确的书面形式,尽管国际仲裁

---

① 《最高人民法院关于玉林市中级人民法院报请对东迅投资有限公司涉外仲裁一案不予执行的请示的复函》,2006民四他字第24号。

和合同法对书面形式采取了扩张解释，但当事人仍需在扩张解释范围之内。否则，无法推定担保人默示接受主合同中的仲裁条款，不能认定主合同仲裁条款对担保合同具有约束力。在合同效力方面担保合同受主合同约束，但在解决争议方面，主合同和从合同可以分别约定，在从合同中当事人没有选择仲裁方式解决纠纷，依照仲裁自愿的原则，主合同中的仲裁条款对从合同没有约束力。

主合同和从合同合并审理的理论建立在节省当事人成本和仲裁资源的基础上，意图在于一揽子解决主合同和从合同争议，避免当事人因主合同和担保合同分开审理耗费更多时间成本，同样的当事人且彼此之间债务具有高度关联系，分别在仲裁机构和法院经历两次不同的程序，或者在仲裁机构经历两次甚至更多次的相同程序，从而影响解决争议的效率，也耗费更多的仲裁或者司法资源，还可以避免仲裁机构和法院对同一案件可能出现不同的裁决结果。

(二)仲裁当事人能否有第三人

关于第三人，多数国家的仲裁法没有规定。仲裁是以当事人之间的仲裁协议为基础的，仲裁庭对案件的管辖、审理仅限于当事人同意的范围，追加所谓第三人参加仲裁程序，有违仲裁的本旨。因此，第三人如果符合仲裁的条件，可以作为仲裁当事人参加仲裁，第三人如果不符合仲裁条件，可视情况向法院提起诉讼或者寻求其他途径解决。

【实训案例】仲裁当事人

申请人：××能源技术发展有限公司

住所：××市××大道东××号××大厦××室

法定代表人：××

被申请人一：××市×××酒店有限公司

地址：××市××大道东××号××号楼

法定代表人：×××

被申请人二：中国××技术××有限公司

地址：××市××大道东××号××号楼

法定代表人：×××

申请人称，申请人与被申请人一于2005年12月15日签订一份《节能服务合同》，约定由申请人为被申请人一在××酒店有限公司的冷暖空调、热水系统及中航大厦6000平方米(专指二、三、五、六层)冷暖空调系统进行改造，由申请人负责项目的设计、设备的采购和安装调试。通过项目的实施，达到降低能耗，降低成本费用，改善环境的目的。双方在合同中约定节能效益分享期为7年，以年节能效益173万元为计算基数，在年节能效益173万元以内(含本数)且最低年节能效益下浮不超过50%时，在效益分享期内，申请人和被申请人分别按60%和40%分享节能效益；在年节能效益超过173万元时，则超过部分归被申请人享有。付款方式约定在分享效益起始日后，被申请人每满一个月后的七天内向申请人预付款一次，付款数额为申请人应分享效益额的十二分之一(即173万元/12×0.6=86500元)，然后每年按运行效果结算一次，以结算金额为准将多付部分在下年度应付款中予以扣回，直至分享效益期限届满。合同还约定，被申请人如延迟付款，则每日按应付款金额的万分之五计付滞纳金。上述合同签订后，申请人即对该项目进行精心设计和全面施工，工程竣工并经试运行后，双方于2006年12月28日进行了综合验收，验收结果为合格。2007年5月25日，申请人根据各节能系统运行情况，向被申请人发出一份《××酒店整体节能技改项目节能率通报》，被申请人认可节能系统运转正常，达到预期的节能指标。2007年7月18日，申请人与被申请人签订了一份《“节能服务合同”补充协议》，双方对2007年1月至2010年6月期间的节能效益款作出提前预付的约定，待双方按合同约定的办法进行核对确认实际应付节能效益款后采取多退少补的办法处理。补充协议签订后，被申请人已按补充协议的约定将2007年1月至2010年6月期间的节能效益分配款预付给了申请人。申请人与被申请人二签订了《连带责任承诺书》，对被申请人一承担连带责任。

从2010年7月份起，被申请人就一直拖欠应预付申请人的节能款项。申请人曾向被申请人多次发函催讨，但被申请人一不予理睬。2012年3月13日，申请人再次向被申请人发函催讨从2010年7月至2012年2月的节能款共计人民币1265047元，但被申请人收函后至今仍分文未付，且拒不与申请人共同配合对结束的每一分享年度进行实际节能效益数据的核对。申请人向仲裁庭提出如下仲裁请求：1.裁决被申请人向申请人支付自2010年7月起至2012年2月止的节能效益分享款共计人民币1265047元；2.裁决被申请人一向申请人支付违约金人民币389369元；以上二项合计人民币1654416元（附“节能效益款和违约金计算清单”）3.本案仲裁费用由被申请人承担。

被申请人一答辩称，我公司提交的《关于××能源公司节能情况统计说明》显示，申请人的节能项目不仅未达到预期的节能效益基数，而且连该基数的50%都达不到，按照节能服务合同的约定，申请人不应该分享节能效益，按补充协议约定，申请人应返还已经预付节能效益分享款1482444.20元及利息。申请人按照节能率来直接计算分享节能效益，既无合同约定，也无事实基础。因申请人未按约定达到节能技改项目的投资预算要求，已经构成违约。

被申请人二答辩认为申请人提交《连带责任承诺书》中本公司的公章有假，申请对《连带责任承诺书》中公章进行鉴定。

【实训组织】

将学生分为三组，分别以申请人、被申请人和仲裁员的角色，每组成员就各自担任的角色，通过讨论形成各自的仲裁思路和技巧，老师对每组成员分别进行引导，组织学生讨论问题，形成本小组共同认可的观点，并完成各自的实训任务：

1.申请人的思路和技巧，本案的被申请人应如何确定。

2.被申请人的答辩思路和技巧，在主合同和担保合同分立的情形下如何确定仲裁的当事人。

3.仲裁庭的思路和技巧，通过庭审调查，对被申请人二在仲裁中的资格予以确认。

第十一章

仲裁证据实训

【本次实训目的】

1.搜集证据,制作证据清单

2.申请人和被申请人准备举证质证意见

3.模拟仲裁庭开庭中举证质证环节

一、案情简介

申请人:深圳××建筑安装有限公司

地址:深圳南山区蛇口工业七路

法定代表人:××

被申请人:××有限公司

地址:××市××度假城

法定代表人:×××

申请人与被申请人于2004年12月1日签订了工程名称为《××游乐园建筑和设备桩基础工程合同》。合同约定由申请人承包该工程,被申请人根据工程进度及竣工验收结算支付工程款。2005年8月13日该工程竣工,2006年7月17日该工程完成验收,质量被评定为合格。

2005年12月31日,申请人向被申请人提交竣工结算书,申报结算金额为2550222.31元。被申请人收到申请人工程结算书后,至2007年底委托××工程造价咨询中心有限公司对该工程进行造价结算审核。2008年1月12日,××公司出具了××市建设工程结算审核表,金额为2387515.53元。收到××公司的审批表后,被申请人未按合同约定支付工程款,申请人几次发函提请被申请人支付工程款,均未果。

2010年4月14日申请人就××乐园同一期工程另外9份合同向人民法院提起诉讼后,被申请人又委托××投资咨询(上海)有限公司××分公司对同一期工程造价一并进行审价,××分公司于2010年11月15日作出结算书初稿,本合同约定工程结算审核结果与前述××公司完全一致。对该分公司的审核结果被申请人仍然不予确认,××分公司因此未能出具正式结算书。

根据合同专用条款第九条约定,每段工程竣工验收合格后,由申请人报批后10天内拨付至该段结算价的90%工程款;全部工程竣工验收后,由申请人报送竣工结算资料,经审定批准后10日内拨付至结算价的95%工程款,其余5%留作质保金,延后合格后满1年后10天支付。合同通用条款第33.3条约定被申请人收到竣工结算报告及结算资料后28天内无正当理由不支付工程竣工结算价款,从第29天起按同期银行贷款利率向申请人支付拖欠工程款的利息,并承担违约责任。

2013年7月8日,申请人向××仲裁委员会提出仲裁请求:(1)裁决被申请人支付拖欠工程款450154.41元并按同期银行贷款利率支付自2005年8月24日至裁决书确定付款之日的利息;(2)裁决被申请人承担本案仲裁费用。

被申请人答辩称:(1)涉案工程尚未完成工程结算,因而不具备支付剩余工程款的条件。依据双方订立的《××游乐园建筑和设备桩基础工程合同》专用条款第九条约定,涉案工程尾款支付系附条件行为,其中"工程造价经造价咨询单位审定,报发包人批准"为该尾款支付的必要条件之一。本案中答辩人实际已经支付工程款2067615.33元,超出原合同暂定价1547052元,现支付工程尾款的条件并未成就,答辩人无须也无法向被答辩人支付款项。(2)被答辩人在具体施工过程中,存在严重工期延误,对此应承担相应的违约金,并在剩余工程款中扣除。本案合同约定工期为20个日历天。实际上涉案工程在2004年12月18日按期开工,但竣工验收日期则推迟至2005年8月20日,比合同约定的工期延长了232天,同时,被答辩人提交相关经答辩人同意工期延长的签证资料。依据《工程合同》专用条款第17.2条约定:由于承包方的原因,工期每拖延一天罚款该阶段价款的0.3%。因而,被答辩人应依合同约定,按照工程总造价0.3%的比例承担违约金,并计入结算项目,在工程总造价中予以相应扣减。(3)答辩人与被答辩人之间尚未完成涉案工程的结算工作,无论依照合同约定还是建设工程行业的商业惯例,以及事实上的可操作性,工程结算工作完成均是工程尾款支付的必要前提。在未完成结算的情况下,答辩人支付的工程款已经超过结算价的情况下,答辩人在事实上不应支付所谓工程尾款,也无须支付答辩人所主张的利息损失。答辩人请求驳回被答辩人的仲裁请求。

申请人向仲裁庭提交了如下证据:证据一,《××游乐园建筑和设备桩基础工程合同》。证明双方签订了施工合同,合同约定了价款、工程款结算及违约责任。证据二,竣工验收报告。证明涉案工程已经验收合格。证据三,××市建设工程计算审批表。证明工程造价结算审核结果未得到被申请人认可。证据四,律师函及邮寄凭证。证明申请人就支付事宜就拖欠工程款事宜向被申请人发函,被申请人未回复。证据五,《关于深圳市××建筑安装工程有限公司之结算书初稿事宜》证明被申请人未认可审价公司结算初稿,致使最终未能作出正式结算书。证据六,结算相关问题联系函及被申请人复函。证明申请人向被申请人提出结算请求,被申请人回函表示拒绝。证据七,××游乐园建筑和设备桩基础工程计算书。证明申请人已经完成涉案工程报审结算书。证据八,××游乐园建筑和设备桩基础工程第三十三次工地例会纪要。证明被申请人同意不再追究各施工单位拖延工期责任和工期延误罚款。

被申请人向仲裁庭提交了如下证据:证据一,《××游乐园建筑和设备桩基础工程合同》。证明因申请人拖延工程结算,无法支付剩余款项。证据二,(2007)×刑初字第807号《刑事判决书》。被申请人的经理有受贿行为,工程质量和工程量必须进行重新核查。证据三,结算书。证明被申请人支付已经超出结算价,申请人未回复此结算书。

仲裁庭委托工程造价鉴定机构对涉案工程进行造价鉴定，2017 年 3 月 23 日鉴定机构出具鉴定意见书，鉴定结果为：无争议部分工程价款 1643834.91 元，有争议部分 633446.72 元，工期延误罚款 77352.60 元。对鉴定结果中有争议的部分，有工程量没有竣工图，鉴定机构没有足够证据作出鉴定结论。申请人请求仲裁庭对工程造价意见书中列出"有工程量，但无竣工图"从而认定有争议部分提出现场鉴定申请，请求委托具有检测基桩资质的鉴定机构对无竣工图工程量部分进行现场检测，以检测检定结果作为计量依据。同时，申请人向仲裁庭补充提交了两份由××市建设工程质量监测站出具的《检测报告》，证明争议部分价款所涉及的桩基础工程实际完成施工，并检测合格。

二、实训内容

1.制作证据清单，模拟仲裁庭庭审举证质证环节。

2.本案中对鉴定报告有争议部分工程量及工程款应如何认定？

【实训案例】建设工程合同纠纷案[①]

一、案情简介

申请人：王成茂，住广东省电白县

被申请人：广东五华一建工程有限公司，住所地广东省梅州市五华县

法定代表人：曾××，董事长

南方电力公司是广州市天河区 110kV 骏景输变电工程的总承包方。南方电力公司（发包人）、五华某（承包人）双方签订《建设工程施工合同》，南方电力公司将 110kV 骏景输变电工程（骏景变电站项目土建，以下简称涉案工程）发包给五华某，承包范围包括综合楼（含空调、轴流风机、吊车）、事故油池、电缆沟道、所区道路、所区排水、所区绿化、地基处理、接地装置等；承包方式为包工期、包质量、包安全；合同价款金额为 5446430 元，竣工结算金额按合同价包干等。

2008 年 12 月 22 日，五华某（发包方、甲方）、王成茂（承包方、乙方）双方签订《建筑工程承包协议》，约定：五华某将涉案工程发包给王成茂，工程包干价为 460 万元等。2008 年 12 月 4 日，王成茂进场。

2009 年 8 月 12 日，五华某（发包方、甲方）、王成茂（承包方、乙方）双方签订《补充协议》，约定：涉案工程目前已完成主体结构建设，由于该项目前期施工受到骏景业主的严重阻挠，加上外墙设计方案的重大变更，以及因外墙设计变更导致工人中途退场的劳资纠纷的解决，因此施工成本增大，工期延迟。为确保该工程项目按时保质保量顺利完成投产，甲、乙双方特签订本补充协议，双方共同遵守并严格执行。一、后续资金投入。(1)甲方至今已投入该项目资金逾 500 万元（包括聘请保安公司保安工资

① 本案例根据《中国裁判文书网》广州市中级人民法院(2015)穗中法民五终自第 5650 号判决书改编。网址：http://wenshu.court.gov.cn，访问时间：2016 年 6 月 8 日。

等），甲方后续工程资金（即目前尚未完成项目所需人工材料费等）投入须严格控制不超过100万元，乙方须完成甲、乙双方于2008年12月22日签订的协议第三款约定的全部施工内容，即须确保该项目按时全部竣工验收合格交付投产。超支部分由乙方自行负担解决。（2）后续工程资金的投入必须专款专用，计入该工程项目的总施工成本核算，甲、乙双方必须严格控制和降低成本费用。二、利益分配。（1）该项目完成结算，甲方最终收到总包方全部工程款扣除派驻人员工资及超预算垫资部分后一次性收取管理费90万元，并按国家规定负担缴纳所收90万元管理费的相关税费；其余工程款扣除甲方垫资部分及按国家规定应缴的相关税费后全部归还乙方。（2）最终以结算收款和成本核算为准，如乙方施工成本超支，导致甲方无法收取或不足收取管理费和代付的工程款税费，甲方对乙方保留终生追索权。（3）甲方驻工地管理人员刘某丙、赵某、杨某甲三人工资由甲方发放，该项目结算完成后甲方从所收工程款中扣回，工资期限从2009年1月1日起至2009年9月30日止。甲方聘请保安公司的保安人员工资由甲方按月垫付保安公司，待工程结算时按业主单位承诺标准由甲方收取。甲方聘请看守工地的保安公司的保安人员生活费按每人15元/天标准实计支付给乙方。三、后续工程资金的付款方式。（1）为确保资金专款专用，按时保质保量顺利完成该项目，后续工程资金（即目前尚未完成项目所需人工材料费等）须严格审核并及时发放到施工人员及材料供应商手里，严禁挪用和拖欠。外墙、电缆沟水电通风照明等材料计划由刘某丙、杨某甲鸿按实际需要报甲方审批，在同等质量条件下，货比三家选购价低者，乙方如有优质价更低者可由乙方推荐供应商供货到工地，乙方负责严格看守和发放材料。后期外墙装修和附属设备安装、所区给排水、所区道路绿化等施工班组的选择，采取招标形式选择技术力量强、便于管理、有实力的施工班组，由甲、乙双方共同确定。（2）后续工程资金的支付，由刘某丙经手申请，赵某、严某甲鸿审核证明签名确认后报甲方审批，赵某和甲方财务领款后到工地项目部交我方财务沈某，并由双方财务现场共同监督，刘某丙、赵某、严某甲鸿当场证明签名确认后当场发放工人工资及材料款等费用（即必须当场将款项发放到工人及材料供应商手里，材料供应商材料款以支票支付）。当次未发放完的余款由乙方财务沈某保管，但须于次日由甲、乙双方财务现场共同监督并由刘某丙、赵某、严某甲鸿当场证明签名确认后及时发放。乙方财务须结清前次领款后，方可办理下次人工材料款的请款审批手续。班组人工费及材料供应商材料款的收款收据原件交甲方财务入账，复印件交乙方财务入账。四、双方的义务责任。（1）甲方负责垫付目前未完工项目后续资金，积极做好业主及总包方协调工作，负责工程款结算及收款工作。（2）乙方必须确保专款专用，科学安排施工，服从配合甲方驻工地管理人员及总包方管理人员工作，保证该项目按时完成交付投产，配合甲方做好工程结算工作。（3）在本协议签订前及工程前期已完成工程乙方所欠的工资、材料款等一切欠款由乙方自己负责，与甲方无关。（4）甲、乙双方应齐心协力，狠抓工程安全、质量和进度，确保项目于2009年8月30日之前按质按量顺利完成，确保竣工合格并交付使用，否则分清责任，按甲、乙双方于2008年12月22日签订的协议处理。（5）乙方应加强班组管理及工地现场管理，乙方保证乙方人员及施工班组人员、材料供应商不再发生聚众闹事、上访静坐或围攻建设单位或政府部门现象，否则甲方有权终止协议，甲方按乙方完成产值(经权威机构审定)的80%结算,乙方不得有任何异议。违反法律法规的,依法追究乙方的法律责任与经济责任。五、违约责任。甲、乙双方任何一方违反双方于2008年12月22日签订的协议及本补充协议的,按协议约定的违约责任处理,违反法律法规的,依法追究法律责任与经济责任,甲、乙双方均无异议。六、本补充协议自甲、乙双方签字后生效,与甲、乙双方于2008年12月22日签订的《建筑工程承包协议》具有同等法律效力。

2009年11月中旬,骏景变电站项目通电投产。

2010年9月12日,五华某、南方电力公司签署结算书,双方确认110kV骏景输变电工程本体部分5446430元、外墙变更工程3078000元、签证增加工程2271500元、施工安保费1782344元、延期候工费178647.75元、安全网更换工程20000元,扣除外委第三方零星土建工程20000元,扣除施工水电费用78760.95元,合计12678160.8元。

2011年5月31日,王成茂、严某甲鸿、五华某、南方电力公司及各供应商代表在合鸿达管理公司组织协调下开会,商讨五华某与王成茂、严某甲鸿施工队的工程款结算以及王成茂、严某甲鸿施工队欠部分材料供应商款项问题。供应商代表认为五华某与王成茂、严某甲鸿施工队之间的纠纷与其无关,责任方应尽快付清材料款。王成茂、严某甲鸿施工队人提出五华某尚欠其300多万元,其中施工队代垫成本100多万元,要求五华某按双方补充协议进行工程结算,款项结清后才能将欠款付给材料商。五华某则认为,材料商欠款问题应由王成茂、严某甲鸿施工队自行解决,其会付应付款项,但王成茂、严某甲鸿施工队需提交已付款的工程量清单。

2012年7月11日,王成茂向××仲裁委提起诉讼,请求判令:1.五华某支付工程款4838221.22元及逾期付款利息(按中国人民银行同期同类贷款利率,自2010年9月12日起计至清偿之日止);2.五华某承担本案仲裁费。

五华某向××仲裁委员会提起反请求,请求裁决:1.王成茂向我方返还其多收取的及在《补充协议》签订后我方多垫支的工程款3465168元及利息(按中国人民银行同期贷款利率,自2009年8月12日起计至返还全部款项之日止);2.王成茂向我方支付工程项目管理费900000元及利息(按中国人民银行同期贷款利率,自2010年9月12日起计至清偿之日止);3.王成茂向我方支付我方垫支的项目工程款税费806331.02元及利息(按中国人民银行同期贷款利率,自2010年9月12日起计至清偿之日止);4.王成茂承担本案本请求及反请求仲裁费。

审理过程中仲裁庭到涉案工程现场勘查,现场王成茂一方指出:2009年8月12日签订补充协议后剩余工程都由我方完成,但材料款是由我方向五华某申请后,由五华某拨款,专款专用;2009年8月12日以后做的工程包括拆除原有外墙(约20多万元)、重做外墙(包括砌砖、批荡、植筋、喷氟碳漆、安装装饰铝条、玻璃幕墙、百叶窗,约70万元)、天面防水(约5万多元)、天面风机隔音(约40万元)、变电大门隔音(约10多万元)、内部安装排风机(约10多万元)、地面围墙(约20多万元)、给排水及电器(约20多万元)及其他零星工程,上述费用只是成本,未包括利润;我方向五华某申请款项,已提供给法院的共有七笔,约160多万元(上述款项均由严某甲鸿申请,五华某现场人员刘某丙、赵某及负责人杨某乙签名确认);我方确认收到五华某600多万元的款项中包含了工程进度款、垫付工人工资、材料商款项及借支款。五华某则称：2009 年 8 月 12 日签订补充协议之后，王成茂只有少数亲友留在现场（电白施工队），王成茂聘请的其他施工班组均已离场，剩下的工程大部分是我方另找施工队施工完成，所有的人工、材料及安保费用均由我方支付；2009 年 8 月 12 日后我方支付了所有费用，包括竣工验收后至结算期及保修期满项目部解散的全部开支（约 1200 多万元，具体金额以我方反请求申请书为准）。

2010 年 10 月 22 日、10 月 26 日，南方电力公司分别支付五华某 5446430 元、7231730.8 元，合计 12678160.8 元。

关于涉案工程施工经过，王成茂述称：我方于 2008 年 12 月 4 日进场，但 2008 年 12 月 6 日晚骏景小区业主扔石头袭击施工人员和推倒工地围墙冲入疯狂打砸，导致多辆车辆受损，全部财物被毁，4 名后勤人员被严重打伤并送医院治疗，花费医药费 2 万多元，王成茂还私下支付 4 人赔偿金近 10 万元（这些费用就是所谓安保费用的一部分，由于涉案工程的特殊性，总包方不得不设立安保费，目的是为了补偿实际施工人在施工过程中因骏景小区业主阻挠施工而实施暴力行为所导致的财产、人身损害，以及为了防止骏景小区业主阻挠行为所采取的一系列防护措施而花费的一切费用，如在工地四周加装板房、集装箱、聘请保安看护工地等所支付的费用）；2008 年 12 月 30 日，在近千警力的保护下，工地正式开工，施工人员甚至在大年三十和年初一还在赶工期，2009 年 5 月底主体框架完成；此后南方电力公司告知我方外墙要做设计变更，导致停工，工人工资无法正常发放，工人闹事，故南方电力公司与工人进行结算（金额 46 万多元），工人撤场；五华某要求我方留下继续施工，双方签订补充协议，实际施工中增加了 100 多万元的材料款，2009 年 11 月竣工通电。五华某则称：王成茂在 2008 年 12 月 4 日入场，2009 年 2 月底骏景花园业主在现场闹事，我方支付了部分安保费，至 2009 年 5 月王成茂的工人闹事，工程停止施工；2009 年 8 月双方签订补充协议，但协议签订后王成茂没有在公司出现过，后续工程由我方垫资、施工，但也有王成茂的部分工作人员在场施工；2009 年 11 月 14 日变电站主体通电投产；后续的围墙、路面等收尾工程是我方做的。

本案中五华某申请涉案工程现场监理郑某出庭作证。郑某作证称：110kV 骏景变电站工程的建设单位是广州供电局，该工程由南方电力公司总包，南方电力公司转包给五华某公司，五华某再分包给王成茂。工程遭到骏景花园业主阻挠，于 2008 年年底强行开工，期间骏景小区居民不断聚众阻挠，在各级政府部门的支持配合下，至 2009 年 2 月底得以逐渐平息。2009 年 5 月底工程主体结构完成施工。由于工程进度紧，五华某多次要求王成茂增加人手，但王成茂不但没有增加人手，还拖欠班组工人工资，导致工人闹事，工地停工。2009 年 7 月初，在政府相关部门、业主及总包单位协调督促下，五华某拿出现金数十万元代王成茂清偿了各班组工人工资，王成茂所有班组撤场。工程快完工时，王成茂再也没有在工地露过面，他有六七个茂名电白老乡亲友在工地没有走，这几个人也干了一些活。2009 年 9 月中秋节前，严某甲鸿去了重庆，我打了几次电话给他，他说回不来。由于工期紧，我要求五华某增加人手，五华某找了一个姓邓的“胡须佬”班组的人来完成后续大部分工作，包括外墙氟碳漆多次返工、油漆、绿化、砌体装饰等。截至王成茂施工队7月份退场时,该项目主体结构工程已经封顶,室内批荡扇灰部分已经完成,地板砖和梯级砖已经铺设完,塑料窗、防火门已经装框,已搭完大部分外墙栅。初步估计,王成茂施工队退场时完成该项目的工程量约占全部实体工程量的1/3。

王成茂申请杨某甲、沈某、卢某伟、杨某乙强出庭作证。杨某甲作证称:我与王成茂是雇佣关系,2008年12月至2010年1月期间我在涉案工程现场从事安全管理及杂工管理;整个工程的土建、水电安装、装修、通风、防火工程都是王成茂施工的,其中签订补充协议前完成了主体结构建设(指主体框架部分,不包括砌砖、安装设备、装修等),签订补充协议后我方现场工人大概有30人,具体工程包括重新铲除外墙进行批荡、砌砖、抹灰、外墙装饰、安装隔音百叶、通风设备、安装水电、围墙、路面,我不清楚上述工程对应的工程款是多少;工程于2009年11月全部竣工交付业主使用,2010年1月完成了零星收尾工程,我于2010年2月离场;等等。沈某作证称:我与王成茂是雇佣关系,2008年12月至2009年11月10日期间我在涉案工程现场负责财务工作;现场主要由严某甲鸿管理;签订补充协议前五华某给了多少钱我不清楚,钱是王成茂找五华某要的,王成茂拿到钱就交给我购买材料和发放工人工资;签订补充协议前施工现场大概有四个施工班组,大概几十人;签订补充协议后后续工程都由王成茂的施工人员完成,施工人员大概有二三十几个人,不清楚补充协议签订后做了哪些工程;签订补充协议后王成茂没有再拿钱出来,都是五华某垫付,垫付的款项由杨某甲、赵某签名;2009年11月10日我离开施工现场,当时工程已基本完工;等等。卢某伟作证称:我与王成茂是雇佣关系,2008年12月至2010年1月期间我在涉案工程现场是施工员,具体负责技术、项目管理、工程结算;签订补充协议前工程主体已完成,包括框架、砌砖、外墙批荡、外墙抹灰,约占合同约定工程量的90%多;签订补充协议前对主体工程量没有结算,我也不清楚五华某给了多少钱给王成茂;签订补充协议前只有一个工程队在现场,大概八十多人,签订补充协议后有四五十人在现场,直到2009年11月施工完毕后离开;签订补充协议后施工内容包括外墙油漆、安装铝合金窗、周边电缆沟、防火门、路面铺设、天面防水、周边围墙及一些收尾工程;签订补充协议后现场所有人员工资、材料款都由五华某垫付,五华某的赵某及沈某、材料员严某甲强共同签名监督款项支出和材料购买,现场材料进场需要通过沈某、严某甲强、严某乙强签名确认,否则材料无法进场;结算问题是严某甲鸿与五华某协商的,签订补充协议后工程量及工程款是多少我不清楚;等等。严某乙强作证称:我与王成茂是雇佣关系,2008年12月至2010年2月期间我在涉案工程现场做材料员;王成茂在现场的负责人是严某甲鸿;涉案工程主体做好后因外墙设计变更,重新进行施工;签订补充协议后五华某派了赵某过来监督施工,部分材料款是五华某垫付,部分为我方购买,2009年9、10月的工资是五华某垫付的,2009年11月之后的工资就没有垫付了;2009年9月之后五华某垫付的材料款需要赵某、严某甲鸿、沈某共同签名确认;2009年9月之后王成茂出资购买的材料包括砖、沙、水泥,记不清多少钱了;等等。

另,证人郑某庭审中在接受仲裁庭及当事人质询时表示:1.2009年9月我致电给严某甲鸿时有三四个王成茂的工作人员在现场,后续的大部分工程都是五华某另行派人施工完成的;2.当时的收尾工程(包括清理现场、绿化、道路等)是由五华某完成的,因当时已找不到王成茂的施工人员了;3.按照建筑行业的施工惯例,主体封顶算1/3的工程量,除了主体工程,整个工程还包括砌墙、批荡、安装水电、安装门窗、围墙、地面、扇灰等。庭审中严某甲强另表示:我是严某甲鸿的弟弟,严某乙强是王成茂的妹夫,卢某伟是严某甲鸿的表弟、我的表哥。

案件审理过程中王成茂提交《关于王成茂诉讼请求计算方式和依据》,表示:涉案工程总工程款为12678160.8元,根据双方补充协议第二条的约定,工程全部价款归我方所有,但应扣除以下费用:1.支付给五华某的管理费900000元;2.税金414860.91元;3.刘某丙、赵某、杨某甲三人工资99000元(2009年1月1日至2009年9月30日,其中刘某丙5000元/月、赵某3000元/月,杨某甲3000元/月);4.五华某垫付的工程款6711292.59元(其中补充协议签订前垫付4485000元,补充协议签订后垫付2226292.59元);5.2010年2月10日五华某垫付工人工资52100元;6.根据补充协议第二条第三款规定,五华某还有支付我方保安人员生活费21891元(15元/人/天,自2009年1月17日至2009年4月17日,共91天,保安人数共16人)。因此,五华某尚欠我方工程款为4522798.3元(12678160.8元－900000元－414860.91元－99000元－6711292.59元－52100元＋21891元)。另,王成茂提交的《五华某垫付工程款明细》其中载明签订补充协议前五华某支付的款项合计4485000元,其中:1.2009年3月16日支付1000000元;2.2009年4月18日支付1000000元;3.2009年4月24日支付100000元;4.2009年4月29日支付300000元;5.2009年5月8日支付400000元;6.2009年5月16日支付100000元;7.2009年5月22日支付500000元;8.2009年6月17日支付600000元;9.2009年7月7日支付350000元;10.2009年7月10日支付135000元(第9、10项为2009年7月10日在××人民调解委员会达成调解协议支付给施工班组的工资款)。

关于签订补充协议前的已付款项,在仲裁庭2015年8月11日的庭询中五华某当庭提交《王成茂收取110kV骏景变电站工程款项明细表》及附件收款凭据,该明细表载明2009年1月21日至2009年8月21日期间五华某分15次向王成茂共计支付6568168元(其中:1.2009年1月21日支付进度款1520107元;2.2009年3月16日支付1000000元;3.2009年4月18日支付1000000元;4.2009年4月24日支付100000元;5.2009年4月29日支付300000元;6.2009年5月8日支付400000元;7.2009年5月16日支付100000元;8.2009年5月22日支付500000元;9.2009年6月16日支付400000元;10.2009年6月16日支付200000元;11.2009年7月2日支付460061元;12.2009年7月5日支付3000元;13.2009年7月7日支付350000元;14.2009年7月10日支付135000元;15.2009年8月21日支付100000元)。五华某在其提交的《骏景变电站工程五华某费用开支及施工情况的说明》中对其上述第1项付款1520107元及第11项付款460061元说明如下:2009年7月2日王成茂向珠江典当行借款460061元作为向五华某借支的项目进度款;2009年1月21日前,因项目工程尚未达到进度款付款节点,但王成茂无力垫资施工,为支持王成茂尽快完成涉案工程,在其分包的"黄埔南湾村电缆沟"工程项目工程项目包干价25万元及"黄埔变电房"工程包干价 18 万元的情况下，五华某以该两项目名义共借支给王成茂 1950107 元，其中 1520107 元提前转支作为王成茂骏景变电站项目前期预付工程进度款。关于上述第 1、11 项付款事实五华某提供如下证据：①2009 年 7 月 21 日王成茂开具的《收条》，内容为收到越秀区电缆沟工程结算款 58801.47 元；②2009 年 5 月 22 日王成茂出具的《收据》，内容为收到五华某项目部南方电建北区公司人和站出线工程项目工程款 373721.19 元；③2008 年 10 月 6 日王成茂出具的《借条》，内容为借到珠江典当行 110000 元；④2008 年 11 月 12 日王成茂出具的《借条》，内容为借到珠江典当行 100000 元；⑤2008 年 11 月 27 日王成茂出具的《借条》，内容为借到珠江典当行 100000 元；⑥2008 年 12 月 9 日王成茂出具的《收据》，内容为收到五华某广电项目部完成南方电力集团黄埔公司南湾村电缆沟工程款 602107 元；⑦2008 年 12 月 29 日王成茂出具的《收据》，内容为收到五华某广电项目部完成南方电力集团黄埔公司南湾村电缆沟工程款 150000 元；⑧2009 年 1 月 21 日王成茂出具的《收条》，内容为收到五华某广电项目部黄埔变电站工地工程款 600000 元。王成茂认为：《王成茂收取 110kV 骏景变电站工程款项明细表》中第 1 项及第 11 项均与本案无关，部分属其他工程的工程款，部分属我方向杨某乙的借款（该借款已还清），因此不应计算在本案已付工程款中。另，王成茂在其书面《质证意见》中确认《王成茂收取 110kV 骏景变电站工程款项明细表》第 15 项“100000 元”属签订《补充协议》前支付的商品砼欠款。

关于签订补充协议后五华某垫付的材料款、人工费等费用，五华某在庭审中表示：材料费 3921620.17 元（1572 页，429 项），人工费 4114267.05 元（242 页，92 项），其他开支 1467500.64 元（425 页，152 项），合计 10309718.88 元，另外还有安保费 884800 元。五华某提供了《五华某 110kW 骏景变电站成本明细表（材料费）》及付款凭证（共 1563 页）、《五华某 110kW 骏景变电站成本明细表（人工费）》及付款凭证（共 243 页）、《五华某 110kW 骏景变电站成本明细表（其它开支）》及付款凭证（共 420 页）、《五华某 110kW 骏景变电站成本明细表（税费）》及付款凭证、《五华某 110kW 骏景变电站成本明细表（保安费）》及付款凭证（共 57 页）予以证实。王成茂认为：经我方核对统计（有我方签名确认的费用，剔除五华某提供的虚假单据费用），签订补充协议后五华某垫付的费用为 2226292.59 元[其中 576648.59 元为收尾工程（绿化、道路、围墙）]。王成茂对五华某提供的上述《五华某 110kW 骏景变电站成本明细表（材料费）》及付款凭证（共 1563 页）、《五华某 110kW 骏景变电站成本明细表（人工费）》及付款凭证（共 243 页）、《五华某 110kW 骏景变电站成本明细表（其它开支）》及付款凭证（共 420 页）、《五华某 110kW 骏景变电站成本明细表（税费）》及付款凭证提供了书面《质证意见》并制作了《五华某骏景变电站成本明细表（材料费）分类表—质证》、《五华某骏景变电站成本明细表（人工费）分类表—质证》、《五华某骏景变电站成本明细表（其他开支）分类表—质证》。王成茂在《质证意见》中称：一、关于材料费、人工费及其他开支证据。1.凡有我方人员签名确认的或与我方提交的证据重合的，我方予以确认。2.凡没有我方人员签名的证据，我方均不予确认。理由：双方补充协议明确约定发放工资或材料款等费用必须由双方共同监督，经过双方共同签名确认后方可发放；上述约定的目的是为防止一方虚大工程费用；从原告提供的借款审批单及支付证明单也可看出，双方也一直是按补充协议的约定履行的；五华某提供没有经过我方签字认可的单据，目的是虚大其支出成本，从而达到逃避其支付工程款义务的目的。3.凡是上述证据显示在2008年12月4日我方进场前五华某单方购买的材料或支付的工人工资后其他开支，我方均不予确认。理由：在我方进入工地前，五华某是否购买证据中反映的设备或材料，我方无法确认，且我方进场前不可能产生工人工资的问题；涉案工程全部由我方完成，若我方进场前五华某确有购买设备或材料，那么我方进场后五华某应将上述材料及设备全部移交我方，只有这样才能在总工程款中扣除该部分支出，但事实上五华某购买的这些设备和材料在我方进场后并没有移交给我方；我方不认识材料款、人工款证据中的刘某丁、龚某、董某等人，凡有这些人签名的证据材料均与本案无关；材料费证据中显示的购买安装工人住宿板房建设费19万元为虚构，我方进场时工地板房破旧不堪，实际上是之前第三人委托的建筑公司准备施工时所建，2008年12月1日后旧板房被骏景居民烧毁，新的板房是我方出资安装的。二、关于税费证据。我方对该部分证据的真实性、合法性、关联性均予确认，但税费由五华某缴交不等于涉案工程由其施工完成。根据补充协议的约定，工程款扣除90万元管理费之后的税费由我方承担，90万元管理费的税金由五华某自行承担，我方同意除90万元管理费的税金以外的其他税金在总工程款中进行扣除。三、关于保安费证据。我方对该证据不予确认。双方补充协议第二条第三款约定的是聘用保安公司的保安费，这与我方提出的安保费是不同的。在五华某与第三人的结算报告中对安保费用170多万元的具体构成有详细列明，包括新板房的修建费、工人工资、伤药费、集装箱费用、租房费用、误工费、施工材料报废的费用、被破坏设备的费用，甚至包括严某甲鸿被抢的金某等财物损失费用。

王成茂另于2015年9月8日向仲裁庭提交《签订补充协议后五华某支付骏景变电站款项证据虚假分类清单（人工）》、《签订补充协议后五华某支付骏景变电站款项证据虚假分类清单（材料）》、《签订补充协议后五华某支付骏景变电站款项证据虚假分类清单（其它开支）》。《签订补充协议后五华某支付骏景变电站款项证据虚假分类清单（人工）》载明王成茂确认的五华某垫支人工款一一对应的五华某提交的《五华某110kW骏景变电站成本明细表（人工费）》及付款凭证的页码、付款项目，合计金额409359元；王成茂不确认的五华某垫支人工款一一对应的五华某提交的《五华某110kW骏景变电站成本明细表（人工费）》及付款凭证的页码、付款项目，合计金额3704908.05元。《签订补充协议后五华某支付骏景变电站款项证据虚假分类清单（材料）》载明王成茂确认的五华某垫支材料款一一对应的五华某提交的《五华某110 kW骏景变电站成本明细表（材料费）》及付款凭证的页码、付款项目，合计金额1904385.82元；王成茂不确认的五华某垫支材料款一一对应的五华某提交的《五华某110kW骏景变电站成本明细表（材料费）》及付款凭证的页码、付款项目，合计金额2017234.1元）。《签订补充协议后五华某支付骏景变电站款项证据虚假分类清单（其它开支）》载明王成茂确认的五华某垫支其他开支款一一对应的五华某提交的《五华某110 kW骏景变电站成本明细表（其他开支）》及付款凭证的页码、付款项目，合计金额114280.36元；王成茂不确认的五华某垫支其他开支款一一对应的五华某提交的《五华某110 kW骏景变电站成本明细表（其他开支）》及付款凭证的页码、付款项目，合计金额1353220.

28元。

在庭审中,仲裁庭询问如何确定王成茂的施工工程量,王成茂表示:根据我方提供的单据及五华某提供的单据,双方均有签名确认的就是我方的施工工程量。王成茂另表示,五华某在签订《补充协议》后垫付费用不能改变王成茂是施工人的事实。

本案中五华某向仲裁庭提交鉴定申请书,称其与王成茂之间至今未进行结算,双方对王成茂完成的工程量存有争议,申请对以下事项进行鉴定:1、根据其与王成茂双方《建筑工程承包协议》约定及补充协议中双方确认的"该项目目前已完成主体结构建设"并以无效合同原则鉴定确认王成茂已完成的项目"主体结构建设"的工程量;2、根据其与南方电力公司签订的《建设工程施工合同》约定及此后外墙变更方案鉴定确认五华某完成的涉案110KV骏景变电站工程实际工程量。仲裁庭委托广东建伟工程咨询有限公司(简称"建伟公司")为评估公司。建伟公司经现场勘查后作出评估报告,评定主体结构(无争议部分)工程造价为2458754.58元,其他单位工程(有争议部分)工程造价为7998241.65元。

王成茂在庭审中称:1.我方至今还欠材料商80多万元,其中钢材款、砼款近50万元,防火门7万多元及打桩费13万多元,我方此前已提交《骏景变电站工地王成茂、严某甲鸿施工队欠款核对汇总表》;2.我方已收的工程款已全部投入工程中,另外还垫付100多万元(包括安保费100多万元)。上述《骏景变电站工地王成茂、严某甲鸿施工队欠款核对汇总表》(编制时间2011年2月24日)载明总金额818123.39元,其中:1.广州市东某钢材经营部钢材款240000元;2.广州市天河区泰安北路钢材市场长健建材租赁施工脚手架11000元;3.广州新明珠陶瓷集团广州销售中心地板砖供货26613元;4.广州东竣混凝土有限公司商品混凝土供货238177.5元;5.杨某丙新植筋施工2680元;6.广州市新兴电缆实业有限公司电线电缆供货21027.17元。7.孔某七焊接施工4000元;8.苏亚七搭设排栅施工34234.5元;9.广州白云环境保护设备厂有限公司通风设备供货11800元;10.广州市黄埔区顺达不锈钢装饰工程部不锈钢楼梯扶手施工22975元;11.邓文坚电气、给排水施工44838.22元;12.核工业华南花都建设工程公司增城分公司压桩施工76963元;13.佛山市南海恒诺通用电气有限公司配电箱质保金2379.2元;14.阮某通风施工7900元;15.广州兴皇门窗实业有限公司防火门、钢门73535.8元。

王成茂为证明涉案工程所需设备、材料全部由其负责购买、安装,五华某称其仅完成主体工程与事实不符,提供如下证据:1.落款时间2008年12月27日与供货方广州市增城兴皇金属门窗厂签订的《产品购销合同》(防火门制安,合同价120000元);2.落款时间2009年1月5日与雅致集成房屋股份有限公司签订的《活动板房租赁合同》(活动板房租赁,租金总额33565元);3.落款时间2009年2月23日与保定市银燕预应力工程有限公司签订的《预应力分项工程施工承包合同》(包干价53000元);4.落款时间2009年2月22日与广州市机安建筑机械设备有限公司签订的《物料提升机服务合同》(租赁物料提升机一台,4个月租金7500元等);5.落款时间2009年4月26日与广州中洲船舶工程有限公司签订的《110KV骏景变电站主变大门制造、安装合同》(总价150000元);6.载明签订时间2009年4月28日、供货方为佛山市南海恒诺通用电气有限公司的《工业品买卖合同》(配电箱,价款 36493 元);7.落款时间 2009 年 6 月 9 日与广州市天河区五山鑫旺建材经营部签订的《购销合同》(产品名称架空地板、角铝,金额 15738 元);8.落款时间 2009 年 8 月 28 日与佛山凤铝吴秉灿工程队签订的《工程承包合同》(施工内容为玻璃幕墙、木色百叶窗、饰铝条,金额 148140 元);9.载明签订时间 2009 年 9 月 10 日、施工方为绵阳声威环境工程有限公司的《110kV 骏景变电站降噪工程合同书》(施工内容消声百叶窗的设计、制作、安装,包干总价 288000 元);10.与广州白云环境保护设备厂有限公司签订的《广州市工矿产品供货合同》(产品名称为流风机等,合同总价 71800 元)。

二、实训内容

1.制作申请人证据清单及证明内容,按照证明内容的不同将案件中证据进行分类、编号。

2.制作被申请人证据清单及证明内容,按照证明内容的不同将案件中证据进行分类、编号。

3.模拟双方庭审举证质证过程,准备质证意见,训练庭审的应变能力。

第十二章

仲裁庭审实训

【本次实训目的】

1.模拟仲裁庭庭审程序

2.仲裁庭审的相关要求

简易程序中仲裁庭由独任仲裁员组成仲裁庭,主持案件的庭审程序。

【实训案例一】

一、案情简介

(一)仲裁申请书

申请人:李××,男,汉族,1978年10月5日出生,身份证号码:440××××××××××××××××,住所:××市B区××湾××路10号××花园19栋3单元105房

被申请人:王××,男,汉族,1965年11月2日出生,身份证号码:440××××××××××××××××,住所:××市B区××南路25号××小区5栋4单元207房

仲裁请求:

1.裁决被申请人偿还借款人民币600000元,并按月利率2%,从2015年11月26日起至还清借款之日止计息(暂计至2016年12月31日止,利息为人民币156000元);

2.裁决被申请人赔偿申请人因本案已经支付的律师费人民币54000元;

3.本案仲裁费用、保全费用由被申请人负担。

事实与理由:

2015年11月26日,被申请人因经营需要向申请人借款人民币600000元。申请人与被申请人签订的《民间借贷合同》约定,借款中的人民币528000元汇入被申请人在中国农业银行62284606××××账户,现金72000元交付给被申请人。借款期限为3个月,借款利息按月利率20‰计算。如发生争议,首先友好协商,协商不成,则提交××仲裁委员会依照该会仲裁规则依法裁决,违约方须承担或赔偿对方为主张权利发生的仲裁费用、律师费、差旅费等全部合理费用。合同签订当天,按照合同的约定申请人转账支付给被申请人人民币528000元,交付现金给被申请人人民币72000元,被

申请人出具借款收据给申请人。借款期限届满后，被申请人未依约偿还借款。经申请人多次追讨，被申请人至今分文未还。为此，申请人特提起仲裁，请求贵委支持申请人的仲裁请求。

此致

××仲裁委员会

申请人：李××

2016 年 12 月 31 日

(二)被申请人答辩与出庭情况

在仲裁过程中，被申请人一直处于下落不明状态，既没有答辩也未出庭，本案为缺席审理。

(三)申请人提交的证据及证明事项

证据一：《民间借贷合同》，证明申请人与被申请人约定了借款权利义务。

甲方：李××

乙方：王××

第一条　乙方因家庭生活及生意周转向甲方借款 600000 元。

第二条　借款交付方式为，甲方将借款总额中的 528000 元汇入乙方指定的账户，户名为王××，开户银行为中国农业银行，账号为 62284606××××；其余的 72000 元由甲方向乙方交付现金。

第三条　借款期限为 3 个月，自乙方收到甲方交付的借款之日起计；乙方支付借款利息，利息为月息千分之二十(月息 20‰)计算。乙方应于借款期限届满时一次性偿还全部借款本金及利息。

第四条　如因本合同及相关事宜发生纠纷，首先友好协商解决，协商不成，则提交××仲裁委员会依照该会仲裁规则依法裁决，违约方须承担或赔偿对方为主张权利发生的仲裁费用、律师费、差旅费等全部合理费用。

甲方：李××　　　　乙方：王××

2015 年 11 月 26 日　　　　2015 年 11 月 26 日

证据二：银行汇款回单、借款收据，证明申请人已将借款 600000 元交付给被申请人。

借款收据

兹本人王××收到李××借款现金人民币：柒万贰仟元整，银行转账人民币伍拾贰万捌仟元整，共计人民币陆十万元整。特立此据。

借款人：王××

2016 年 11 月 26 日

证据三：民事委托代理合同、律师费发票，证明申请人因本案支付律师费

54000 元。

证据四：民事裁定书和缴费发票，证明申请人申请财产保全支付案件申请费4020 元。

(四)开庭情况

被申请人未到庭，经仲裁庭核对，申请人提交的证据复印件和原件一致。此外，经仲裁庭询问，申请人陈述，从借款到庭审开庭，被申请人本金从未还过，仅还了 9 个月利息，按每月 12000 元计算，共还了 108000 元，为 2015 年 11 月 26 日至 2016 年 8 月 25 日期间的利息。

二、实训问题

1.请对申请人提交的证据的效力进行分析？具体分析仲裁庭是否应予采信，并阐明原因。

2.涉案的《民间借贷合同》约定月利率 20‰，该约定是否符合法律规定？为什么？

3.被申请人向申请人支付利息应从何时起算？

4.被申请人是否应向申请人支付律师费和保全费及具体数额？请阐述理由。

三、分析思路和技巧

对于上述问题分析如下：

1.对于申请人提交证据的效力，因被申请人未提交证据，也未对申请人提交的证据进行质证，视为放弃举证、质证的权利。申请人当庭出示提交证据的原件，与申请人提交的复印件一致的，仲裁庭应予采信。

2.《民间借贷合同》为申请人与被申请人真实意思表示，不违反法律规定，应认定合法有效，对申请人与被申请人具有约束力，其应当按照约定全面履行自己的合同义务。关于借款利息的计算，在《民间借贷合同》中，申请人和被申请人约定借款的期限为 3 个月，月息 20‰，自被申请人收到申请人交付的借款之日起计算，即借款期限为从 2015 年 11 月 26 日至 2016 年 2 月 25 日。对此，仲裁庭认为，一方面，申请人与被申请人约定的月息 20‰借款利率未超过年利率 24%，合法有效。另一方面，借款期限届满后，申请人在仲裁请求中主张被申请人按照借款期限的约定利息主张违约利息也符合法律规定。

3.庭审中，当仲裁庭询问申请人将涉案的 60 万元借给被申请人以后，被申请人是否偿还过本金或支付利息这一问题时，申请人回答被申请人没有还过本金，只是支付了从 2015 年 11 月 26 日至 2016 年 8 月 25 日共 9 个月的利息 108000 元。仲裁庭认为，申请人的回答属于自认，仲裁庭对该事实予以确认。综上，被申请人应向申请人偿还借款本金 600000 元，并按照月利率 2% 支付利息，支付利息的起算时间应从 2016 年 8 月 26 日起计算，至借款还清之日止。

4.在《民间借贷合同》中，申请人与被申请人约定违约方须承担或赔偿对方为主张权利发生的仲裁费用、律师费、差旅费等全部合理费用。本案中，被申请人存在违约行为，应该承担申请人因主张权利所支付的合理的律师费和保全费。经庭审调查，律师费是基于756000元仲裁请求标的额向申请人收取54000元代理费，根据2006年《广东省物价局、司法厅律师服务收费管理实施办法》中附件《广东省律师服务政府指导价》中关于涉及财产的民事诉讼收费标准的规定，仲裁庭认为律师费收费过高。为此，仲裁庭酌定被申请人向申请人赔偿因本案已经支付的律师费45000元。此外，对于申请人请求被申请人承担财产保全的费用4020元，仲裁庭予以支持。

普通程序由三名仲裁员组成，其中首席仲裁员主持庭审程序。

【实训案例二】

一、案情简介

2016年12月6日，蚌埠仲裁委员会作出(2016)蚌仲裁字第139号裁决：一、被申请人年君应于收到裁决书之日起10日内偿还申请人徐安廷借款本金257.5万元及利息，利息包括11万元及以借款本金257.5万元为基数按年利率24%自2016年3月25日起至实际还清之日止计付的利息；二、被申请人蚌埠市福沃特车轮制造科技有限公司、安徽珩业车轮有限公司对上述第一项裁决承担连带清偿责任。若承担责任后，就承担部分可向被申请人年君行使追偿权；三、驳回申请人徐安廷的其他仲裁请求；四、本案仲裁费15120元(已由申请人徐安廷预交)，由申请人徐安廷承担825元，由被申请人年君、蚌埠市福沃特车轮制造科技有限公司、安徽珩业车轮有限公司承担14295元，并随上述第一项裁决一并履行。

年君不服(2016)蚌仲裁字第139号裁决，向安徽省蚌埠市中级人民法院申请撤销裁决，蚌埠市中级人民法院于2017年6月9日立案后进行了审查。年君请求撤销蚌埠仲裁委员会(2016)蚌仲裁字第139号仲裁裁决的理由为：1.徐安廷撤回(2016)蚌仲裁字第51号仲裁申请未经仲裁庭作出决定，违反法定程序，损害了年君的合法权益。2.仲裁庭的组成违反法定程序。徐安廷于2016年6月撤回仲裁申请后，又于2016年9月13日以同一事实、理由和同一诉请提请仲裁。蚌埠仲裁委员会受理后，未由(2016)蚌仲裁字第51号仲裁案件的仲裁庭继续审理涉案仲裁，却要求年君重新选定仲裁庭。年君坚持选定原来的仲裁庭，但蚌埠仲裁委员会重新组成仲裁庭并指定了首席仲裁员。仲裁员没有签署保证独立、公正仲裁的声明书并转交给年君，更没有就其可能存在的需要回避的情形予以书面披露。案件审理终结后，由于审理结果严重不公正，年君才了解到首席仲裁员刘敏与徐安廷的代理人杨在勇曾是同一单位安徽南山松律师事务所的同事，属于应该披露并主动回避的情形。

蚌埠市中级人民法院经审理查明，首席仲裁员刘敏与徐安廷的代理人杨在勇2008年曾是同一单位安徽南山松律师事务所的同事。[①]

---

① 参见安徽省蚌埠市中级人民法院(2017)皖03民特4号民事裁定书。

二、实训内容

根据《中华人民共和国仲裁法》和《蚌埠仲裁委员会仲裁规则》，分析和回答以下问题：

1.(2016)蚌仲裁字第 51 号案是否属于(2016)蚌仲裁字第 139 号案的审理范围？

2.(2016)蚌仲裁字第 139 号案仲裁庭的组成是否合法？

3.首席仲裁员刘敏是否应该进行信息披露？

三、分析思路和技巧

关于年君主张徐安廷撤回(2016)蚌仲裁字第 51 号仲裁申请未经仲裁庭作出决定，违反法定程序问题。因本案审理的范围是蚌埠仲裁委员会(2016)蚌仲裁字第 139 号仲裁裁决是否应予撤销问题，而(2016)蚌仲裁字第 51 号案件的仲裁程序与本案审理的(2016)蚌仲裁字第 139 号案件的仲裁程序不属于同一程序，故(2016)蚌仲裁字第 51 号仲裁案件是否违反法定程序不属于本案审理范围，蚌埠市中级人民法院对此不予审查。

关于年君主张涉案仲裁庭的组成违反法定程序问题。蚌埠仲裁委员会依据《中华人民共和国仲裁法》规定的仲裁程序和双方当事人共同选择的《蚌埠仲裁委员会仲裁规则》，由三名仲裁员组成仲裁庭审理案件。《中华人民共和国仲裁法》第三十一条规定，当事人约定由三名仲裁员组成仲裁庭的，应当各自选定或者各自委托仲裁委员会主任指定一名仲裁员，第三名仲裁员由当事人共同选定或者共同委托仲裁委员会主任指定。年君申请按照(2016)蚌仲裁字第 51 号仲裁案件组成的仲裁庭继续审理涉案仲裁，实际系主张由其单方选定三名仲裁员，明显与上述法律规定相悖。蚌埠仲裁委员会在该仲裁庭组成过程中，由双方各选定一名仲裁员，且在双方未能依法选定首席仲裁员的情况下由蚌埠仲裁委员会主任指定首席仲裁员，符合上述法律规定。

对于年君另主张仲裁员没有签署保证独立、公正仲裁的声明书并转交给年君，更没有就其可能存在的需要回避的情形予以书面披露问题，《蚌埠仲裁委员会仲裁规则》中并未有仲裁员签署声明书、书面披露回避情形等规定，因此年君的主张不能成立。《蚌埠仲裁委员会仲裁规则》第四十四条规定，与本案当事人、代理人有其他关系，可能影响公正仲裁的，仲裁员应该回避。这里的“其他关系”包括：(一)现任当事人法律顾问或者其他顾问；(二)与任何一方当事人、代理人在同一单位工作的；(三)担任过本案或者与本案有关联的案件的证人、鉴定人、勘验人、辩护人、委托代理人的。因此，首席仲裁员刘敏与杨在勇虽曾是同一单位同事，但是不属于《蚌埠仲裁委员会仲裁规则》规定的应予回避的情形。综上，年君关于仲裁庭的组成违反法定程序的主张不能成立。

【实训案例三：委托合同纠纷】

(一)仲裁申请书

申请人：李×清，女，汉族，1965 年××月××日出生，住广东省徐闻县××镇×

×路 27 号，身份证号码：440825××××××××××

委托代理人：林××，广东××律师事务所律师

委托代理人：张××，广东××律师事务所律师

被申请人：广东××律师事务所

住所：广东省××市××区人民西路××号××花园商铺 2 楼

委托代理人：徐××，广东××律师事务所律师

委托代理人：黄××，广东××律师事务所律师

法定代表人：李××

仲裁请求：1.裁决被申请人赔偿申请人利息损失 986021.15 元；

2.本案仲裁费由被申请人承担。

事实和理由：

申请人李×清与被申请人先后于 2014 年 2 月 17 日及 2014 年 9 月 3 日签订两份委托代理合同，就其三人与××市××华大实业总公司建筑工程施工合同纠纷一案，委托被申请人的黄××律师作为该案原一审、二审和重审一审的诉讼代理人。在代理过程中，被申请人的黄××律师指导委托人向人民法院提出关于欠付工程款利息的诉讼请求为“自起诉之日按同期同类银行贷款利率计付至实际清偿之日”。该委托案件当事人的债权为欠付工程款，《最高人民法院关于审理建设工程施工合同纠纷案件适用法律问题的解释》第十七条规定“当事人对欠付工程款利息计付标准有约定的，按照约定处理；没有约定的，按照中国人民银行发布的同期同类贷款利率计息”，且第十八条规定“利息从应付工程价款之日计付。当事人对付款时间没有约定或者约定不明的，下列时间视为应付款时间：(一)建设工程已实际交付的，为交付之日；(二)建设工程没有交付的，为提交竣工结算文件之日：(三)建设工程未交付的，工程价款也未结算的，为当事人起诉之日”，据此规定，该案中欠付工程款利息的起算时间应是 1996 年 2 月 13 日的建设工程款结算日。根据该案生效判决书既判的案件事实，自 1996 年 2 月 13 日至 2014 年 3 月 4 日(即起诉前一日)，期间，按照中国人民银行发布的同期同类贷款利率计算的欠款工程款应得利息总额至少为 1141819.73 元。委托人在案件的诉讼中自始至终没有主张 1996 年 2 月 13 日至 2014 年 3 月 4 日期间的欠付工程款利息，导致了该利息诉讼请求权利的丧失，造成申请人可得的经济利益损失额至少达 986021.15 元。

被申请人指派的律师在所涉案件的代理过程中，不认真负责，保护委托人的合法权益，从来没有告知委托人欠付工程款的债权人可以依法自涉案工程款结算之日起主张利息，而是只向委托人给出可以自起诉之日起主张利息的法律意见。显然，被申请人的指派律师对委托人的“欠付工程款利息”主张问题有违了双方《委托代理合同》，第二条“乙方律师必须认真负责，保护甲方合法权益”的约定。委托人作为法律外行的普通自然人，聘请被申请人的执业律师向其提供专业的诉讼代理服务，其对案件法律适用问题的认知完全依赖被申请人指派律师的专业判断，但被申请人却错误指导委托人，导致委托人产生不可挽回的巨大经济损失，构成重大过失。被申请人依法理应对其执业律师因过错给当事人造成的损失承担赔偿责任。根据我国《合同法》第四百零

六条第一款以及《律师法》第五十四条，为了维护自己的合法权益，申请人现依照委托代理合同的仲裁条款，特向贵委员会提请仲裁，望能裁如所请。

(二)举证和质证

申请人提交如下证据：

证据一：申请人居民身份证。

证据二：被申请人及其指派律师基本信息。

证据三：粤运律民字第 208739 号及 208822 号委托合同，证明：李×清、林××、李××与被申请人之间诉讼代理合同关系。

证据四：被申请人开具广东增值税普通发票 2 份，证明申请人向被申请人支付委托费用。

证据五：广东省××市中级人民法院(2016)粤 04 民终 863 号民事判决书，对欠付工程款余额及其给付事实的认定。

证据六：××管理区 1993 至 2000 年 2 月 18 日基本建设投资工程结算欠付工程款汇总(××城建办财务股整理)，申请人工程款债权至 2000 年 2 月 18 日止结余 989633.98 元。

证据七：××城建办建筑工程设计编制结算书 2 份(1995 年 7 月 18 日及 1996 年 2 月 12 日)。

证据八：广东省××市××区人民法院(2014)××法×民初字第 131 号、广东省××市××区人民法院(2015)××法×民重字第 1 号，证明：原起诉主张欠付工程款利息主张自起诉之日起按同期银行贷款利率计付至实际清偿之日的事实。

被申请人为证明其答辩意见，向仲裁庭提交了如下证据：

证据一：委托代理合同，双方所签订三份委托代理合同的内容及签订日期。三份合同第二条第二款均约定：鉴于案件本身的性质、诉讼固有的风险及其他客观原因，乙方律师在案件代理前及代理过程中对案件所作的任何分析或预测，并不代表乙方对案件结果作出承诺或承担任何责任。说明律师代理诉讼案件过程中所作分析或预测，仅是一种分析性意见，受当时申请人提供的证据及各种客观情况限制，不代表该分析意见就一定被司法机关采纳、接受。

证据二：发票，申请人所支付的律师代理费用。

证据三：授权委托书，证明：申请人委托被申请人的代理权限。被申请人在代理权限范围内依法妥当履行了代理职责。

证据四：民事起诉状。

证据五：上诉状。

证据六：民事起诉状(重审版)，证明：有关利息计算方式是申请人签字确认同意的真实意思。

证据七：受理案件通知书，证明：一审受理、即一审起诉状的递交时间是 2014 年 3 月 5 日。

证据八：预交一审案件上诉费通知书，证明：二审上诉状的递交时间是 2014 年 9

月 9 日。

证据九:受理案件通知书、特快专递详情单,证明:重审一审起诉状的递交时间是 2015 年 6 月 19 日。

证据十:(2014)××法×民初字第 131 号民事判决书。

证据十一:(2014)×中法民三终字第 483 号民事裁定书。

证据十二:(2015)××法×民重字第 3 号民事判决书,证明:申请人全程参与了法庭审理过程,从来没有对利息计算方式提出任何异议。

证据十三:特快专递详情单,证明:证据十二的判决书于 2016 年 2 月 1 日寄给了申请人。

证据十四:证据清单收据,证明:申请人一审委托被申请人代为起诉时提交的证据清单。

证据十五:××城建办建筑工程设计编制结算书,证明:1.申请人一审起诉时提交予被申请人的证据之一,该证据中,施工单位一栏为华大公司,华大公司在上面盖章确认,但建设单位一栏为空白,没有签字,表明未经建设单位确认结算;2.该结算书上的结算主体是建设单位华大公司与施工单位平沙区,梁全、李孔烈和林劳荣三人出资的合伙体是挂靠于华大公司下属的平沙大虎车队作为实际施工人,不属于结算主体,而且其挂靠关系无效,不能以建设单位与施工单位之间的结算书来主张自结算日起付的利息。这份证据只有施工单位华大公司的签章,证明是施工单位报请结算的文件,没有建设单位的签章,不具有结算书的法律效力,证明律师在起诉时所做的诉讼主张、风险提示均建立在报请的结算资料的基础上。

证据十六:(2006)徐法民一初字第 392 号民事判决书、生效证明书,证明:1.申请人一审起诉时提交予被申请人的证据之二,该判决没有确认其利息问题;2.该判决显示申请人是由于其与梁全离婚才分得工程款债权相应份额;3.判决书确认申请人离婚时没有固定职业,谋生能力差,生活困难,申请人委托被申请人时其经济状况仍没有改善,其同意自起诉之日起计算利息,从而避免承担高额诉讼费用及代理费用以及相关诉讼风险,是其考虑自身经济状况后作出的自愿选择。

证据十七:××市××华大实业总公司向申请人付款的凭证,证明:申请人一审起诉时提交予被申请人的证据之三。

证据十八:大虎车队梁全历史工程款明细表。

证据十九:梁全升平大道填土工程结算表,证明:1.××市××华大实业总公司在诉讼中提交的证明对于申请人主张的本金有异议的反驳证据,说明申请人主张的债权本金存在争议及相关的诉讼风险;2.该结算表中的结余数额也仅是本金,不存在利息的主张。

二、实训内容

(一)申请仲裁前的准备工作

1.精心阅读卷宗,对案件进行定性;

2.把握案件事实,确定庭审思路;

3.分析法律关系,衡量不同仲裁思路的利弊;

4.总结争议焦点,形成代理意见和答辩意见;

5.梳理双方证据,准备举证质证意见和发问的问题;

6.检索适用法律和司法解释,形成合议意见。

(二)是否存在解决争议的前置条件和管辖权异议

提起仲裁的前提是仲裁协议,在合同条款中多表述为:“本合同如出现争议双方应先友好协商解决;协商不成的可以向××仲裁委员会提起仲裁,仲裁裁决对双方均具有约束力。”在仲裁实务中,双方是否经过协商并不是前置程序,争议发生时一方可以径行提起仲裁,不受是否协商的影响。

但某些合同,如供用电合同“争议解决办法”中,约定“供电方、用电方因签订或履行本合同发生争议时,应友好协商解决,协商不成时,可提交电力管理部门调解。不能达成调解协议的,任何一方可选择以下方式之一处理:向××仲裁委员会申请仲裁。”例如,被申请人向××仲裁委员会提出管辖异议,主张供用电合同纠纷应由电力调解部门调解,调解不能达成协议时,才得进入仲裁程序。被申请人提交了调解申请书和××电监局的来访(信)登记表,证明被申请人曾就案件纠纷申请由国家电力监管委员会××监管局进行调解,并于20××年4月14日向该局提交调解申请。电力部门调解是否为提起仲裁的前置程序,双方存在不同理解,申请人认可被申请人请求南方电监局调解的事实,认为根据《供用电合同》第十条约定,双方纠纷“可以”提交调解,该约定中的调解是自愿性而不是强制性的。申请人不愿意调解,也就是不能达成调解协议的可申请仲裁。仲裁庭合议后认为《供用电合同》第十条约定的争议解决方式中,调解是可选择的程序而不是必经的前置程序。根据《电力调解暂行办法》第三条规定,电力争议调解实行自愿原则,对本案争议申请人明确表示不愿意调解,××电监局业已告知被申请人,根据《电力调解暂行办法》第十二条规定,申请人已经向仲裁机构申请仲裁,电力监管机构不予受理。仲裁庭认为被申请人提出管辖异议的理由不成立,决定继续开庭审理。

(三)申请仲裁时应提交的文件

《仲裁法》第二十二条、第二十三条规定了申请仲裁的条件。第二十二条规定:“当事人申请仲裁,应当向仲裁委员会递交仲裁协议、仲裁申请书及副本。”第二十三条规定:“仲裁申请书应当载明下列事项:(一)当事人的姓名、性别、年龄、职业、工作单位和住所,法人或者其他组织的名称、住所和法定代表人或者主要负责人的姓名、职务;(二)仲裁请求和所根据的事实、理由;(三)证据和证据来源、证人姓名和住所。”

仲裁申请书应包括当事人基本情况:名称或姓名,住所,法定代表人(负责人)姓名、职务、联系方式;仲裁请求;仲裁请求所依据的事实和理由;请求仲裁的仲裁委员会名称,申请人签名及盖章,申请仲裁的时间。

仲裁申请书应当具体陈述申请所依据的事实和理由,做到条理清楚、逻辑严谨、证据可靠。对具体仲裁请求如赔偿金的计算依据、计算方法、数额、事实及法律依据，违约金及利息的计算依据、计算方法、数额、事实及法律依据，必须明确具体。对仲裁请求的请求权基础进行认真斟酌和推敲，经过比较和衡量之后明确请求权基础，并准备好相应的证据提交仲裁庭。

申请人在提起仲裁时，对自己的仲裁请求负有举证义务，向仲裁庭提供有关的证据和证据来源。申请人提交证据材料时，应将收集到的所有证据进行分类整理编排，制作证据清单，标明证据编号、证据名称、证明事项、证据来源、证据所在页码范围，以提高庭审举证质证的效率，避免庭审时因证据材料杂乱无章，花费时间临时查找相应的证据或无法找到相应证据，以保证庭审的顺利进行。证据清单写明××公司与××公司××纠纷仲裁案证据清单。证据清单参考文本如下：

证据清单

编号	证据名称	证明事项	证据来源	页码	原件/复印件
1					
2					
3					
4					
5					
6					
7					

申请人/被申请人：(签名或盖章)
提交人：
提交日期：

申请人为自然人的，应提交申请人的身份证复印件并准备好原件供仲裁庭查验。申请人为法人的，应提交其法人身份证明，如企业营业执照，组织机构代码证等。法定代表人应提供相应的证明证实其法定代表人身份。

法定代表人证明书

________先生/女士现任我单位职务，为法定代表人。

特此证明。

单位名称：(盖章)
年　月　日

附：法定代表人身份证复印件

(四)模拟仲裁庭开庭

1.小组成员角色分工，分别模拟申请人及代理人、被申请人及代理人、仲裁庭仲裁员，模拟仲裁庭开庭审理案件。

2.申请人和被申请人方制作证据清单，准备举证质证意见。

3.申请人和被申请人方撰写代理词或答辩意见。

4.首席仲裁员准备庭审程序，秘书准备记录。

5.仲裁庭对案件进行合议。

第十三章

仲裁裁决书实训

【本次实训目的】

1.撰写仲裁裁决书
2.仲裁裁决书的相关要求

【实训案例一】

一、案情简介

申请人:××电网有限责任公司××供电局,地址:××市××区××路××号

法定代表人:×××

被申请人:××FZ房地产营销有限公司,地址:××市××区××路××号

法定代表人:×××

申请人仲裁请求称:××市××物业发展有限公司原报装有500kVA、400kVA两台变压器,其中500kVA的变压器CT倍率为120倍,400kVA变压器的CT倍率为80倍,后500kVA变压器已报停。2003年,被申请人申请将上述公司的两台变压器用户变更为被申请。2010年7月6日,被申请人申请并户减容,拆除一台500kVA变压器。2010年8月26日,申请人与被申请人创新签订了《供用电合同》,合同约定双方争议解决方式为向××仲裁委员会申请仲裁。2014年3月,申请人接到群众举报,被申请人收费计量倍率80倍与实际倍率120倍不一致。经申请人工作人员现场检查发现,现场运行CT名牌标注的倍率确实为120倍,与系统中记录的80倍不一致,申请人工作人员告知被申请人需按实际倍率补缴电费,但被申请人对该CT实际倍率是否为120倍提出质疑,要求对该CT的实际倍率进行测定。2014年4月28日,被申请人与申请人下属单位××供电局签订了《关于××FZ房地产顾问有限公司申请校验电流互感器倍率的协议》,约定CT的实际倍率以质监所的检验报告为准。2014年5月4日,在双方人员在场见证下,申请人将该CT拆下,并重新装上新的CT,此后电费按照新装CT计量。拆下的CT送××市质量计量监督检测所检测,检测结果为该互感器合格,倍率确实为120倍。经申请人调查,出现上述差错的原因为:2010年6月,因被申请人的400kVA变压器的用电量过大,申请人将其400kVA变压器的原80倍CT更换成120倍CT,该CT资产编号为A相ZC000069561,B相ZC000069555,C相ZC000069564,2010年7月,被申请人申请并户减容拆除500kVA变压器;2010年10

月，在500kVA变压器拆除过程中，现场拆除的CT是500kVA变压器对应的CT，但《装拆表工作单》中却错误记录拆除该120倍CT(对应400kVA变压器)，工作人员拆除时未就拆除CT的资产编号与《装拆表工作单》上记录的CT编号进行核对。这导致该《装拆表工作单》与2010年11月归档后，营销系统显示拆除了该120倍CT，则400kVA变压器对应的CT还原到原来的80倍，系统自动按照80倍计量用电量，但实际该120倍CT仍在现场运行至2014年5月6日。即从2011年10月至2014年5月期间被申请人的用电量实际应为120倍，而营销系统中按80倍计量是错误的。经申请人核算，从2010年11月至2014年6月期间，因倍率差错导致的被申请人少交的电费合计人民币668602元。申请人曾就追补电费问题多次上门通知被申请人，并于2015年5月19日向被申请人发出《关于××FZ房地产营销顾问有限公司计量差错电费追缴的通知》，要求被申请人自收到通知之日起5个工作日内补交电费，但被申请人于2015年5月20日向申请人发出《投诉信》，对电量计量错误不予认可，拒绝补交电费。申请人根据《民法通则》第九十二条和《最高人民法院关于贯彻执行〈中华人民共和国民法通则〉若干问题的意见(试行)》第一百三十一条关于不当得利和返还不当得利原物和原物所生孳息的规定，以及双方签订的《供用电合同》第5.2.4条约定因计量装置不准导致少计电量时可向用电方补收电费，补收电费的数额依照《供电营业规则》第八十条、第八十一条的规定确定，提出以下仲裁请求：1.请求被申请人补交2011年11月至2014年6月期间少缴的电费668602元以及违约金(违约金以668602位基础，从2015年5月27日起按《供用电合同》的约定计算，请求裁决至付清之日止)。2.被申请人承担本案全部仲裁费用。

被申请人开庭口头答辩称：申请人的请求事项没有事实和法律根据以及合同根据，请求仲裁庭驳回申请人的仲裁请求。

申请人向仲裁庭提交了如下证据：

证据一，1.《××供电局用户用电申请书》；证明××物业发展有限公司于1993年申请包装500kVA、400kVA两台变压器，500kVA变压器对应的CT变比为600/5(120倍)，400kVA变压器对应的CT变比为400/5(80倍)。2.《××供电局用户兼容、暂停用电、恢复用电申请表》；因实际用电量未达到设计容量，××物业发展有限公司申请暂停500kVA变压器的运行。3.《用户改名过户申请表》。被申请人于2003年12月1日向申请人提交时《用户改名过户申请表》，要求将××物业发展有限公司报装的500kVA、400kVA变压器2台的用户改为被申请人。

证据二，1.《高压客户用电申请书》；证明2010年7月6日，被申请人向申请人申请减容并户，拆除500kVA变压器。2.《供用电合同》(2010年8月26日)，证明2010年8月26日，申请人与被申请人签订新合同，约定变压器容量为400kVA；合同第5.2.4条约定供电方发现计量装置记录不准导致少计量电量时，可向用电方补收电费，用电方逾期不交电费的，按照拖欠电费处理。

证据三，《申请报告》。证明被申请人已确认2014年3月申请人的稽核人员对其用电量进行稽核时发现变压器中安装的CT倍率为120倍，与系统记录的80倍不符；并对现场CT的实际倍率提出异议，要求对CT实际倍率进行测定。

证据四,《关于××FZ房地产营销顾问有限公司申请校验电流互感器倍率的协议》。证明2010年5月4日,在双方人员在场见证下,被申请人与申请人下属单位××供电局签订协议,申请人将现场运行的CT(资产编号:A相ZC000069561,B相ZC000069555,C相ZC000069564)拆下送检,该CT的实际倍率以质监所检验结果为准。

证据五,《检定证书》3份。证明上述现场拆下送检的CT(资产编号A相ZC000069561,B相ZC000069555,C相ZC000069564),质检所做出的检定结果为:互感器量限600/5A(即倍率120倍)。

证据六,1.《用电营业工作协调传票》;2.《××供电局拆装标工作单》。证明倍率发生差错的原因在于2010年6月,因被申请人的400kVA变压器用电量过大,更换了倍率为120倍的CT(资产编号为:A相ZC000069561,B相ZC000069555,C相ZC000069564)

证据七,1.《××供电局拆装表工作单》;2.《××供电局高压销户业务资料审核单》。证明倍率发生差错的原因:被申请人申请销户时,2010年10月25日现场实际拆除的应是500kVA变压器及对应的CT,但工作单错误地记载拆除资产编号为:A相ZC000069561,B相ZC000069555,C相ZC000069564的120倍CT,该CT实际安装在400kVA变压器下,并一直运行至2014年5月6日,记载错误导致该工作单于2010年11月归档后,营销系统中的计量倍率还原到原来的80倍;而现场实际运行的CT的倍率是120倍,电费计量错误。

证据八,《客户用电缴费通知单》、电费发票。证明被申请人从2010年11月至2014年6月按照80倍率被计量用电量缴纳电费,但实际应按120倍率计量用电量。

证据九,1.《计量差错追收明细表》;2.抄表复核单。证明申请人经核算,被申请人因倍率差错少交的电费费668,602.00元。

证据十,1.《关于××FZ房地产营销顾问有限公司计量差错电费追收的通知》;2.快递单据及回执。证明申请人多次前往被申请人公司要求补缴电费,并于2015年5月向被申请人发出补缴电费通知。

证据十一,《投诉信》。被申请人收到申请人的补缴电费通知后,向申请人发出《投诉信》,对补缴电费一事不予认可,拒绝补交电费。

被申请人未向仲裁庭提交证据,对上述证据的质证意见为:

证据一,1.《××供电局用户用电申请书》属于东宇公司的,真实性没有异议,但与本案无关联性。2.《××供电局用户兼容、暂停用电、恢复用电申请表》;3.《用户改名过户申请表》,第二份、三份证据的真实性均无异议,但是第一份、第二份与本案没有关联性。

证据二,真实性无异议,证明的事项有异议。1.《高压客户用电申请书》,申请拆除500kVA的变压器,第一页是我们申请的事项,由我们当时经办人的签名。第二页是空白的,第三页和第四页这些是由申请人填写的,根据他们的工作情况填写的,报装的复核是2010年7月6日,与报装复核的时间吻合。7月19号是供电方案,是由申请人写的方案,500kVA的是2010年8月11日拆完的,归档的日期2010年11月,仲裁申请书认为拆除500kVA变压器的时间是2010年10月份是完全错误的。2.《供用电合同》真实性无异议,能够证明的事项,第一,根据合同4.1条的约定计量装置的安装、移动、更换、拆除,均由供电方负责办理,也只有他们供电方才能办理。合同4.4条供电装置经法定检验机构检验后由供电方加封后使用。合同4.6条供电方可以采取任何一种方式抄录电量:1.抄表人员现场抄录;2.通过供电方的电能量遥测系统抄录,也就是说在合同签订的时候申请方已经采用了电能量遥测系统。这个系统是自动化装置,对于电量的使用情况自动监测、自动控制。申请人不可能几年都发现不了电量的变异情况。合同5.1条供电方依据用电量装置的记录和物价部门批准的电价向用电方发电费通知单,本案申请人对被申请人发的通知的依据是用电计量装置的记录,不存在错误的记录问题。合同6.2条供电方在营业场所公告的用电程序、制度和用电标准,用电方申请新装用电,变更用电增加用电容量均应办理有关手续,并按有关规定交付费用。即变更用电必须经申请方同意并且要办理手续。

证据三,申请报告真实性没有异议。被申请人是物业管理公司,是受申请人委托向最终用户收取电费之后将电费支付给申请人,不是最终的用电单位。被申请人不存在不当得利,如果说存在不当得利,不当得利的得利人是最终用户。

证据四,《关于××FZ房地产营销顾问有限公司申请校验电流互感器倍率的协议》的真实性没有异议。协议的第二页,第五条……"送检电流"互感器的铭牌信息A相ZC000069561,B相ZC000069555,C相ZC000069564,该信息与双方确认安装的信息是不同的。

证据五,《检定证书》,不认可其真实性和合法性,与本案也没有关联性。第一,根据双方的协议这个互感器双方要共同送第三方进行检验,三份检书都是申请人单方,违背合同的约定,不具备真实性。第二,检定证书没有送检样品的包装、封装情况的记载。第三,检定证书没有载明互感器的资产编号信息。所以,三份检定证书不具有真实性、合法性,与本案没有关联性。

证据六,1.《用电营业工作协调传票》;2.《××供电局拆装标工作单》。真实性没有异议,该组证据证明的事实是2010年的6月25日被申请人400kVA的变压器由过去的80倍率,增加到120倍率。变更后资产的编号是ZC000069561、ZC000069555、ZC000069564。该组证据中,装表员签名处有两个人签名,下面有被申请人的工作人员确认。表明更换CT必须先由被申请人申请,申请人审核同意,并派出工作人员安装,安装完毕后由申请人派出另外的工作人员来复查,且有用户签名认可。

证据七,1.《××供电局拆装表工作单》;2.《××供电局高压销户业务资料审核单》。真实性没有异议。《××供电局拆装表工作单》证明400kVA的变压器已经装上去的三只表ZC000069561、ZC000069555、ZC000069564是在2010年10月25日拆除掉的,当天移入了编号为ZC001643、ZC001636、ZC001641三只表。移入之后的三只表是80倍率的,当时的倍率由120换成了80。工作单有安装人员的签名,有复查人员的签名,有客户的确认签名。而且从2010年11月份开始,申请人按80倍率计量收费,收费与倍率是吻合的,一致的。《××供电局高压销户业务资料审核单》是申请人单方制作的,不具有法律效力、不具有真实性、不具有合法性,而且是相互矛盾的。

该表记载互感器变更信息下面的变更标志，前三个表是拆除的，记载是正确的，后三个表是移入，而不是移出。前三个表的装置和拆除均是有记载的，后三个表是刚移入的而不是移出。

证据八，缴费通知单和电费发票。真实性无异议，缴费单和发票能够证明被申请人已经按照合同履行了合同义务。

证据九，1.《计量差错追收明细表》；2.抄表复核单。不具有真实性和合法性，不予认可。

证据十，1.《关于××FZ房地产营销顾问有限公司计量差错电费追收的通知》；2.快递单据及回执。真实性无异议，但不具有合法性，不予认可。

证据十一，《投诉信》真实性没有异议，表明被申请人不认可申请人的请求。

被申请人未提交证据。对申请人提交的上述证据发表了如下质证意见：

证据一，1.《××供电局用户用电申请书》属于东宇公司的，真实性没有异议，但与本案无关联性。2.《××供电局用户兼容、暂停用电、恢复用电申请表》，3.《用户改名过户申请表》，第二份、三份证据的真实性均无异议，但是第一份、第二份与本案没有关联性。

证据二，真实性无异议，证明的事项有异议。1.《高压客户用电申请书》，申请拆除500kVA的变压器，第一页是我们申请的事项，由我们当时经办人的签名。第二页是空白的，第三页和第四页这些是由申请人填写的，根据他们的工作情况填写的，报装的复核是2010年7月6日，与报装复核的时间吻合。7月19号是供电方案，是由申请人写的方案，500kVA的是2010年8月11日拆完的，归档的日期2010年11月，仲裁申请书认为拆除500kVA变压器的时间是2010年10月份是完全错误的。2.《供用电合同》真实性无异议，能够证明的事项，第一，根据合同4.1条的约定计量装置的安装、移动、更换、拆除，均由供电方负责办理，也只有他们供电方才能办理。合同4.4条供电装置经法定检验机构检验后由供电方加封后使用。合同4.6条供电方可以采取任何一种方式抄录电量：1.抄表人员现场抄录；2.通过供电方的电能量遥测系统抄录，也就是说在合同签订的时候申请方已经采用了电能量遥测系统。这个系统是自动化装置，对于电量的使用情况自动监测、自动控制。申请人不可能几年都发现不了电量的变异情况。合同5.1条供电方依据用电量装置的记录和物价部门批准的电价向用电方发电费通知单，本案申请人对被申请人发的通知的依据是用电计量装置的记录，不存在错误的记录问题。合同6.2条供电方在营业场所公告的用电程序、制度和用电标准，用电方申请新装用电，变更用电增加用电容量均应办理有关手续，并按有关规定交付费用。即变更用电必须经申请方同意并且要办理手续。

证据三，申请报告真实性没有异议。被申请人是物业管理公司，是受申请人委托向最终用户收取电费之后将电费支付给申请人，不是最终的用电单位。被申请人不存在不当得利，如果说存在不当得利，不当得利的得利人是最终用户。

证据四，《关于××富置房地产营销顾问有限公司申请校验电流互感器倍率的协议》的真实性没有异议。协议的第二页，第五条……“送检电流”互感器的铭牌信息A相ZC 000069561，B相ZC000069555，C相ZC000069564，该信息与双方确认安装的信息是不同的。

证据五,《检定证书》,不认可它的真实性和合法性,与本案也没有关联性。第一,根据双方的协议这个互感器双方要共同送第三方进行检验,三份检书都是申请人单方,违背合同的约定,不具备真实性。第二,检定证书没有送检样品的包装、封装情况的记载。第三,检定证书没有载明互感器的资产编号信息。所以,三份检定证书不具有真实性、合法性,与本案没有关联性。

证据六,1.《用电营业工作协调传票》;2.《××供电局拆装标工作单》。真实性没有异议,该组证据证明的事实是2010年的6月25日被申请人400kVA的变压器由过去的80倍率,增加到120倍率。变更后资产的编号是ZC000069561、ZC000069555、ZC000069564。该组证据中,装表员签名处有两个人签名,下面有被申请人的工作人员确认。表明更换CT必须先有被申请人申请,申请人审核同意,并派出工作人员安装,安装完毕后由申请人派出另外的工作人员来复查,且由用户签名认可。

证据七,1.《××供电局拆装表工作单》;2.《××供电局高压销户业务资料审核单》。真实性没有异议。《××供电局拆装表工作单》证明400kVA的变压器已经装上去的三只表ZC000069561、ZC000069555、ZC000069564是在2010年10月25日拆除掉的,当天移入了编号为ZC001643、ZC001636、ZC001641三只表。移入之后的三只表是80倍率的,当时的倍率由120换成了80。工作单有安装人员的签名,有复查人员的签名,有客户的确认签名。而且从2010年11月份开始,申请人按80倍率计量收费,收费与倍率是吻合的,一致的。《××供电局高压销户业务资料审核单》是申请人单方制作的,不具有法律效力、不具有真实性、不具有合法性,而且是相互矛盾的。该表记载互感器变更信息下面的变更标志,前三个表是拆除的,记载是正确的,后三个表是移入,而不是移出。前三个表的装置和拆除均是有记载的,后三个表是刚移入的而不是移出。

证据八,缴费通知单和电费发票。真实性无异议,缴费单和发票能够证明被申请人已经按照合同履行了合同义务。

证据九,1.《计量差错追收明细表》;2.抄表复核单。不具有真实性和合法性,不予认可。

证据十,1.《关于××富置房地产营销顾问有限公司计量差错电费追收的通知》2.快递单据及回执。真实性无异议,但不具有合法性,不予认可。

证据十一,《投诉信》真实性没有异议,表明被申请人不认可申请人的请求。

二、实训内容

1.当事人主体资格审查与确认。合同签订时的公司名称、盖章与提起仲裁时是否一致。

2.对争议事实的认定和证据的采纳。申请人与被申请人对案件事实存在分歧时,对证据的认定与采纳成为弄清案件事实的关键。

3.对争议焦点进行归纳。申请人与被申请人在案件事实方面存在哪些争议,仲裁庭进行归纳总结后,引导双方当事人围绕争议焦点展开辩论。

4.对仲裁请求支持与否的分析与说理。有事实认定、有证据采纳、有分析推理、有法律适用。

5.撰写仲裁裁决书。

仲裁裁决书的主要内容和格式。

××仲裁委员会
裁决书

×仲裁字(2013)第×××号

申请人:湖南省第×工程有限公司

地址:湖南省长沙市××区××路××号×××大楼5楼企业发展部

法定代表人:李××　职务:董事长

委托代理人:谢××,广东××律师事务所律师

被申请人一:武汉建工第×建筑有限公司××工程分公司(以下简称武汉××建××公司)

地址:广东省××市××海洲路8号××大厦1609房

负责人:曾××

委托代理人:冯××,广东××××律师事务所律师

被申请人二:武汉建工第×建筑有限公司(以下称武汉×建)

住所地:湖北省武汉市××区发展大道×××号××大厦4层

法定代表人:陈××

案由:劳务承包合同纠纷

××仲裁委员会(以下简称本会)根据申请人2013年9月10日向本会提交的仲裁申请书和申请人与被申请人于2010年8月26日签订的《劳务协议》中的仲裁条款受理本案。被申请人于2013年9月30日向本会提交仲裁反请求申请书,本会经审查受理了被申请人的仲裁反请求,并决定将反请求与本请求合并审理。

根据本会《仲裁规则》,本会主任指定李××为首席仲裁员,申请人选定仲裁员张××为仲裁员,被申请人选定××为仲裁员,共同组成仲裁庭审理本案。

仲裁庭审阅了本案有关资料,于2014年3月18日、2014年3月21日和2014年6月17日对本案进行了不公开开庭审理,申请人的委托代理人谢××、林××,被申请人一的委托代理人冯××到庭参加了庭审。被申请人二未到庭参加庭审。本案现已审理终结。

申请人请求称:2010年8月26日,被申请人一武汉×建××公司与申请人签订《劳务分包合同》一份,约定由申请人完成××机场高速公路A1标××大道高架桥项目中(42～90#墩)的砼灌注桩基础项目。合同签订后,申请人依约履行了相关义务,但被申请人一武汉×建××公司并未按约支付相关款项,从2011年3月份开始就出现严重的迟延付款情况。根据被申请人一武汉×建××公司与申请人签字通过的2011年12月1日的《工程完工结算书》(结算表标号:×009)显示,工程结算产值为4394294元,其他应付款为158370元,应扣款为78853元,即总结算款为4473811元。

但迄今为止，被申请人一武汉×建××公司仅支付了 3225629 元，尚拖欠申请人 1248182 元（大写：壹佰贰拾肆万捌仟壹佰捌拾贰圆）。针对被申请人一武汉×建××公司的拖欠行为，申请人多次要求被申请人一武汉×建××公司支付，但均未果。在申请人委托律师向被申请人一武汉×建××公司发出催款《律师函》后，被申请人一依然未向申请人支付相关款额。被申请人一拒绝付款的行为，已构成对申请人的严重违约，应当向申请人承担违约责任。为此，提出如下仲裁请求：1.裁决被申请人武汉建工第×建筑有限公司××工程分公司立即向申请人支付劳务分包款人民币 1248182 元；2.裁决被申请人一武汉建工第×建筑有限公司××工程分公司立即向申请人支付上述款项利息人民币 140004.41 元（按同期银行贷款利率计算，从 2011 年 12 月 1 日起算，暂算至 2013 年 8 月 31 日止），要求被申请人一承担利息至款项全部清偿之日止。3.本案仲裁受理费、处理费及保全费由被申请人一承担。同时，申请人还提出明确要求被申请人二武汉×建对上述款项承担补充清偿责任。

被申请人一在庭审时口头答辩称：1.申请人要求武汉×建承担补充清偿责任的前提应该是总公司是合同的主体，并且有仲裁协议，所以仲裁委受理申请人的仲裁请求没有法律依据。依据最高人民法院的相关司法解释，总公司是在执行阶段在分公司不能清偿债务的情况下承担补充清偿责任，在本案中没有依据。2.申请人所陈述的已付款项是 3225629 元，有遗漏。申请人的工作人员于 2011 年 4 月 26 日向杨贱林现金支付工程款两万元，应作相应的抵扣。3.本案所涉工程并未完成结算，申请人主张计算利息，没有依据。本案中我方提起了反请求，我们认为先明确双方的工程权利义务关系，再进行最终结算。

被申请人一提出的仲裁反请求称：2010 年 8 月 26 日，反请求申请人与被申请人就××机场高速公路工程金湾大道高架桥项目中的砼灌注桩基础项目的劳务和部分机械施工订立《劳务分包合同》（合同编号：GS3X—015）（反请求申请人为被申请人一；被申请人为申请人）。合同约定了承包施工范围和施工内容；承包方式；工程量及合同价款；合同工期及调整；材料；设备及人员；施工管理；安全生产；环境保护及文明施工；工程计量、结算与支付；质量保证金；安全保证金；罚则；合同解除与终止；附则等内容。其中约定：工程项目实行综合单价承包，该单价包括临时设施（生活用水由被申请人一负责引至住地）、劳务费、辅助材料费、小型机械费、劳保费、利润、设备转移、人员机械进退场费、安全保护措施费及本合同明示的或暗示的风险，责任和义务。申请人承担合同范围分项工程、工序中的所有施工材料和辅助性施工材料的消耗，其费用已包含在工程项目的单价中。单价承包项目以申请人实际完成、经本工程业主验收合格并符合本合同“工程计量、结算与支付”条款要求的工程量和本合同承包单价为双方结算依据；合同工期 180 天，2010 年 9 月 1 号起算；申请人保证配备每天不少于 1.5 根桩的施工能力。并按被申请人一的施工组织设计和工程进度计划组织施工。同时若申请人所配置的设备不适应施工要求，申请人应在 7 天内更换与本工地相适应，满足施工工期要求的设备进场；因申请人原因造成的工期延误，不能得到工期顺延，每延期一天处以 2000 元/天罚款；在工程中发生质量事故、质量缺陷必须返工返修达到设计的质量标准，所发生的费用和工期延误损失由申请人承担；由此延误了总工期，应承担相应的经济处罚。经完工结算统计，被申请人延误工期 116 天，按合同约定的 2000 元/天处罚，应罚款 232000 元；申请人所支付的因被申请人桩头质量轻微缺陷处理所发生的材料、人工和机械费用合计 52849.35 元；51—3 及 75—3 质量缺陷，发生的返修钢板桩围堰施工费用 129240 元以及材料、人工费 8398.71 元；申请人代被申请人付的施工队房租 640 元，另外，合同约定因地质原因加付的 100000 元，因双方协议对取消合同范围内的 10 根桩的施工，该 10 万元的补偿并未发生，应予扣除。请求：一、裁决被申请人向反请求申请人承担工期延误的罚款合计人民币 232000 元。二、裁决被申请人向反请求申请人承担 51—3、75—3 桩基坑钢板桩支护费用 129240 元，材料、机械及人工费 8398.71 元及轻微缺陷修复费用 52849.35 元，合计人民币 190488.06 元。三、裁决被申请人向反请求申请人承担代付的施工队房租 640 元。四、裁决反请求申请人无须向被申请人承担补充合同约定的因地质原因加付的人民币 100000 元。五、裁决由被申请人承担本案仲裁费用。

申请人反请求辩称：一、反请求申请人请求答辩人承担工期延误罚款 232000 元没有事实和法律依据，工期延期完全是由反请求申请人自身原因导致的。1.答辩人施工时设备、人员准备充足，足以满足反请求申请人工地施工需求。答辩人与反请求申请人签订《劳务分包合同》以后，立即调集 17 台桩机、2 台钩机、1 台吊车、18 台焊机及 100 余名工人进入施工现场，根据答辩人的施工设备和人员配置，完全具备合同所要求的 1.5 根桩的施工能力，答辩人在反请求申请人能提供充足施工材料的情况下，最多的一个月打了 55 根桩，足以证明答辩人具备足够的施工能力。2.反请求申请人自身存在下列各种影响工期的原因：其一，反请求申请人填的施工平台不够宽、厚，并且经常垮塌，导致答辩人桩机经常下陷，造成大量窝工。其二，反请求申请人提供材料不及时，经常缺钢筋、缺混凝土，导致答辩人无法完成桩基施工，造成答辩人人员设备闲置。另外由于反请求申请人提供的混凝土质量问题多次引起答辩人返工(其中最严重 52—4 号桩反请求申请人还赔偿了答辩人导管材料费用 5288 元；80—3 号、52—4 号桩赔偿了答辩人返工费用 60954 元)，造成工期延误。其三，《劳务分包合同》签订后，答辩人依约履行了相关义务，但反请求申请人经常出现迟延付款情况，严重影响了答辩人的施工进度。其四，在施工过程中，由于征地拆迁及泥浆排放问题(反请求申请人将泥浆外运)原因，反请求申请人没有协调好工地周边村民的关系，村民经常闹事阻挠答辩人施工，导致答辩人施工受阻。由于反请求申请人的原因导致答辩人无法施工的情况下，答辩人仍然信守双方合同约定，一直没有撤出任何设备和工人，造成答辩人人员设备窝工和闲置，答辩人完全有充足的理由要求反请求申请人承担违约责任。因反请求申请人造成答辩人大量窝工，反请求申请人还主动向答辩人支付了 5000 元的停工生活费，完全能说明工期延长完全是反请求申请人造成的。况且，如果是答辩人原因导致工期延误，反请求申请人也应当有书面文件函告答辩人，但答辩人从未收到过有关工期延误的类似通知，反请求申请人关于答辩人延误工期的说法显然属于无中生有，其要求答辩人承担工期延误罚款的请求没有任何事实和法律依据。二、反请求申请人请求答辩人承担与 51—3、75—3 桩相关的 190488.06 元费用没有事实和法律依据。1.桩基础质量问题是由多方面因素导致的，除了劳务施工本身存在问题的原因外,反请求申请人提供的材料以及地质条件更是影响桩基质量的重要因素。答辩人与反请求申请人签订的是《劳务分包合同》,在施工中只是分包劳务,施工时完全是按照反请求申请人现场施工员、监理工程师的指令操作,桩基质量是由申请人现场施工员、监理工程师以及答辩人双方共同掌握。如上分析,如涉及桩基质量问题,答辩人也只应当承担劳务施工方面的质量问题而非全部质量责任都由施工方承担。从反请求申请人提交的检测报告可以看出,答辩人施工的桩完全是合格桩。在施工中,反请求申请人主导了材料提供、技术要求及施工管理,即便个别桩有轻微缺陷,反请求申请人自身原因导致的质量问题的可能性更大。2.反请求申请人没有任何证据能证明51—3、75—3桩的质量问题是答辩人造成的。退一步来说,即便反请求申请人在反请求申请书中所称的51—3、75—3桩是答辩人原因造成的质量问题,反请求申请人也应当立即通知答辩人立即返工重修并由答辩人承担修复费用,但答辩人从未收到过反请求申请人相关通知,反请求申请人所称的51—3、75—3桩基质量问题应当由反请求申请人自行承担。三、反请求申请人请求答辩人承担代付的施工队房租640元费用没有事实和法律依据。基于上述第二条中的答辩意见,答辩人所施工的桩都是合格的,该笔费用与答辩人没有任何关系。四、反请求申请人无须向答辩人承担补充合同约定的因地质原因加付的人民币100000元的请求没有事实和法律依据。2011年4月14日,双方签订《补充协议书》一份,明确约定因地质原因造成桩基础施工平台垮塌及桩基础提前入岩造成答辩人施工费用增加,反请求申请人同意完工后一次性补偿答辩人重新冲孔及冲岩费用100000元,该协议是双方真实意思表示,合法有效,反请求申请人没有任何理由拒绝支付该笔100000元的款项。综上,反请求申请人的所有反请求均没有事实和法律依据,请贵委查清事实,驳回反请求申请人全部反请求。

申请人提交了下列证据:1.《劳务分包合同》;2.《砼灌注桩基础结算书》2010.8.26—2010.9.30(第一次);3.《砼灌注桩基础结算书》2010.10.1—2010.10.32(第二次);4.《工程进度/完工结算书》2010.11.1—201011.30(第三次);5.《工程进度/完工结算书》2010.12.1—201012.25(第四次);6.《工程进度/完工结算书》2010.1.23—2011.2.28(第五次);7.《工程进度/完工结算书》2011.3.1—2011.3.25(第六次);8.《工程进度/完工结算书》2011.3.26.—2011.4.30(第七次);9.《工程进度/完工结算书》2011。5.1—2011.6.30(第八次);10.《工程结算书》2011.7.1—2011.7.30(第九次)。反请求答辩证据有:1.桩基础工程量计算表(3页);2.工程联系单(12份);补充证据:1.51—3桩头返修费用现场签证单一张;2.××高架桥杨××桩基队完工钢筋、砼计算汇总表。

被申请人一提出了下列证据:1.杨××桩基础施工时间一览表;2.桩基质量检测报告;3.钢板桩支护桩基坑工程结算书;4.51—3、75—3桩头处理材料、机械及人工费用一览表;5.扣除杨××桩基队材料及人工一览表;6.补充协议书(2011年4月14日);7.补充协议书(2011年9月5日);8.工程部工地例会会议纪要(2010年12月12日);9.工程部工地例会会议纪要(2010年12月19日);10.工程部工地例会会议纪要(2011年4月24日);11.工程部工地例会会议纪要(2011年5月8日);12.工程完工结算书。被申请人庭审中补充提交证据有:1.××桥2011年1月桩基钢筋、砼使用量;2.××桥2011年4月桩基钢筋、砼使用量;3.××桥2011年5月桩基钢筋、砼使用量;4.

工作指示单(2011.9.29)。5、武建一机场高速项目施工队结算支付汇总表(1 页)及付款依据及凭证(47 页)

经审理查明:2010 年 8 月 26 日,申请人与被申请人一签订《劳务协议》约定:由申请人承包××机场高速公路 A1 标金湾大道高架桥项目中(42—90#墩)的砼灌桩基础项目。本项目除被申请人一除提供钢筋到制作声、混凝土到施工点、配套检测管、8m 宽施工便道,施工平台、布设电线和配电箱、电费外,其他所有工序的工、料、机全部由申请人负责(施工现场深层次处理泵距 100m 以内)。工程项目实行综合单价承包,综合单价为 293.8 元/m^2。在工程范围内不发生计日工费用。单价承包项目以申请人实际完成、经本工程业主验收合格并符合本合同“工程计量、结算与支付”条款要求的工程量和本合同承包单价为双方结算依据。合同施工工期为 180 天。2010 年 9 月 1 号起。申请人保证配合每天不少于 1.5 根桩的施工能力。申请人开工一个月后开始计量,按实际完成数量每月计量一次,每月的 5 号为最后计量申报日期。过期不报,将延至下月才能计量。当月计量只限于上月 5 日至本月 5 日所完成的经被申请人一项目上部申报业主批复的计量工程数量。申请人每月完成的工程量以设计图纸为依据。经质检合格后,方可申报计量(未质检工程,不予计量)。具体数量、质量经施工员、工程部、质检部、合约部、总工和项目经理共同确认后才能生效。开工后一个月后开始实行计量,申请人每月 5 号按实际施工完成数量填报计量单报被申请人一审批,被申请人一在收到申请人计量单后,25 天内审批完毕。期中计量支付至 80%。当所完成的桩基经检测合格并申报业主计量批复后,支付合格桩基的 10%,当所有桩基完成经检测全部合格后,再支付桩基工程量的 5%,申请人清偿了与本工程有关的全部相关债务后,被申请人一与申请人办理结算手续,并上报公司工程部和总经理审查批准后,三个月内被申请人一支付工程款至申请人所完成的工程的 100%。申请计量支付程序:施工队申报→主管施工员→工程部→质检部→合同部→总工程师→戴在项目经理→报备公司工程部同意→项目经理总财务支付。工程款到被申请人一账户后,在扣除相应的款项后 7 日内支付给申请人。被申请人一不得把工程款移作他用。被申请人一有权监督申请人对工程款的使用。被申请人一给申请人办理完工程结算时扣留结算产值的 5%作为质量保证金。申请人拒绝或拖延保修期内的质量缺陷修复,由被申请人一组织修复的按实际发生的费用从质量保证金中扣除。待修改了全部桩基质量缺陷后,被申请人一将质量保证金(无息)一次性返还给申请人。合同签订生效后,申请人于 2010 年 8 月 26 日进场施工。在合同履行过程中,双方于 2011 年 4 月 14 日签订了《补充协议书》,约定:一、因地质原因造成桩基础工平台垮塌及桩基础提前入岩造成申请人施工费用增加,被申请人一同意在完工后一次性补偿申请人重新冲孔及冲岩施工费用拾万整(100000.00 元)。因征地拆迁或变更方案等原因导致剩余少许桩基长时间(其他桩基完工后超 15 天)不能施工,被申请人一视实际施工情况给予申请人机械(吊车、挖掘机)配合,但不作停工补偿。如果超过 15 天后尚不能施工,申请人有权自行撤走机械设备,被申请人一不能追究申请人责任。2011 年 9 月 5 日,申请人与被申请人一又签订《补充协议书》一份,约定:截至 2011 年 8 月 18 日,合同范围内还剩 10 根桩未施工,分别是 64—4、71—1、71—3、71—4、78—1、79—1、79—2、79—3、

79—4、80—4墩桩基,未能施工的主要原因是设计变更、征地拆迁等现场各方面原因所致。为避免合同纠纷,双方同意,取消合同中以上10根桩基的施工。其余已完桩基按原合同办理完工结算手续。

施工过程中,双方共进行了九次工程结算。其中,2011年1月23日,双方完成了结算表编号x001《砼灌注桩基础结算书》,结算确认了2010.8.26—2010.9.30日完成的产值合计为484917元,实际结算价款386473元。2011年1月23日完成了结算表编号x002《砼灌注桩基础结算书》,结算确认了2010.10.1—2010.10.30日完成的本期产值合计为1197617元,开工至本月累计结算1682534元。,实际本期结算价款950171元,累计结算1336644元。2011年1月23日完成了结算表编号x003《工程进度/完工结算书》,结算确认了2010.11.1—2010.11.30日时间段完成的本期产值合计为440436元,开工至本月累计结算2122969元。本期实际结算支付价款348976元,累计结算1685620元。2011年1月25日完成了结算表编号x004《工程进度/完工结算书》,结算确认了2010.12.1—2010.12.25日时间段内完成的本期产值合计为593615元,开工至本月累计结算2716584元。实际本期结算价款508442元,累计结算2194062元。2011年4月22日双方完成了结算表编号x005《工程进度/完工结算书》,结算确认了2011.1.23—2011.2.28日时间段内完成的本期产值合计为772370元,开工至本月累计结算3488954元。实际本期结算价款621457元,累计结算2815519元。2011年5月9日完成了结算表编号x006《工程进度/完工结算书》,结算确认了2011.3.1—2011.3.25日时间段内完成的本期产值合计为249965元,开工至本月累计结算3738919元。实际本期结算价款198530元,累计结算3014049元。2011年8月10日完成了结算表编号x007《工程进度/完工结算书》,结算确认了2011.3.26—2011.4.30日时间段内完成的本期产值合计为322945元,开工至本月累计结算4061864元。实际本期结算价款250006元,累计结算3264055元。2011年9月5日完成了结算表编号x008《工程进度/完工结算书》,结算确认了2011.5.1—2011.6.30日时间段内完成的本期产值合计为332430元,开工至本月累计结算4394294元。实际本期结算价款237523元,累计结算3501579元。2011年12月1日双方完成了结算表编号x009《工程完工结算书》,结算确认了2011.7.1—2011.7.30日时间段内完成的本期产值合计为249965元,开工至本月累计结算4394294元。实际本期结算价款93374元,累计结算3594953元。

又查明,××市交通工程质量监督检测站于2011年10月12日分别对案涉桩基作出了《桩基质量无损检测报告》(报告编号:CSB—J2010—036—141)及2011年11月11日的《桩基质量无损检测报告》(报告编号:CSB—J2010—036—107),该两份报告显示桩号为51—3的质量检测结果为判定类别为Ⅱ类,桩身在0.7—2.2m靠近A管有缺陷(建议开挖处理)。桩号为75—3的质量检测结果为Ⅱ类,桩身在4.2m左右有轻度缺陷。检测报告表明Ⅱ类桩为:桩身基本完整,有轻度缺陷,不影响正常使用。双方均确认申请人于2011年5月份完成合同约定及变更后的桩基工程。

本庭认为:

一、关于本案被申请人及其责任范围:本案涉《劳务分包合同》是在申请人与被申请人一之间签订成立，被申请人二未在该合同上签章确认，但被申请一属于被申请人二开设的分支机构，被申请人一可以自己名义从事与其法律地位相当的民事活动，其完全可以作为合同主体和民事诉讼主体参与相应的民事活动。最高人民法院[2001]民监他字第4号《关于企业分支机构的负责人以分支机构的名义对外签订借款合同企业应承担民事责任的复函》指出："批发部作为柳州烟草分公司的分支机构，如有偿付能力，应当自行承担；如无偿付能力，应由企业法人柳州烟草分公司承担。"据此，被申请人一如有偿付能力，就应当自行承担工程支付责任。被申请人二对被申请人一承担补充清偿责任。因此，申请人主张被申请人二应对本案涉工程款支付承担补充清偿责任应予支持。

二、关于合同效力。本案属于劳务分包合同，且承包劳务的申请人具有相应工程承包的主体资格和施工资质，合同以劳务承包为主，且合同内容是双方当事人之间的真实意思表示，合同依法依约均认定为有效，对双方均有约束力。

三、关于申请人的本请求：

(一)工程款欠款本金：《完工结算书》证明双方的最终结算已经完成。对《完工结算书》，申请人提交的《完工结算书》中，在审核确认栏目内缺少项目负责人签字，并且在计划合同部及项目经理栏内均只有吴林文及林鼎的签名，并无加注任何文字意见。本庭认为，虽然审核栏目缺少项目负责人签名，但作为该项目最高级别的项目经理已以签字确认，且经确认的《完工结算书》复印件已送达给申请人。庭审中被申请人提供了该《完工结算书》原件，该《完工结算书》原件中在计划合同部一栏中注有"存在合同工期延误处罚，51－3和75－3桩基处理及其他质量缺陷修复费用需报公司核查扣除"字样。在项目经理一栏中注有"请工程部、合约部核实51－3、75－3桩基处理费用，作为附表在工程部中扣除。"字样。该两处标注意见与申请人提交的《完工结算书》存在不一致。本会认为，如被申请人认为《完工结算书》中应扣款项目存在未列事项，应当与申请人对账审核并增加应扣款项目。而不应在审核栏目中先予签名确认并提供给申请人后再补加扣款事项和扣款意见。因此，申请人提供的《完工结算书》应视为双方最终对结算工程款的确认，该《完工结算书》中的结算产值及应付工程款应予确认。被申请人一主张双方未完成工程款的最终结算的主张不予支持。根据《完工结算书》确认，申请人共完成的工程款产值为4473811元。申请人确认已收到被申请人一支付的工程3225629元，但被申请人一主张已付工程款为3245629元。其中存在20000元付款差额。该20000元为申请人分两笔向被申请人一借支款项。申请人均签有借款借据。但申请人主张两笔款项中的5000元因被申请人一在第八次《工程进度/完工结算书》中作为应扣款相应抵扣，故不应计入已付款项内。本会对此予以采信。而另外15000元借款由杨小蛟与杨贱林签字，并注明财务在办理结算时扣回。但庭审中无其他证据证明该笔款在结算时已作抵扣，也无证据证明申请人返还给了被申请人一。申请人主张归还了15000元的证据不足，不予支持。本会确认被申请人一提供的2011年6月14日借款借据中250000元范围内已实际支付了该笔款项。因此，申请人已实际收到的工程款应为3225629＋15000＝3240629元，本次对此款项予以确认。被申请人一欠付工程款本金为：4473811－3240629＝1233182元。

（二）工程款利息：申请人于2011年5月实际完成合同项下的桩基工程，被申请人一对此完工时间也予以确认。双方还于2011年9月5日完成了结算表编号x008《工程进度/完工结算书》，结算确认了2011年6月1日以前已完成全部结算总产值为4394294元。××市交通工程质量监督检测站于2011年10月作出了《桩基质量无损检测报告》，确认了案涉桩基均为合格桩。申请人与被申请人一也进行现场验收和交付。根据《劳务分包合同》第十条的约定，被申请人一对期中计量工程款应支付至80%。即在完成第八次结算时，被申请人一就应当支付工程款至总产值的80%。当所有桩基检测合格后，应支付至合格桩基计量工程95%的工程款，但被申请人一均未按约定支付工程款。《最高人民法院关于审理建设工程施工合同纠纷案件适用法律问题的解释》第十七条，当事人对欠付工程价款利息计付标准有约定的，按照约定处理；没有约定的，按照中国人民银行发布的同期同类贷款利率计息。第十八条，利息从应付工程价款之日计付。当事人对付款时间没有约定或者约定不明的，下列时间视为应付款时间：（一）建设工程已实际交付的，为交付之日；（二）建设工程没有交付的，为提交竣工结算文件之日；（三）建设工程未交付，工程价款也未结算的，为当事人起诉之日。申请人以完工结算的时间起始计算未付工程款部分的利息，是对期中计量工程款及检测合格后应付工程款及其利息所作的处分和放弃，本会予以认可。根据《最高人民法院有关于审理建设工程施工合同纠纷案件适用法律问题的解释》第十七条、第十八条的规定，申请人主张从2011年12月1日的完工结算日起按照人民银行一到三年期同期贷款利率计算利息暂计至2013年8月31日合法有据，本会应予支持。具体计息为：（1233182元×6.65%÷365天×190天）+（1233182×6.4%÷365天×28天）+（1233182×6.15%÷365天×422天）=136426.62元。

四、关于被申请人的反请求

（一）关于工期延误及罚款问题：本案是一个劳务分包合同，双方约定的合同工期为180天，合同约定的开工日为2010年9月1日，申请人实际于2010年8月26日进场施工。申请人最迟应于2011年2月28日完成合同工程并验收交付被申请人一。本案中双方认可的最终完工日为2011年5月30日。整个工程迟延完工交付达3个月之久，客观上延误了交付日期。但本会认为，造成工程迟延完工和交付的责任不在申请人，而在于被申请人一。理由如下：1、施工现场客观上出现了因地质原因造成的施工平台垮塌及桩基础提前入岩等事实，以及因征地拆迁或变更方案等原因造成剩余少许桩基长时间不能施工的事实。被申请人一在第八次结算中还确认结算给申请人5000元的停工补偿生活费，双方还在2011年4月14日的《补充协议书》进一步确认了上述事实，并同意一次性补偿申请人100000元。因此，尽管工期实际延误，但责任不在申请人。被申请人提出反请求要求申请人承担工程延误责任，并罚款232000元没有事实根据和法律根据，本会不予支持。

（二）关于51—3、75—3号桩的质量缺陷及返修问题：根据庭审调查及反请求人提供的相关证据显示，51—3、75—3号桩的质量属于Ⅱ类桩，而Ⅱ类桩为"桩身基本完整，有轻度缺陷，不影响正常使用。"检测单位对51—3号桩的缺陷问题是"建议开挖处理"，而对75—3号桩则未建议进行开挖处理；《劳务分包合同》第七条第2.1款约定，在工程中发生质量缺陷必须返工返修达到设计的质量标准,所发生的费用和工期延误损失由申请人承担。第十一条第二款约定,申请人拒绝或拖延保修期内的质量缺陷修复,由被申请人一组织修复的按实际发生的费用从质量保证金中扣除。本案中没有证据证明在发生上述质量缺陷必须进行返修或修复,也没有证据证明被申请人一事前通知申请人而申请人拒绝修复;没有证据证明被申请人主张的190488.06元的修复费用已经实际支付,且费用必须由申请人承担。因此,被申请人一提出由申请人承担该等修复费用没有事实依据和法律依据,本会不予支持。

(三)关于10万元补偿款应否扣除问题:被申请人一提出无须承担补充合同约定的因地质原因加付的100000元补偿费用,是2011年4月14日《补充协议书》中的核心条款,其约定的是因地质原因造成桩基施工平台垮塌及桩基础提前入岩造成申请人施工费用增加的补偿费用。与2011年9月5日《补充协议书》约定取消剩余10根桩没有关联性。取消该10桩的原因是2011年9月5日《补充协议书》约定的设计变更、征地拆迁等现场各方面原因,与100000元补偿费用并非同一因果关系。取消10根桩时,未约定同时取消100000元的补偿费用。且该补偿费用已在第九次完工结算时予以结算确认。因此,被申请人一要求不付该100000元的主张没有事实依据,本会不予支持。

(四)庭审中,被申请人一放弃了其仲裁反请求中第三项关于施工队房租640元的主张,本会认为其处分仲裁请求的行为不违反法律规定,本会予以支持。

综上,根据《中华人民共和国合同法》第六十条、第一百零七条、第一百零九条,《最高人民法院关于审理建设工程施工合同纠纷案件适用法律问题的解释》第十七条、第十八条及《中华人民共和国仲裁法》第五十七条的规定及本会仲裁规则,裁决如下:

一、裁决被申请人一在本裁决书生效后十五天内向申请人支付工程款人民币1233182元。

二、裁决被申请人一支付自2011年12月1日暂计至2013年8月31日的利息合计人民币136426.62元及至实际支付日止人民银行同期贷款利率利息。

三、裁决被申请人一承担本案的仲裁费用22904元。

四、驳回反请求申请人的仲裁反请求。

五、被申请人二对被申请人一在上述裁决责任范围内承担补充清偿责任。

本裁决为终局裁决,经送达各方当事人后生效。

第十四章

仲裁裁决执行实训

一、案情简介

中国太平洋财产保险有限公司济宁支公司与白广河申请仲裁纠纷案
—法院认为需要重新仲裁，可裁定中止撤销程序

申请人：中国太平洋财产保险有限公司济宁支公司。

被申请人：白广河。

申请人中国太平洋财产保险有限公司济宁支公司（以下简称保险公司）与被申请人白广河于2006年8月18日签订了机动车交通事故责任强制保险合同，被保车辆号为H12738，期限为1年。2006年12月28日，被保险车辆发生故障，驾驶员王入刚下车检修车辆时发生溜车，造成王入刚当场死亡；后车辆继续滑行，撞坏路边李相平的住宅，并造成在屋内睡觉的张芳爱受伤。后经山东省济南市长清区交警部门调解，申请人同意赔偿王入刚死亡赔偿金15万元，赔偿张芳爱医疗费4406元，赔偿李相平财产损失38252元。2007年2月25日，被申请人白广河向申请人保险公司提请理赔，双方就赔偿金额及赔偿范围发生争议，后被申请人白广河提请仲裁，请求：1.依法裁决保险公司赔偿其支付的死亡赔偿金5万元；2.赔偿其支付的医疗费用4406元；3.赔偿其支付的财产损失费用2000元；4.由保险公司承担全部仲裁费及律师代理费。

仲裁期间，在仲裁庭的主持下，白广河与保险公司就赔偿其支付的医疗费用4406元和财产损失费用2000元达成调解协议，且已于2007年4月25日实际履行完毕。

仲裁庭认为，白广河与保险公司签订的机动车交通事故责任强制保险合同是双方真实意思表示，符合法律规定，仲裁庭予以确认。合同签订后，白广河依约交纳了保险费。2006年12月28日，投保车辆发生了交通事故，保险公司未按照约定及相关法律在规定的期间内履行赔付义务，构成违约。白广河要求依法裁决保险公司赔偿其支付的死亡赔偿金5万元，仲裁庭认为，由于驾驶人员下车是否为第三者，在双方签订的保单中未作明确约定，根据法律规定，当保险合同约定不明确时，当事人对格式条款理解发生争议的，应当作出不利于提供格式条款一方的解释。据此，当驾驶人员在车下时依法应认定为第三者，因此对白广河请求依法裁决保险公司赔偿其支付的死亡赔偿金5万元的主张，仲裁庭予以支持。白广河请求由保险公司承担其支出的律师代理费，保险公司辩称，依双方的合同第十条第（四）项的规定，此费用属于免赔范围。仲裁庭认为，法律规定，由于保险公司未能及时履行赔付义务造成白广河支出的律师费，保险

公司应承担赔偿责任。因此，对白广河请求由保险公司承担其支出的律师代理费的主张，仲裁庭予以支持。根据合同法第三十九条、第一百零七条；保险法第二十三条第一款、第二款，第二十五条之规定，仲裁庭裁决如下：一、保险公司自本裁决书作出之日起10日内赔付死亡赔偿金5万元；二、保险公司自本裁决书作出之日起10日内向白广河支付律师代理费2500元。仲裁费3289元，由白广河承担657.80元，保险公司承担2631.20元。

申请人保险公司因保险合同纠纷案不服济宁仲裁委员会济仲裁字(2007)34号裁决书，向济宁市中级人民法院提出申请，请求法院撤销该裁决书。申请人保险公司诉称：1.仲裁程序违反法律规定。依据《仲裁法》第二十五条的规定，仲裁委员会受理仲裁申请后，应当在仲裁规则规定的期限内将仲裁规则、仲裁员名册送达被申请人。而本裁决并没有向申请人送达仲裁规则及仲裁员名册，其程序违反了法律规定，应予撤销；2.仲裁庭组成不合法。本案是一起涉及机动车第三者责任强制险保险合同纠纷案，属新类型合同案，仲裁委员会应适用普通仲裁程序组成仲裁庭予以审理，以便公正裁决。而仲裁委员会在没有向申请人送达仲裁员名册，又没有让双方约定仲裁员的情况下，即指定仲裁员适用简易程序审理本案，其仲裁庭的组成明显违反法律规定，应予撤销；3.裁决认定事实错误。驾驶员王入刚驾驶过程中因车辆发生故障下车检修时发生溜车而身亡，驾驶员王入刚无论在车上驾驶，还是在车下修车，其身份就是本车驾驶员，并不因其下车修车而改变驾驶员的身份。下车修车无非是作为驾驶员的分内工作而已，故应当认定王入刚为本车的驾驶员，不应认定为第三者。仲裁裁决将王入刚认定为第三者显然错误，同时也违背了我国机动车交通事故责任强制保险条例的立法宗旨，以致错误地裁决本案，所以应当予以撤销该裁决；4.裁决适用法律错误。第三者责任强制保险是我国为保护机动车辆交通事故中受害者的合法权益而颁发的一部特别法，其法律依据是道路交通安全法和机动车交通事故责任强制保险条例，这也是我国目前调整机动车强制保险的特别法。针对本案就应当适用该法律进行裁决，而仲裁委却适用调整商业保险的保险法裁决本案，其适用法律明显错误。

被上诉人白广河辩称：1.法院只应对仲裁委员会的仲裁程序方面进行审查，而不应再对仲裁委员会认定事实和适用法律程序方面进行审查。依据仲裁法第五十八条之规定，法院只能对仲裁委在仲裁程序中存在明显错误时，才能撤销仲裁裁决，而不应介入案件的实体审核，申请人以仲裁委员会认定事实和适用法律错误为由，申请撤销仲裁书是没有法律依据的；2.济宁仲裁委员会的仲裁程序合法。仲裁委员会在法定期间内将仲裁申请书和仲裁员选定书、仲裁员名册以当面送达的方式送达给了申请人，太平洋财产保险公司济宁支公司即申请人的工作人员签收的送达回证可以证实这一事实；3.仲裁庭的组成合法。仲裁委员会送达仲裁员选定书后，双方并未约定仲裁庭的组成方式和选定仲裁员，《济宁仲裁委员会仲裁规则》第二十二条和第六十六条规定，仲裁委员会以案件争议的标的额大小或案件事实的复杂性来决定适用普通程序或简易程序，而不以案件的新颖性来决定适用哪种程序。本案争议的标的额不到6万元，且案件本身并不复杂，证据简单明了，同时双方又未约定仲裁庭的组成方式和未选定仲裁员，所以，仲裁委员会依据《仲裁法》第三十二条和《济宁仲裁委员会仲裁规则》

第二十二条和第六十六条规定,组成了由1名仲裁员组成的仲裁庭,并适用了简易程序。申请人认为应适用普通程序,其在仲裁庭审中应提出申请,但其未提出申请,还就医疗费和财产损失在仲裁庭的调解下双方达成协议,这也说明申请人已认可仲裁庭的组成方式。4.驾驶员王入刚不应被定为被保险人,而应定位为受害人。驾驶人员的职务是驾驶车辆,依据其职务性质,驾驶人员应始终在车上,专一开车,而不能下车从事其他事务。若其下车从事其他事务,驾驶人员的身份就应有了改变,而不应再定性为驾驶人员。本案申请人与被申请人对"驾驶人员"的理解发生争议,有狭义解释和扩大解释两种解释,而双方签订的保险合同中对驾驶人员下车后是否为第三人未作明确约定,根据《保险法》第三十条和合同法第四十一条之规定,对格式条款的理解发生争议时,应作出有利于被保险人的解释,或作出不利于提供格式条款一方的解释。同时机动车辆交通事故责任强制保险条例也未对下车后的驾驶人员的身份作明确规定,因此本案中王入刚下车后的身份应依法认定为第三人或受害人,而不应认定为保险人。仲裁委裁决适用的法律也是正确的。机动车辆交通事故责任强制条例的上位法是保险法和道路交通安全法,因此,对在该条例中没有规定的内容,应适用上位法保险法的规定。在本案中,仲裁裁决适用保险法的规定是有法律依据的。另外,依据仲裁法的规定,法律适用问题不是撤销仲裁裁决的法定事由。

济宁市中级人民法院经审理认为,济宁仲裁委员会济仲裁字(2007)第34号裁决,在认定事实、适用法律方面均存在错误,故此案应由济宁仲裁委员会重新进行仲裁。依照《仲裁法》第六十一条的规定,法院裁定如下:

本案中止撤销程序。

二、实训内容

1.明确申请撤销仲裁裁决的情形。

2.申请撤销仲裁裁决程序

三、分析思路与技巧

(一)仲裁程序是否合法

仲裁委员会在法定期间内将仲裁申请人白广河的仲裁申请书和仲裁员选定书、仲裁员名册,以当面送达的方式送达给了被申请人保险公司,有保险公司的工作人员签收的送达回证可以证实这一事实;仲裁委员会送达仲裁员选定书后,因双方并未约定仲裁庭的组成方式和选定仲裁员,遂依据《济宁仲裁委员会仲裁规则》第二十二条和第六十六条规定,组成了由1名仲裁员组成的仲裁庭,并适用了简易程序。仲裁被申请人保险公司若认为应适用普通程序,应在仲裁庭审中提出申请,其未提出申请,并就医疗费和财产损失在仲裁庭的调解下与仲裁申请人达成协议,说明仲裁被申请人认可仲裁庭的组成方式。故济宁仲裁委员会的仲裁程序合法。

(二)仲裁裁决认定事实、适用法律是否正确

在认定事实方面,驾驶员王入刚的身份认定是本案的关键。本案的交通事故是由

于在行车过程中驾驶员下车检修车辆发生溜车造成的，驾驶员王入刚的身份如果认定为驾驶员，则得不到交强险的赔付。因为根据《机动车交通事故责任强制保险条例》第三条的规定："本条例所称机动车交通事故责任强制保险，是指由保险公司对被保险机动车发生道路交通事故造成本车人员、被保险人以外的受害人的人身伤亡、财产损失，在责任限额内予以赔偿的强制性责任保险"，交强险受害人是指因保险机动车发生交通事故遭受人身伤亡或财产损失的人，但不包括被保险机动车本车的车上人员、被保险人。车上人员和被保险人包括驾驶员与车上乘客，均被排除在交强险的赔付范畴之外。如果王入刚的驾驶员身份因其下车而发生改变的话，则王入刚的损失就属于交强险的赔付范围，保险公司应按保险合同予以赔付王入刚的死亡赔偿金 5 万元。笔者认为，本案中驾驶员王入刚无论是在车上驾驶，还是在车下修车，其身份就是本车驾驶员，下车修车只是其履行正常行车义务的一部分，故应当认定王入刚为本车的驾驶员，而不应认定为第三者。仲裁裁决将下车后的驾驶员王入刚认定为第三者，裁决保险公司赔付 5 万元，在事实认定上是错误的。驾驶员王入刚的损失不能通过交强险得到赔付，其损失可通过被保险人所投的商业险即车上人员险得到赔付。

在适用法律上，第三者责任强制保险是我国为保护机动车辆交通事故中受害者的合法权益而设立的制度，其法律依据是道路交通安全法和机动车交通事故责任强制保险条例，这也是我国目前调整机动车强制保险的特别法。基于特别法优于一般法的原则，本案应当适用该法律进行裁决，而仲裁委却适用调整商业保险的保险法裁决本案，其适用法律明显错误。

（三）法院在仲裁程序合法而认定事实、适用法律错误的情况下如何处理

根据对前两个焦点问题的分析，本案出现了仲裁程序合法而认定事实、适用法律错误的情况，对此法院应如何处理？第一种意见是仲裁程序合法，不存在法律规定的撤销事由，应驳回保险公司撤销仲裁的申请。但由于仲裁庭认定事实、适用法律错误，该仲裁裁决是不能得到法院的强制执行的，待当事人申请执行仲裁裁决时，再审查实体，以仲裁裁决认定事实、适用法律错误不予执行仲裁裁决，这在实际效果上相当于撤销仲裁裁决。第二种意见是依据《仲裁法》第六十一条的规定："人民法院受理撤销裁决的申请后，认为可以由仲裁庭重新仲裁的，通知仲裁庭在一定期限内重新仲裁，并裁定中止撤销程序。仲裁庭拒绝重新仲裁的，人民法院应当裁定恢复撤销程序"的规定，裁定中止撤销程序，通知仲裁庭在一定期限内重新仲裁。本案处理采纳了第二种意见。

【实训案例】

申请人骆秀云、骆秀玲诉称：一、本案的事实经过是：2013 年 5 月 7 日，被申请人以申请人与他人房产纠纷为名与申请人签订了委托代理合同，签订合同时被申请人告知申请人起诉第三人分割房产即可，后被申请人收取代理费 10 万元。根据委托合同可知，该委托系以民事案件签订的代理合同，后不知为何被申请人起诉变更为行政案

件，该案由北京市海淀区人民法院于 2013 年 8 月 18 日作出行政裁定书，以主体不适格为由驳回了申请人的起诉，被申请人告知申请人该案只能继续上诉，但需要另收代理费，双方因此产生争议。后申请人了解到该所指派的律师存在违法收费、违法不出具发票、未按合同约定内容履行义务、虚假承诺等违法行为，申请人多次联系被申请人退还违法收取的费用，被申请人均不予理睬，申请人于 2015 年 7 月 15 日申请仲裁。二、仲裁裁决书颠倒是非，错误认定事实，故意错误适用法律法规，对被申请人违法收费行为及重大过错行为视而不见，属于枉法裁判。根据辽宁省律师收费服务标准等规定，被申请人明显存在违法收费行为，依法应将违法收取的代理费退还申请人。申请人作为普通百姓，不具有区分法律关系和法律性质的能力，采取什么诉讼方案及如何采取均是由被申请人决定，被申请人在整个代理过程中从始至终没有向申请人告知过行政诉讼和民事诉讼的区别，以及不同的诉讼方式所产生的利害关系和法律后果。申请人诉讼主体资格是最基本的法律问题，被申请人作为专业律师，对此应有基本认识并提示申请人存在主体资格问题。被申请人在签订合同时告知申请人起诉骆元德分割房屋即可，后实际提起的却是行政诉讼，属于未依约履行委托合同。对此被申请人未向申请人进行说明提示，仅让申请人在诉状上签字。仲裁委对被申请人违法收费情形有义务查清并认定，但仲裁委仅依据委托合同认定不符合退费情形。综上，裁决书对事实的认定与客观相悖，故意错误适用法律，属于枉法裁判，损害了申请人的合法权益，根据《中华人民共和国仲裁法》第五十八条第（六）项的规定[本院庭审过程中，申请人主动提出申请撤销仲裁裁决的理由仅保留《中华人民共和国仲裁法》第五十八条第（六）项，撤销该条款第（四）项作为其申请撤销仲裁裁决所依据的理由]，特向法院提出撤销仲裁裁决的申请，请求法院支持申请人的申请。

被申请人钢城正大律所辩称：我方认为鞍山仲裁委员会对本案事实认定清楚，证据确实充分，适用法律正确。申请人的请求不符合《中华人民共和国仲裁法》第五十八条规定的撤销仲裁裁决的情形，请求法院依法驳回申请人的申请。[①]

【实训内容】

1.撰写撤销仲裁裁决申请书。

2.熟悉申请撤销仲裁裁决的程序。

2.分组讨论本案申请人的撤销事由是否成立？

① 案例来源：http://www.lawyee.org，最后访问日期：2017 年 12 月 21 日。

附　录

一、中华人民共和国仲裁法

（1994年8月31日第八届全国人民代表大会常务委员会第九次会议通过根据2009年8月27日第十一届全国人民代表大会常务委员会第十次会议《关于修改部分法律的决定》第一次修正根据2017年9月1日第十二届全国人民代表大会常务委员会第二十九次会议《关于修改〈中华人民共和国法官法〉等八部法律的决定》第二次修正）

目　　录

第一章　总　　则

第一条　为保证公正、及时地仲裁经济纠纷，保护当事人的合法权益，保障社会主义市场经济健康发展，制定本法。

第二条　平等主体的公民、法人和其他组织之间发生的合同纠纷和其他财产权益纠纷，可以仲裁。

第三条　下列纠纷不能仲裁：

(一)婚姻、收养、监护、扶养、继承纠纷;

(二)依法应当由行政机关处理的行政争议。

第四条 当事人采用仲裁方式解决纠纷,应当双方自愿,达成仲裁协议。没有仲裁协议,一方申请仲裁的,仲裁委员会不予受理。

第五条 当事人达成仲裁协议,一方向人民法院起诉的,人民法院不予受理,但仲裁协议无效的除外。

第六条 仲裁委员会应当由当事人协议选定。

仲裁不实行级别管辖和地域管辖。

第七条 仲裁应当根据事实,符合法律规定,公平合理地解决纠纷。

第八条 仲裁依法独立进行,不受行政机关、社会团体和个人的干涉。

第九条 仲裁实行一裁终局的制度。裁决作出后,当事人就同一纠纷再申请仲裁或者向人民法院起诉的,仲裁委员会或者人民法院不予受理。

裁决被人民法院依法裁定撤销或者不予执行的,当事人就该纠纷可以根据双方重新达成的仲裁协议申请仲裁,也可以向人民法院起诉。

第二章 仲裁委员会和仲裁协会

第十条 仲裁委员会可以在直辖市和省、自治区人民政府所在地的市设立,也可以根据需要在其他设区的市设立,不按行政区划层层设立。

仲裁委员会由前款规定的市的人民政府组织有关部门和商会统一组建。

设立仲裁委员会,应当经省、自治区、直辖市的司法行政部门登记。

第十一条 仲裁委员会应当具备下列条件:

(一)有自己的名称、住所和章程;

(二)有必要的财产;

(三)有该委员会的组成人员;

(四)有聘任的仲裁员。

仲裁委员会的章程应当依照本法制定。

第十二条 仲裁委员会由主任一人、副主任二至四人和委员七至十一人组成。

仲裁委员会的主任、副主任和委员由法律、经济贸易专家和有实际工作经验的人员担任。仲裁委员会的组成人员中,法律、经济贸易专家不得少于三分之二。

第十三条 仲裁委员会应当从公道正派的人员中聘任仲裁员。

仲裁员应当符合下列条件之一:

(一)通过国家统一法律职业资格考试取得法律职业资格,从事仲裁工作满八年的;

(二)从事律师工作满八年的;

(三)曾任法官满八年的;

(四)从事法律研究、教学工作并具有高级职称的;

(五)具有法律知识、从事经济贸易等专业工作并具有高级职称或者具有同等专业水平的。

仲裁委员会按照不同专业设仲裁员名册。

第十四条 仲裁委员会独立于行政机关,与行政机关没有隶属关系。仲裁委员会之间也没有隶属关系。

第十五条 中国仲裁协会是社会团体法人。仲裁委员会是中国仲裁协会的会员。中国仲裁协会的章程由全国会员大会制定。

中国仲裁协会是仲裁委员会的自律性组织,根据章程对仲裁委员会及其组成人员、仲裁员的违纪行为进行监督。

中国仲裁协会依照本法和民事诉讼法的有关规定制定仲裁规则。

第三章 仲裁协议

第十六条 仲裁协议包括合同中订立的仲裁条款和以其他书面方式在纠纷发生前或者纠纷发生后达成的请求仲裁的协议。

仲裁协议应当具有下列内容:

(一)请求仲裁的意思表示;

(二)仲裁事项;

(三)选定的仲裁委员会。

第十七条 有下列情形之一的,仲裁协议无效:

(一)约定的仲裁事项超出法律规定的仲裁范围的;

(二)无民事行为能力人或者限制民事行为能力人订立的仲裁协议;

(三)一方采取胁迫手段,迫使对方订立仲裁协议的。

第十八条 仲裁协议对仲裁事项或者仲裁委员会没有约定或者约定不明确的,当事人可以补充协议;达不成补充协议的,仲裁协议无效。

第十九条 仲裁协议独立存在,合同的变更、解除、终止或者无效,不影响仲裁协议的效力。

仲裁庭有权确认合同的效力。

第二十条 当事人对仲裁协议的效力有异议的,可以请求仲裁委员会作出决定或者请求人民法院作出裁定。一方请求仲裁委员会作出决定,另一方请求人民法院作出裁定的,由人民法院裁定。

当事人对仲裁协议的效力有异议,应当在仲裁庭首次开庭前提出。

第四章　仲裁程序

第一节　申请和受理

第二十一条　当事人申请仲裁应当符合下列条件：

（一）有仲裁协议；

（二）有具体的仲裁请求和事实、理由；

（三）属于仲裁委员会的受理范围。

第二十二条　当事人申请仲裁，应当向仲裁委员会递交仲裁协议、仲裁申请书及副本。

第二十三条　仲裁申请书应当载明下列事项：

（一）当事人的姓名、性别、年龄、职业、工作单位和住所，法人或者其他组织的名称、住所和法定代表人或者主要负责人的姓名、职务；

（二）仲裁请求和所根据的事实、理由；

（三）证据和证据来源、证人姓名和住所。

第二十四条　仲裁委员会收到仲裁申请书之日起五日内，认为符合受理条件的，应当受理，并通知当事人；认为不符合受理条件的，应当书面通知当事人不予受理，并说明理由。

第二十五条　仲裁委员会受理仲裁申请后，应当在仲裁规则规定的期限内将仲裁规则和仲裁员名册送达申请人，并将仲裁申请书副本和仲裁规则、仲裁员名册送达被申请人。

被申请人收到仲裁申请书副本后，应当在仲裁规则规定的期限内向仲裁委员会提交答辩书。仲裁委员会收到答辩书后，应当在仲裁规则规定的期限内将答辩书副本送达申请人。被申请人未提交答辩书的，不影响仲裁程序的进行。

第二十六条　当事人达成仲裁协议，一方向人民法院起诉未声明有仲裁协议，人民法院受理后，另一方在首次开庭前提交仲裁协议的，人民法院应当驳回起诉，但仲裁协议无效的除外；另一方在首次开庭前未对人民法院受理该案提出异议的，视为放弃仲裁协议，人民法院应当继续审理。

第二十七条　申请人可以放弃或者变更仲裁请求。被申请人可以承认或者反驳仲裁请求，有权提出反请求。

第二十八条　一方当事人因另一方当事人的行为或者其他原因，可能使裁决不能执行或者难以执行的，可以申请财产保全。

当事人申请财产保全的，仲裁委员会应当将当事人的申请依照民事诉讼法的有关规定提交人民法院。

申请有错误的，申请人应当赔偿被申请人因财产保全所遭受的损失。

第二十九条　当事人、法定代理人可以委托律师和其他代理人进行仲裁活动。委托律师和其他代理人进行仲裁活动的，应当向仲裁委员会提交授权委托书。

第二节　仲裁庭的组成

第三十条　仲裁庭可以由三名仲裁员或者一名仲裁员组成。由三名仲裁员组成的，设首席仲裁员。

第三十一条　当事人约定由三名仲裁员组成仲裁庭的，应当各自选定或者各自委托仲裁委员会主任指定一名仲裁员，第三名仲裁员由当事人共同选定或者共同委托仲裁委员会主任指定。第三名仲裁员是首席仲裁员。

当事人约定由一名仲裁员成立仲裁庭的，应当由当事人共同选定或者共同委托仲裁委员会主任指定仲裁员。

第三十二条　当事人没有在仲裁规则规定的期限内约定仲裁庭的组成方式或者选定仲裁员的，由仲裁委员会主任指定。

第三十三条　仲裁庭组成后，仲裁委员会应当将仲裁庭的组成情况书面通知当事人。

第三十四条　仲裁员有下列情形之一的，必须回避，当事人也有权提出回避申请：

(一)是本案当事人或者当事人、代理人的近亲属；

(二)与本案有利害关系；

(三)与本案当事人、代理人有其他关系，可能影响公正仲裁的；

(四)私自会见当事人、代理人，或者接受当事人、代理人的请客送礼的。

第三十五条　当事人提出回避申请，应当说明理由，在首次开庭前提出。回避事由在首次开庭后知道的，可以在最后一次开庭终结前提出。

第三十六条　仲裁员是否回避，由仲裁委员会主任决定；仲裁委员会主任担任仲裁员时，由仲裁委员会集体决定。

第三十七条　仲裁员因回避或者其他原因不能履行职责的，应当依照本法规定重新选定或者指定仲裁员。

因回避而重新选定或者指定仲裁员后，当事人可以请求已进行的仲裁程序重新进行，是否准许，由仲裁庭决定；仲裁庭也可以自行决定已进行的仲裁程序是否重新进行。

第三十八条　仲裁员有本法第三十四条第四项规定的情形，情节严重的，或者有本法第五十八条第六项规定的情形的，应当依法承担法律责任，仲裁委员会应当将其除名。

第三节　开庭和裁决

第三十九条　仲裁应当开庭进行。当事人协议不开庭的，仲裁庭可以根据仲裁申请书、答辩书以及其他材料作出裁决。

第四十条　仲裁不公开进行。当事人协议公开的，可以公开进行，但涉及国家秘密的除外。

第四十一条　仲裁委员会应当在仲裁规则规定的期限内将开庭日期通知双方当

事人。当事人有正当理由的，可以在仲裁规则规定的期限内请求延期开庭。是否延期，由仲裁庭决定。

第四十二条 申请人经书面通知，无正当理由不到庭或者未经仲裁庭许可中途退庭的，可以视为撤回仲裁申请。

被申请人经书面通知，无正当理由不到庭或者未经仲裁庭许可中途退庭的，可以缺席裁决。

第四十三条 当事人应当对自己的主张提供证据。

仲裁庭认为有必要收集的证据，可以自行收集。

第四十四条 仲裁庭对专门性问题认为需要鉴定的，可以交由当事人约定的鉴定部门鉴定，也可以由仲裁庭指定的鉴定部门鉴定。

根据当事人的请求或者仲裁庭的要求，鉴定部门应当派鉴定人参加开庭。当事人经仲裁庭许可，可以向鉴定人提问。

第四十五条 证据应当在开庭时出示，当事人可以质证。

第四十六条 在证据可能灭失或者以后难以取得的情况下，当事人可以申请证据保全。当事人申请证据保全的，仲裁委员会应当将当事人的申请提交证据所在地的基层人民法院。

第四十七条 当事人在仲裁过程中有权进行辩论。辩论终结时，首席仲裁员或者独任仲裁员应当征询当事人的最后意见。

第四十八条 仲裁庭应当将开庭情况记入笔录。当事人和其他仲裁参与人认为对自己陈述的记录有遗漏或者差错的，有权申请补正。如果不予补正，应当记录该申请。

笔录由仲裁员、记录人员、当事人和其他仲裁参与人签名或者盖章。

第四十九条 当事人申请仲裁后，可以自行和解。达成和解协议的，可以请求仲裁庭根据和解协议作出裁决书，也可以撤回仲裁申请。

第五十条 当事人达成和解协议，撤回仲裁申请后反悔的，可以根据仲裁协议申请仲裁。

第五十一条 仲裁庭在作出裁决前，可以先行调解。当事人自愿调解的，仲裁庭应当调解。调解不成的，应当及时作出裁决。

调解达成协议的，仲裁庭应当制作调解书或者根据协议的结果制作裁决书。调解书与裁决书具有同等法律效力。

第五十二条 调解书应当写明仲裁请求和当事人协议的结果。调解书由仲裁员签名，加盖仲裁委员会印章，送达双方当事人。

调解书经双方当事人签收后，即发生法律效力。

在调解书签收前当事人反悔的，仲裁庭应当及时作出裁决。

第五十三条 裁决应当按照多数仲裁员的意见作出，少数仲裁员的不同意见可以记入笔录。仲裁庭不能形成多数意见时，裁决应当按照首席仲裁员的意见作出。

第五十四条 裁决书应当写明仲裁请求、争议事实、裁决理由、裁决结果、仲裁费用的负担和裁决日期。当事人协议不愿写明争议事实和裁决理由的，可以不写。裁决书由仲裁员签名，加盖仲裁委员会印章。对裁决持不同意见的仲裁员，可以签名，也可以不签名。

第五十五条　仲裁庭仲裁纠纷时，其中一部分事实已经清楚，可以就该部分先行裁决。

第五十六条　对裁决书中的文字、计算错误或者仲裁庭已经裁决但在裁决书中遗漏的事项，仲裁庭应当补正；当事人自收到裁决书之日起三十日内，可以请求仲裁庭补正。

第五十七条　裁决书自作出之日起发生法律效力。

第五章　申请撤销裁决

第五十八条　当事人提出证据证明裁决有下列情形之一的，可以向仲裁委员会所在地的中级人民法院申请撤销裁决：

（一）没有仲裁协议的；

（二）裁决的事项不属于仲裁协议的范围或者仲裁委员会无权仲裁的；

（三）仲裁庭的组成或者仲裁的程序违反法定程序的；

（四）裁决所根据的证据是伪造的；

（五）对方当事人隐瞒了足以影响公正裁决的证据的；

（六）仲裁员在仲裁该案时有索贿受贿，徇私舞弊，枉法裁决行为的。

人民法院经组成合议庭审查核实裁决有前款规定情形之一的，应当裁定撤销。

人民法院认定该裁决违背社会公共利益的，应当裁定撤销。

第五十九条　当事人申请撤销裁决的，应当自收到裁决书之日起六个月内提出。

第六十条　人民法院应当在受理撤销裁决申请之日起两个月内作出撤销裁决或者驳回申请的裁定。

第六十一条　人民法院受理撤销裁决的申请后，认为可以由仲裁庭重新仲裁的，通知仲裁庭在一定期限内重新仲裁，并裁定中止撤销程序。仲裁庭拒绝重新仲裁的，人民法院应当裁定恢复撤销程序。

第六章　执　　行

第六十二条　当事人应当履行裁决。一方当事人不履行的，另一方当事人可以依照民事诉讼法的有关规定向人民法院申请执行。受申请的人民法院应当执行。

第六十三条　被申请人提出证据证明裁决有民事诉讼法第二百一十三条第二款规定的情形之一的，经人民法院组成合议庭审查核实，裁定不予执行。

第六十四条　一方当事人申请执行裁决，另一方当事人申请撤销裁决的，人民法院应当裁定中止执行。

人民法院裁定撤销裁决的，应当裁定终结执行。撤销裁决的申请被裁定驳回的，人民法院应当裁定恢复执行。

第七章　涉外仲裁的特别规定

第六十五条　涉外经济贸易、运输和海事中发生的纠纷的仲裁，适用本章规定。本章没有规定的，适用本法其他有关规定。

第六十六条　涉外仲裁委员会可以由中国国际商会组织设立。

涉外仲裁委员会由主任一人、副主任若干人和委员若干人组成。

涉外仲裁委员会的主任、副主任和委员可以由中国国际商会聘任。

第六十七条　涉外仲裁委员会可以从具有法律、经济贸易、科学技术等专门知识的外籍人士中聘任仲裁员。

第六十八条　涉外仲裁的当事人申请证据保全的，涉外仲裁委员会应当将当事人的申请提交证据所在地的中级人民法院。

第六十九条　涉外仲裁的仲裁庭可以将开庭情况记入笔录，或者作出笔录要点，笔录要点可以由当事人和其他仲裁参与人签字或者盖章。

第七十条　当事人提出证据证明涉外仲裁裁决有民事诉讼法第二百五十八条第一款规定的情形之一的，经人民法院组成合议庭审查核实，裁定撤销。

第七十一条　被申请人提出证据证明涉外仲裁裁决有民事诉讼法第二百五十八条第一款规定的情形之一的，经人民法院组成合议庭审查核实，裁定不予执行。

第七十二条　涉外仲裁委员会作出的发生法律效力的仲裁裁决，当事人请求执行的，如果被执行人或者其财产不在中华人民共和国领域内，应当由当事人直接向有管辖权的外国法院申请承认和执行。

第七十三条　涉外仲裁规则可以由中国国际商会依照本法和民事诉讼法的有关规定制定。

第八章　附　　则

第七十四条　法律对仲裁时效有规定的，适用该规定。法律对仲裁时效没有规定的，适用诉讼时效的规定。

第七十五条　中国仲裁协会制定仲裁规则前，仲裁委员会依照本法和民事诉讼法的有关规定可以制定仲裁暂行规则。

第七十六条　当事人应当按照规定交纳仲裁费用。

收取仲裁费用的办法，应当报物价管理部门核准。

第七十七条　劳动争议和农业集体经济组织内部的农业承包合同纠纷的仲裁，另行规定。

第七十八条　本法施行前制定的有关仲裁的规定与本法的规定相抵触的，以本法为准。

第七十九条　本法施行前在直辖市、省、自治区人民政府所在地的市和其他设区的市设立的仲裁机构，应当依照本法的有关规定重新组建；未重新组建的，自本法施行之日起届满一年时终止。

本法施行前设立的不符合本法规定的其他仲裁机构，自本法施行之日起终止。

第八十条　本法自 1995 年 9 月 1 日起施行。

二、民事诉讼法有关仲裁的条款

第二百三十七条 对依法设立的仲裁机构的裁决，一方当事人不履行的，对方当事人可以向有管辖权的人民法院申请执行。受申请的人民法院应当执行。

被申请人提出证据证明仲裁裁决有下列情形之一的，经人民法院组成合议庭审查核实，裁定不予执行：

（一）当事人在合同中没有订有仲裁条款或者事后没有达成书面仲裁协议的；

（二）裁决的事项不属于仲裁协议的范围或者仲裁机构无权仲裁的；

（三）仲裁庭的组成或者仲裁的程序违反法定程序的；

（四）裁决所根据的证据是伪造的；

（五）对方当事人向仲裁机构隐瞒了足以影响公正裁决的证据的；

（六）仲裁员在仲裁该案时有贪污受贿，徇私舞弊，枉法裁决行为的。

人民法院认定执行该裁决违背社会公共利益的，裁定不予执行。

裁定书应当送达双方当事人和仲裁机构。

仲裁裁决被人民法院裁定不予执行的，当事人可以根据双方达成的书面仲裁协议重新申请仲裁，也可以向人民法院起诉。

第二百七十一条 涉外经济贸易、运输和海事中发生的纠纷，当事人在合同中订有仲裁条款或者事后达成书面仲裁协议，提交中华人民共和国涉外仲裁机构或者其他仲裁机构仲裁的，当事人不得向人民法院起诉。

当事人在合同中没有订有仲裁条款或者事后没有达成书面仲裁协议的，可以向人民法院起诉。

第二百七十二条 当事人申请采取保全的，中华人民共和国的涉外仲裁机构应当将当事人的申请，提交被申请人住所地或者财产所在地的中级人民法院裁定。

第二百七十三条 经中华人民共和国涉外仲裁机构裁决的，当事人不得向人民法院起诉。一方当事人不履行仲裁裁决的，对方当事人可以向被申请人住所地或者财产所在地的中级人民法院申请执行。

第二百七十四条 对中华人民共和国涉外仲裁机构作出的裁决，被申请人提出证据证明仲裁裁决有下列情形之一的，经人民法院组成合议庭审查核实，裁定不予执行：

（一）当事人在合同中没有订有仲裁条款或者事后没有达成书面仲裁协议的；

（二）被申请人没有得到指定仲裁员或者进行仲裁程序的通知，或者由于其他不属于被申请人负责的原因未能陈述意见的；

（三）仲裁庭的组成或者仲裁的程序与仲裁规则不符的；

（四）裁决的事项不属于仲裁协议的范围或者仲裁机构无权仲裁的。

人民法院认定执行该裁决违背社会公共利益的，裁定不予执行。

第二百七十五条 仲裁裁决被人民法院裁定不予执行的，当事人可以根据双方达成的书面仲裁协议重新申请仲裁，也可以向人民法院起诉。

三、最高人民法院关于适用《中华人民共和国仲裁法》若干问题的解释

法释〔2006〕7号

《最高人民法院关于适用〈中华人民共和国仲裁法〉若干问题的解释》已于2005年12月26日由最高人民法院审判委员会第1375次会议通过,现予公布,自2006年9月8日起施行。

二〇〇六年八月二十三日

根据《中华人民共和国仲裁法》和《中华人民共和国民事诉讼法》等法律规定,对人民法院审理涉及仲裁案件适用法律的若干问题作如下解释:

第一条 仲裁法第十六条规定的“其他书面形式”的仲裁协议,包括以合同书、信件和数据电文(包括电报、电传、传真、电子数据交换和电子邮件)等形式达成的请求仲裁的协议。

第二条 当事人概括约定仲裁事项为合同争议的,基于合同成立、效力、变更、转让、履行、违约责任、解释、解除等产生的纠纷都可以认定为仲裁事项。

第三条 仲裁协议约定的仲裁机构名称不准确,但能够确定具体的仲裁机构的,应当认定选定了仲裁机构。

第四条 仲裁协议仅约定纠纷适用的仲裁规则的,视为未约定仲裁机构,但当事人达成补充协议或者按照约定的仲裁规则能够确定仲裁机构的除外。

第五条 仲裁协议约定两个以上仲裁机构的,当事人可以协议选择其中的一个仲裁机构申请仲裁;当事人不能就仲裁机构选择达成一致的,仲裁协议无效。

第六条 仲裁协议约定由某地的仲裁机构仲裁且该地仅有一个仲裁机构的,该仲裁机构视为约定的仲裁机构。该地有两个以上仲裁机构的,当事人可以协议选择其中的一个仲裁机构申请仲裁;当事人不能就仲裁机构选择达成一致的,仲裁协议无效。

第七条 当事人约定争议可以向仲裁机构申请仲裁也可以向人民法院起诉的,仲裁协议无效。但一方向仲裁机构申请仲裁,另一方未在仲裁法第二十条第二款规定期间内提出异议的除外。

第八条 当事人订立仲裁协议后合并、分立的,仲裁协议对其权利义务的继受人有效。

当事人订立仲裁协议后死亡的,仲裁协议对承继其仲裁事项中的权利义务的继承人有效。

前两款规定情形,当事人订立仲裁协议时另有约定的除外。

第九条 债权债务全部或者部分转让的,仲裁协议对受让人有效,但当事人另有

约定、在受让债权债务时受让人明确反对或者不知有单独仲裁协议的除外。

第十条 合同成立后未生效或者被撤销的，仲裁协议效力的认定适用仲裁法第十九条第一款的规定。

当事人在订立合同时就争议达成仲裁协议的，合同未成立不影响仲裁协议的效力。

第十一条 合同约定解决争议适用其他合同、文件中的有效仲裁条款的，发生合同争议时，当事人应当按照该仲裁条款提请仲裁。

涉外合同应当适用的有关国际条约中有仲裁规定的，发生合同争议时，当事人应当按照国际条约中的仲裁规定提请仲裁。

第十二条 当事人向人民法院申请确认仲裁协议效力的案件，由仲裁协议约定的仲裁机构所在地的中级人民法院管辖；仲裁协议约定的仲裁机构不明确的，由仲裁协议签订地或者被申请人住所地的中级人民法院管辖。

申请确认涉外仲裁协议效力的案件，由仲裁协议约定的仲裁机构所在地、仲裁协议签订地、申请人或者被申请人住所地的中级人民法院管辖。

涉及海事海商纠纷仲裁协议效力的案件，由仲裁协议约定的仲裁机构所在地、仲裁协议签订地、申请人或者被申请人住所地的海事法院管辖；上述地点没有海事法院的，由就近的海事法院管辖。

第十三条 依照仲裁法第二十条第二款的规定，当事人在仲裁庭首次开庭前没有对仲裁协议的效力提出异议，而后向人民法院申请确认仲裁协议无效的，人民法院不予受理。

仲裁机构对仲裁协议的效力作出决定后，当事人向人民法院申请确认仲裁协议效力或者申请撤销仲裁机构的决定的，人民法院不予受理。

第十四条 仲裁法第二十六条规定的"首次开庭"是指答辩期满后人民法院组织的第一次开庭审理，不包括审前程序中的各项活动。

第十五条 人民法院审理仲裁协议效力确认案件，应当组成合议庭进行审查，并询问当事人。

第十六条 对涉外仲裁协议的效力审查，适用当事人约定的法律；当事人没有约定适用的法律但约定了仲裁地的，适用仲裁地法律；没有约定适用的法律也没有约定仲裁地或者仲裁地约定不明的，适用法院地法律。

第十七条 当事人以不属于仲裁法第五十八条或者民事诉讼法第二百六十条规定的事由申请撤销仲裁裁决的，人民法院不予支持。

第十八条 仲裁法第五十八条第一款第一项规定的"没有仲裁协议"是指当事人没有达成仲裁协议。仲裁协议被认定无效或者被撤销的，视为没有仲裁协议。

第十九条 当事人以仲裁裁决事项超出仲裁协议范围为由申请撤销仲裁裁决，经审查属实的，人民法院应当撤销仲裁裁决中的超裁部分。但超裁部分与其他裁决事项不可分的，人民法院应当撤销仲裁裁决。

第二十条 仲裁法第五十八条规定的"违反法定程序"，是指违反仲裁法规定的仲裁程序和当事人选择的仲裁规则可能影响案件正确裁决的情形。

第二十一条 当事人申请撤销国内仲裁裁决的案件属于下列情形之一的，人民法院可以依照仲裁法第六十一条的规定通知仲裁庭在一定期限内重新仲裁：

（一）仲裁裁决所根据的证据是伪造的；

（二）对方当事人隐瞒了足以影响公正裁决的证据的。

人民法院应当在通知中说明要求重新仲裁的具体理由。

第二十二条 仲裁庭在人民法院指定的期限内开始重新仲裁的，人民法院应当裁定终结撤销程序；未开始重新仲裁的，人民法院应当裁定恢复撤销程序。

第二十三条 当事人对重新仲裁裁决不服的，可以在重新仲裁裁决书送达之日起六个月内依据仲裁法第五十八条规定向人民法院申请撤销。

第二十四条 当事人申请撤销仲裁裁决的案件，人民法院应当组成合议庭审理，并询问当事人。

第二十五条 人民法院受理当事人撤销仲裁裁决的申请后，另一方当事人申请执行同一仲裁裁决的，受理执行申请的人民法院应当在受理后裁定中止执行。

第二十六条 当事人向人民法院申请撤销仲裁裁决被驳回后，又在执行程序中以相同理由提出不予执行抗辩的，人民法院不予支持。

第二十七条 当事人在仲裁程序中未对仲裁协议的效力提出异议，在仲裁裁决作出后以仲裁协议无效为由主张撤销仲裁裁决或者提出不予执行抗辩的，人民法院不予支持。

当事人在仲裁程序中对仲裁协议的效力提出异议，在仲裁裁决作出后又以此为由主张撤销仲裁裁决或者提出不予执行抗辩，经审查符合仲裁法第五十八条或者民事诉讼法第二百一十七条、第二百六十条规定的，人民法院应予支持。

第二十八条 当事人请求不予执行仲裁调解书或者根据当事人之间的和解协议作出的仲裁裁决书的，人民法院不予支持。

第二十九条 当事人申请执行仲裁裁决案件，由被执行人住所地或者被执行的财产所在地的中级人民法院管辖。

第三十条 根据审理撤销、执行仲裁裁决案件的实际需要，人民法院可以要求仲裁机构作出说明或者向相关仲裁机构调阅仲裁案卷。

人民法院在办理涉及仲裁的案件过程中作出的裁定，可以送相关的仲裁机构。

第三十一条 本解释自公布之日起实施。

本院以前发布的司法解释与本解释不一致的，以本解释为准。